中國学術思想 研究輯刊

十二編

林慶彰 主編

第50冊

方東美的生命觀與西方創化思想

張淑玲 著

從方東美的「機體主義」論
《莊子》「道」之兩重意涵

林修德 著

花木蘭文化出版社

國家圖書館出版品預行編目資料

方東美的生命觀與西方創化思想　張淑玲 著／從方東美的
「機體主義」論《莊子》「道」之兩重意涵　林修德 著 — 初
版 — 新北市：花木蘭文化出版社，2011〔民100〕
目 2+178 面＋目 2+78 面：19×26 公分
（中國學術思想研究輯刊 十二編：第 50 冊）
ISBN：978-986-254-690-1（精裝）
1. 方東美　2. 莊子　3. 學術思想　4. 生命哲學　5. 研究考訂
030.8　　　　　　　　　　　　　　　　100016217

ISBN-978-986-254-690-1

9 789862 546901

中國學術思想研究輯刊
十二編　第五十冊　　　　　　ISBN：978-986-254-690-1

方東美的生命觀與西方創化思想
從方東美的「機體主義」論《莊子》「道」之兩重意涵

作　　者　張淑玲／林修德
主　　編　林慶彰
總 編 輯　杜潔祥
出　　版　花木蘭文化出版社
發 行 所　花木蘭文化出版社
發 行 人　高小娟
聯絡地址　新北市永和區中正路五九五號七樓
　　　　　電話：02-2923-1455／傳真：02-2923-1452
網　　址　http://www.huamulan.tw　信箱 sut81518@gmail.com
印　　刷　普羅文化出版廣告事業
封面設計　劉開工作室
初　　版　2011 年 9 月
定　　價　十二編 55 冊（精裝）新台幣 90,000 元

方東美的生命觀與西方創化思想

張淑玲　著

作者簡介

　　張淑玲，輔仁大學宗教學系、宗教學碩士班畢業，輔仁大學哲學博士班修習中。

　　目前任職輔仁大學外語學院進修部日文系，擔任導師輔導工作。

　　著作發表見於天主教恆毅月刊、教友生活週刊、中華民國啟智協會會訊、特教通訊以及育仁季刊等。

提　　要

　　方東美成長於近世思潮衝擊中國的時代，在一片拋棄傳統擁抱西方的浪潮中，恢復中國主體性成為迫切的使命，該使命感的催促成就了方氏的哲學。於此，本文有三個論點：

　　一、方東美所建立兼綜融合導向的中西哲學，可稱為「生生哲學」，即代表其生命觀。

　　二、方東美的生命觀除了《易經》「生生之德」以外，獲取了西方柏格森、德日進和懷德海等人的創化思想，成為具有「生生不息」、「變動」、「創造」與「進化」的特色。

　　三、方東美建立其哲學的初衷，為的是幫助人類重建更高度文明與幸福的生活願景，卻忽略了人必須在具體的信仰生活中，才能獲得永遠有希望的體驗，因而，拉內重視靈修體驗的觀點，能外推促使東西方生命觀進一步開展。

目
次

導　論

一、研究動機

　　筆者記得在大學部「宗教學概論」（Introduction to Religious Studies）的課堂上，老師曾分享他個人的經驗：回到鄉間老家，在夕陽西下時進屋，出來時已經是繁星密佈，驚覺時光飛逝的同時，仰起頭來看看天空。哎呀！這一望，非同小可，使得原來已經走在星空下的人，想要縮回屋內。前進或後退都同樣遠，找不到一處藏身之所，爲什麼要藏起來呢？因爲，浩瀚群星密密麻麻安然就位，彷彿亙古以來老早就存在了，那種群體性的永恆和穩妥，閃閃發光，凸顯夜空下的人孤單、渺小、無依無靠，生命將何去何從呢？在毫無準備的一瞬間，存在的問題被揭露，迎面而來，令人措手不及，無邊無際的寂寥逼迫人應該找一個定位點，一個使人可以安然依恃的地方，它在哪裡呢？哪裡是我的位置？在浩瀚的宇宙之間，人在哪裡？我在哪裡？除了人在宇宙之間的立足點，使人可據之安其身以立其命以外，更進一步，人該往哪裡發展？生命的圓滿幸福與終向在何處？如何發展？

　　以上這個故事引發的問題，是本論文關切的核心，同時，亦是寫作的動機之一，到底生命的意義何在？人如何可能實現這個意義？人是什麼？在一個特別的時間點，人突然地面臨了自己存在的問題，諸如：「我從哪裡來？往何處去？我爲什麼活著？活著要做什麼？現在的活，我滿意嗎？該怎麼繼續活？」邊際經驗（marginal experience）逼迫人面對自身生命的終極（ultimate）問題，人與之狹路相逢，無路可退，是否只能臨淵一躍？如果那不是唯一的路，如何尋覓其他的出路？其間支持生命繼續的動力爲何？在生活當中，人

為何總感到虛空和不足？到底生命穩定的根源在哪裡？也就是對生命終極問題的探索。誠如著名的作家法蘭克（Viktor E. Frankl）所認為的：「人們對意義有著永不止息的探索，意義並不是創造或給予的，意義是需要去發現的東西。」更穩妥的生命意義和目標要如何發現？和人的生活態度有關嗎？

此外，整個現實環境中，精神官能症和自殺率節節攀升，生命的支持在何方？生活是否一定需要人抱著堅定的意志（will）來面對？意志是否就是一切靠自己，單槍匹馬奮戰？消費至上的物慾社會，價值觀扭曲，自由和誘惑存在著巨大的張力，多數人不知道對未來能有什麼盼望，難道，真的就像日本作家村上龍所說的：「這個社會五花八門什麼都有，就是沒有希望？」生命的光與生命的動力無法產生聯繫，信仰者該如何尋求自助助人的解答？又如何能活出所信，幫助更多的人？其間，人對自身生命的意識化（consciousness），以及對使命感的自由答覆（意向性），也可能會有所影響嗎？此為本論文研究的動機之二。

筆者孜孜矻矻、日夜匪懈，渴望生之困惑能得到解答。意念既專注於此，心神便容易受相關議題所吸引。初識方東美（Thomé H Fang, 1899～1977），始於其「人與世界的關聯結構圖」（The Correlative Structure of Men and the World），[註1] 該圖吸引筆者的注視，久久不能罷手，深深的感動之餘，另外有一些思考和疑惑。

感動的部分，是該圖的「旅途中的人」（homo viator）和一旁射出的箭號，彷彿暗示著生命的無限可能，衝出和奔向不可知的未來，帶著冒險和希望，那是困頓生命的出路。「希望」使生命肯定在浩瀚星空中能有一處可安歇的位置，「希望」給生命一個出口，支持生命體走過陰森幽谷，重見柔和陽光。山窮水盡處倏忽柳暗花明，原來即使有疏離，生命事實上是不斷前進的過程。因著如此的體悟（意識化的過程），山川有了顏色，即使在征忡歲月中，卻因為相信和肯定，而有了目標和方向（意向性）。筆者由衷地盼望，能與關懷生命的朋友，在探問意義的朝聖之路上，共同分享閱讀和體驗的心得。這份《方東美的生命觀與西方創化思想》正是出自如此的心願。

對於該圖感到疑惑的部分，是那些上去和下來的箭號表示哪些意義？人的境界層層躍升是怎樣的變化？人在當中又變成什麼？將會到哪裡去？如該圖所示，所謂「隱藏的神」有何意涵？方東美的神觀如何解釋？

〔註1〕 該圖之譯名多採意譯，本文以下簡稱「關聯圖」，進一步的說明詳見本論文第二章第三節。

　　眾所週知，方東美對生命的看法，以《易經》的「生生之德」爲基礎，兼融西方懷德海（A. N. Whitehead, 1861～1947）與柏格森（Henri Bergson, 1859～1941）的創化思想，建構一套「宇宙生命生生不息、共同創造進化」的生命觀，其中「人化的過程」、「意識化」和「生命根源」是本論文關切的主題。方東美在著作中多處指明其思想深受柏格森影響，而後者的「生命衝力」（vital impulse）引導宇宙「創造性演化」更啓發了德日進（Pierre Teilhard de Chardin, 1881～1955）；雖然有學者認爲柏、德兩人對「生命衝擊的終點」之看法背道而馳，但是，在「目的進化理論」的思考卻殊途同歸；﹝註2﹞因此，可說方東美的創化思想和柏格森、德日進相近，而「進化的終點」之看法與德日進相同，人最終是匯歸到至善的源頭。

　　本文最後，提出拉內（Karl Rahner, 1904～1984）的生命觀與方東美對話，原因是拉氏的觀點能呼應柏格森、懷德海和德日進等人的思想。拉內肯定人性，認爲人與無限者之間有著深的內在聯繫，人是趨向無限的有限精神。拉氏說的正是人對終極意義的追尋，在尋求的過程中，愛是生命最大動力也使生命永不絕望。身爲天主教牧者的拉內，針對當今人類的生活問題，包括罪惡和人的自由等議題進行思考和反省，直接與生命教育有關。如此，中西方哲學的對話，相信更能激發人認識生命意義，認識人的普遍本質及其超越性。

二、問題陳述

　　（一）面對生之考驗，如何肯定和通傳生命的意義和希望？

　　「不知如何定位自己？不知應該如何尋找合適自己的生活方式，使生命有意義？」這是現代或後現代人普遍的困惑。生命在生活當中，而意義在他方，也引起人們的慨嘆。生命是什麼呢？作家杏林子認爲，生命是一首歌，奏著時而低沉時而輕揚的樂章。﹝註3﹞日本的遠藤周作在《深河》傳遞的訊息

﹝註2﹞　Claude Cuento, *Teilhard de Chardin*: London: Burns & Oates, 1965, p. 35.
﹝註3﹞　杏林子，本名劉俠，民國31年出生，43年北投國小畢業。十二歲時罹患罕見的「類風濕性關節炎」，發病時手腳腫痛行動不便，身心飽受病痛煎熬。她在病榻上大量閱讀文學作品，因而培養出創作興趣與基礎。民國66年以筆名杏林子出版第一本創作《生之歌》。之後，13年間相繼寫作《另一種愛情》等等，演講和著作受到普遍的歡迎，並榮獲國家文藝獎、十大傑出女青年以及社會服務獎，2003年因意外去世。

之一，是生命爲一條幽暗長河，在深夜中低訴嗚咽。〔註4〕然而，生命到底是什麼？它因人有各自的體會而形成了不同的看法。

在不同的看法之間，需要彼此瞭解、同理、包容和接納，如同哲人謝勒（Max Scheler, 1874～1928）所認爲的，吾人在判斷一事物之前，必須先經由充分理解始能斷言之；也相似於解放神學思想反對壓迫的核心訴求，也就是對結構提出批判反省，不使結構內一種固定僵硬的想法成爲人的束縛。筆者串連這兩種觀點，最主要的目的是強調，每種不同的人生觀都來自對不同的人生體驗之解讀，積極樂觀或是消極悲觀不必是對錯與否判斷的標準，反而需要深入同理與關懷；職是之故，雖然我們該以積極正面的角度看待生命，卻不得不承認，在生命的過程當中確實常常令人困頓、抑鬱。到底是哪裡出了問題呢？

聖·奧古斯丁（St. Augustine，354～430）曾說：「除非在祢內，我的靈魂得不到安息！」（our hearts are restless till they rest in Thee）〔註5〕當我們沒有方向和目標時，生命終難開展。「愛」與「希望」總是常在，然而，當我們停留在低頭啜泣的角落時，陰霾總是遲遲不肯退去，故而使人遺忘了可以依賴生命的給予者，遺忘了鼓舞自己，仰首去接受綠蔭之外，透自枝枒間灑落下來的瑰麗陽光。

誠然，我們自然地會追問生命是什麼？困惑、質疑、反叛都是對生命抗詰的方式；向生命從何而來、往何處去提問。面對生活問題的無解難題，向生命的存在提出終極的抗辯：爲何生命的給予，未經我同意？而生，如此辛苦？

〔註4〕　《深河》（Deep river），是遠藤周作名著，林水福翻譯，北縣立緒文化出版。作者利用日本旅行團參訪印度深河的方式，將各人所不爲人知的痛苦過往一一揭露。

〔註5〕　完整句爲："For Thou hast made us for Thyself and our hearts are restless till they rest in Thee", F. J. Sheed, *The Confessions of St. Augustine*,（New York: Sheed & Ward, 1943），p. 3.這是奧古斯丁（St. Augustine）《懺悔錄》(Confessions) 卷一第一章中的名言，坊間有各種翻譯版本，光啓出版社在民國 86 年也有較新的中文版本，由吳應楓翻譯。網路資料也不少，有 http://www.irondequoitcatholic.org/index.php/St/AugustineTheGreat.https://epochtimes.com/b5/5/8/6/n1003951.htm 聖人以一種坦白認錯，並勇於改過的精神面對自己的內在情慾。《懺悔錄》越過了希臘哲學的「理性」而指向宗教的「信仰」，聖人的哲學給那些追求心靈平安的人，在亂世裡獲得啓示。石朝穎，https://epochtimes.com/b5/5/8/1/n1003934.htm。資料日期 97 年 1 月 16～22 日。

各種詰難與抗辯都是生命探求意義的方式。但是，無論如何，不可否認地，只有生命具體存在時，才有機會認識生命的意義。因而，一方面我們可以承認生之途的體驗不一定是充滿歡笑，甚至，有時候還陰晦帶淚，使人不能即時看到意義。另一方面，卻仍應相信生命存在必然有希望，希望總是在，而人的態度如何呢？人對自身的身分與使命的理解，方法上，必須透過意識化的過程，形式上，人需要透過和他人來往的生活以及宗教體驗方能有所領悟。人需要相信生命的給予出自愛的分享，人的每一步履總在神的關切注目之中，此外，人需要「意志」（will）性的配合，在生活的選擇當中，不斷地回歸、探問，聆聽、分辨與決定。如此，一方面我們肯定生命，另一方面我們將生命的禮物通傳給他人。

（二）方東美融合中西方的生命觀有何幫助？

「任何生命的希望都有滿足的可能，任何生命的理想都有實現的必要。」這是方東美對生命發展的看法。[註6] 希望是什麼？如何滿足？依靠或是藉由什麼得到滿足，則是需要進一步討論的。在團體性方面，方氏則認為，生命都是趨於至善的，真人、善人和完人的生活，就是要攝取宇宙的生命來充實我們自己的生命，更進一步推廣我們自己的生命去增進宇宙的生命。[註7] 如此，一方面肯定個體生命實現希望的可能性，另一方面，也強調全人類的整體生命獲得幸福的幅度。換句話說，就如同方氏在「關聯圖」當中所表達的，個人在人生旅途中，透過「漸進的默觀天主」而與時俱進，遂逐漸提昇自身的生命層次；在這種開放自己的過程中，人與神相通，引導人在其內創生與重生，因此有了源源不絕的能量，提攜他人，共創整體生命層次的躍昇。上、下迴向是一種進化與融合的過程，[註8] 人參與當中，締造出一個神與人共同進行創造的世界。筆者認為，這是方東美結合中西方哲學所形成的生命觀之貢獻。依照方氏的「生命為中心」的哲學而言，神即是「生生之德」的「真實地真實」的根源，也就是隱藏的、至高無上的神，也是奧秘的奧秘，其泛神論（pantheism）實際上是一神泛在論或是萬有在神內論（panentheism）。因為方東美也同意，神是創造者，是一切創造力的根源，而人是參贊化育者，能夠「上體神明旨意（in unison with the will of the Divine），而發揮創造的衝

〔註6〕　方東美，〈中國人生哲學〉，（北市：黎明，民國 69 年），38 頁。
〔註7〕　同上，39 頁。
〔註8〕　胡國楨主編，《拉內思想與中國神學》，（台北：光啓，2005），237、311、312 頁。

動。」〔註9〕對方東美而言,「人化」的過程就是「神化」的過程,兩者是沒有差別的,對此,顯然肯定了人的可能性,卻也有自我膨脹的危險,筆者在論文中將有所說明。

方東美先生融合儒、釋、道等多家哲學,同時兼縱西方的創化思想,成為其生命觀的代表作《生生之德》,以該書「宇宙都是生」的觀點為基礎,建構其「既超越又內在」、「生命創進不息」的形上學和人性論,並自稱是為泛神論,方氏的學說如何幫助我們發現生命意義?人在過程中的層層揚升,參與在當中的身分是什麼?筆者認為,方氏的觀點能跨越文化限制,達到一種人類共同的普遍性。哲學家立足於中西方前輩的思想基礎上,為生命開啓了更加寬廣的視野,其所建立的體系足以成就一種典範,幫助人認識生命、肯定意義。一言以蔽之,方氏的思想結合中西方關於生命的看法,提供一種跨種族與文化的觀點,襄助人了悟生命的可能性和方向,方向明確之後,人便能有所憑藉,生命遂逐漸展現其內在的精采和豐富性,此人類生命所獨具的特色更是一份恩寵的禮物,如此環環相扣,是方氏結合中西方生命觀點所提供的。

三、研究範圍與限制

本論文重點在分析方東美對生命的看法,亦為其人觀,針對《生生之德》一書,同時參閱《中國哲學之精神及其發展》(*Chinese Philosophy: Its Spirit and Its Development*),後書為一九八一年由林肯(Linking)公司出版。在拉內思想方面,拉內原作幾乎都是德文,又以艱澀著名,故筆者以英文版為主。範圍上因為扣緊生命是什麼,人是什麼的主題,故而以《在世界的精神》(*Spirit in the World*)和《聖言聆聽者》(*Hearers of the Word*)二書〔註10〕為主,《精》是 1968 年由 Herder and Herder 出版,William Dych 所翻譯。《聖》是 1994 年由紐約的 Continuum Publishing Company 出版,耶穌會士 Joseph Donceel 翻譯的。在柏格森方面,以 Audrey Brereton 翻譯,在 1986 年出版的專書 *The Two Sources of Morality and Religion* 為主,同時參考高凌霞的〈柏格森論密契思想與宗教〉。筆者主要是研究方東美的生命觀與創化思想,因此,鎖定柏氏的「生

〔註 9〕 Thomé H. Fang, *Creativity in Man and Nature*,pp. 96～97.。
〔註10〕 為閱讀方便,以下《在世界的精神》一律簡稱《精》,《聖言的聆聽者》簡稱《聖》。

命創化」理論為主。而德日進的思想曾經引起廣大討論，至今備受肯定，其
著作甚豐，本論文亦以與研究題目相關的著作為主，如 62 年 3 月光啓出版的
《神的氛圍》，61 年 12 月先知光啓聯合出版的《人的現象》，以及，民國 63
年 9 月光啓出版的《愛的弧線》，以上各書皆由鄭聖沖翻譯。在懷德海方面以
Procêss and Reality〔註 11〕一書為主，同時參閱由楊富斌所翻譯，北京中國城
市出版社在 2003 年出版的《過程與實在》一書，另外輔以俞懿嫻的專書和文
章。〔註 12〕其實，這些哲學巨擘的每一個論點都能發揮成一篇論文，筆者斗
膽訂定如此廣泛的章節主題，實在是因為鳥瞰各學者之間，能發現人類的智
慧對於生命終極問題的探索，經由對照比較之後，就像鑽石的每一個切面都
散發著既獨特又一致的光彩，〔註 13〕而能彼此補充對照，作為進一步外推的
根據，襄助所有人攜手同行，成為認識生命的同伴。

　　縱使如此，筆者仍舊深感自身能力之有限，諸如不通法文，無法讀柏格
森與德日進的原典，不識德文，入拉內之寶山只能慨歎空手而回，此乃語言
上的限制，然而，值得慶幸的是，筆者得之於指導教授武金正博士的協助，
乃能在拉內艱澀的德文著作中，有所斬獲。另外，也透過教會團體的法籍友
人的幫助，能瞭解柏格森和德日進的法文文獻，然而，還是受惠於多位先進
的翻譯作品，例如：陸達誠、鄭聖沖和高凌霞等，在原典和譯著之間參照比
對之下，使筆者越發對語言的奧妙產生興趣。最後，因為論文的主題專注於
對生命的看法，故而僅在生命的議題上著墨，不涉及各哲學家的其他看法。

四、研究方法與內容

　　在研究方法上，本論文主要以資料彙整、文獻分析法、詮釋學和對比法
進行論述。藉由文獻分析法呈現方東美對生命的看法，另以對比分析法找出
其思考中柏格森、懷德海與德日進的理論基礎，而以對比法比較拉內與方東
美的論點，期或能助人跨越中西方文化背景，尋獲生命意義，使生命隨處昂
揚發展。

〔註 11〕　A.N.Whitehead,*Process and Reality*,New York:The Free Press,1978.
〔註 12〕　俞懿嫻，《懷德海自然哲學——機體哲學初探》，（台北：正中，民國 90）。同
　　　　　作者，〈懷德海前期創生概念及其思想背景〉《哲學論集》38 卷，輔大，民國
　　　　　94。
〔註 13〕　傅佩榮，〈回憶恩師方東美先生〉《傳記文學》九十卷第六期，民國 96 年 6 月，
　　　　　47 頁。

本論文共分成導論、內容和結論三部分。

1、在導論部分中，筆者就研究動機、問題陳述、研究範圍和限制、研究方法與內容以及研究目的等五部分進行說明，經過如此的陳述，相信能幫助讀者瞭解本論文的初衷。

本文主要的論點有四，（一）方東美的生命觀具有「生生不息」、「變動」、「創造」與「進化」等特色，是結合了《易經》與西方柏格森、德日進和懷德海的創化思想所成。（二）方東美的生命觀如果能輔以拉內思想做為補充，實能幫助全體人類尋獲一種普遍的生命意義，並藉由靈修體驗提升生命層次。（三）「關聯圖」是方東美兼綜融合中西哲學所詮釋的生命之具體化。本人認為該圖的意涵約有三點，1、生命本質是動態前進、追求圓滿的，是生命實現自身獨特意義的主要根據。2、生命的本質是創造的禮物。3、人心雖與天心有聯繫，但是人性有所不足，所以不免困頓沈淪，而神的愛卻永遠不放棄地陪伴及守候著人。（四）方東美生命觀最主要的核心義：生命存在和前進的根本是愛與希望──它正也是基督宗教新舊約當中的天人關係。而生在今日世界，人如果意欲成為理想的人，無法迴避需要在信仰內有所體驗才能真正地愛神與愛人。

方東美被公認為是兼綜融合中西哲學的學者，事實上，乃是根植於中國哲學，同時獲取西方哲學做為補充，重構其以易經「生生哲學」為中心，兼納「創化」思想的體系。此體系的觀點認為，生命乃生生不息的不斷創造進化的過程，根源在無窮的奧秘頂峰向下傾注，提升受造界奔向終極圓滿，表達在方氏名聞遐邇的「關聯圖」，是下迴向的慷慨施予和上迴向的奮進回歸。方東美兼納中西哲學的生命觀，不但開啟中西哲學對話的窗口，同時建立科學與人文合作的平台，使後代學者得以在人類智慧的交融匯集之處，肯定其根源是出自奧秘的啟發。

筆者認為方氏的哲學思想專鶩於比較哲學與宗教哲學，能做為跨文化的對話，助人認識生命；然而，如同方氏也認可的，人乃旅途中的人，人性的成長和發展需要體驗，體驗則依靠方法，因此無可避免地，必須落在某一宗教之內才能具體言說其靈修方法，方東美縱橫中西各家哲學和宗教思想，卻未曾進入自身的宗教論述靈修體驗，對於旅途中人的人神關係之進路很難有明朗化交代。因此，筆者嘗試以拉內的思想做為方氏體系的補充，因為，拉內在梵二大公會議（1962～1965）前後，領導整個教會轉向普世性的幅度，

他關懷所有人皆爲兄弟姊妹早已備受肯定，最重要的是，身爲耶穌會士的拉內，推崇依納爵的靈修方法（Spiritual Exercise）是其重要的培育；職是之故，筆者認爲拉內的思想能使方東美的論述更加完備。

　　方東美採取兼綜融合哲學的進路，除了確認傳統中國哲學在人類歷史的貢獻以外，也洞察到近世思潮對其所造成的戕害，使中國的主體性淪喪；然而，很顯然地，方氏跳脫當代學者對科學偏頗的看法而認爲科學與人文能跨越鴻溝，彼此合作。因此，方東美一方面溯回中國宗教傳統原始道家、儒家乃至佛家的哲學精神確立主體性，〔註 14〕另一方面，汲取西方思想將主體性納入人性，強調人性的本質乃是追求幸福和意義，此正是方氏在「關聯圖」所表達的，是對人類全體生命回歸根源的看法；此根源方東美以 Godhead 稱之，是生命來源與終向的奧秘，該奧秘貫注人性、提攜人的生命樣態。在過程當中，「人希望什麼？人能知道什麼？人是什麼？」是重要的課題，也是本論文關注的核心。

　　2、本論文的主要內容分成四章。

　　第一章，主題爲「兼綜融合中西哲學的方東美。」第一節首先透過文獻的彙整，說明方東美的時代背景和其學術發展的關係，以此回答方氏融合中西哲學的導向，事實上肇始於對近世思潮的體認，包含二元對立、科學主義、無神論與自然神論的偏執看法，所造成的身心分離的後果。第二節介紹方東美對中國思想史的發展與議題所進行的分析，尤其是對各宗教終極實在的看法。因爲，方氏肯定中國傳統思想在歷史過程中對人類文明的貢獻，遂形成其提振中國文化、復興世界文明的使命，而探索生命根源是爲人類發展尋找普遍共通的答案。

　　第二章，方東美的生命觀。筆者認爲藉由對方東美生命觀的認識，能幫助所有的人認識自身的存在、發展和可能性，換言之，是尋獲更穩妥的生命意義，支持人懷抱希望，並有相稱的態度面對現代生活的挑戰和挫折。本章的重點有三個，其一，是生生之德的意涵，其二，是生生之德的宇宙和人生，最後，是生生之德的關聯圖。

────────────────

〔註 14〕在華人爲主的亞洲包括中國、台灣和香港等地區的學者，比較不願意將儒家視爲宗教。但是因儒家的哲學還涉及人的整個生活方式、生活意義和信念，在國外的學術研究機構都把它當作中國宗教的傳統之一。對方東美而言中國宗教共有儒、釋、道三大傳統。

如本文前面所述，方東美的生命觀是以易經「生生之德」為中心，因此，本章第一節，首先說明生生之德來自易經「生生之謂易」，是變動不已的意思，原來具有「大生、廣生」二義，故合稱「生生」。另外，有主動力和受動力，是萬物生成變化發展的道理，而方東美將「生生」引申有「生生相續、創化不已」的意思，也強調宇宙生命一體相關，共同在至善內融合，因此在第二節中介紹其對宇宙的看法，方氏認為宇宙是「萬物有生論」的宇宙，具有「生意蓬勃」、「包羅萬象」的特色，是「盎然生氣貫徹全宇宙」的景象，由該特色和景象中更進一步地推論，生命是包含物質和精神的存在，不但沒有對立還是和諧的一體，生命能開展其創造性的五種意義，其為「育種成性」、「開物成務」、「創進不息」、「變化通幾」以及「綿延不朽」，從中可見其對生命的根源終向和終極他者之間有簡單的詮釋。在第二章最後一節的重點，是方東美的「關聯圖」，此圖堪稱為其思想的圖示化，表示一種「為愛出走也因愛回歸」的形上學和人性論，是不斷發展的人觀，也可說是方東美生命觀的代表，是一種跨文化、種族和宗教的全人關懷，因為「神的力量進入人性」（下迴向），所以，人能在旅途中藉著「漸進的默觀天主」（上迴向）提升人的層級，回歸在神內。然而，因人的有限性會產生疏離和自我否定，故而，筆者借用馬賽爾的《旅途中人》來解說方氏的「自由抉擇」，那是當人處於幽暗中時，需要積極地轉向希望並等待尚未展露的光芒，其為個體對生命給予者的回應，是一種意志的態度。

筆者認為方東美的結構圖不僅是多位學者所認為的，是符應當時社會局勢所需要之藍圖，事實上，此圖也可運用於今日人類社會，成為人尋求生命意義的分析。因為人是旅途中的人，在生活的過程當中，人逐漸意識化，逐認出其整個生命的歷史性，看到意義並有更深的肯定和明確的方向。以基督徒的觀點說，最直接的例子，就是人子耶穌在生活中與人來往，逐漸意識領悟自己的身份，最後完成使命，那正是聖父為愛慷慨走出，引導人類認出基督而願意因愛回歸的一幅藍圖。

第三章，方東美生命觀與西方創化思想的對比。本章最主要是凸顯方東美的生命觀當中受到西方創化思想的影響。在結構上以方東美的生命觀與柏格森、德日進和懷德海的創造進化思考之間的關連性。

方東美多次在著作中說明，其採取的觀點受到柏格森、懷德海的影響。項退結認為，方氏所稱的「普遍生命流行的境界」，是綜合柏格森的普遍進化

論以及懷海德思想而成一個新的生命境界。〔註15〕在當中，人能與天地參，並與宇宙生命和諧一致而成為「天人合一」。柏格森對於宇宙進化的看法是，宇宙進化由一種「生命衝力」所推動，領導整個宇宙創造性進化；而『生命衝力』是天主透過進化所顯示的創造力。〔註16〕另外，柏格森《創造性演化》一書，又直接地影響德日進對演化事實的思考，即使有些學者認為，德日進反對柏格森認為生命衝擊沒有終點的看法，然而就“創進演化回歸到奧秘的源頭”（奧米加點/Omega-point/Ω）這個議題上，方東美所融會的創化思想，卻是更近於德日進。因此，可以說方東美的創化觀點，除了柏格森、懷德海以外，還有德日進。

德日進把宇宙進化分為物質化、生命化，以及人化（hominization）三大階段，宇宙的演化是整體性的「內在動力」，推動萬物經超越自身的方向前進，任何物質皆非無生氣的死物，其實質內早已經含有一種「先天生命」與「意識的種粒」，使物質發出生命，生命發出心智，其終向則皆是集中地奔向天主。柏格森的生命衝力創化思想，德日進的人與奧米迦點的匯合之思考，更能解釋宇宙生命的進化之奧秘，其即為「愛是能量，提供了回歸過程的解答。」在論文中將有詳細說明。

另外一位影響方東美的西方創化思想家懷德海。懷氏以其創生思想的核心概念「攝受」說明進化是由「多入於一」的分殊和統一之歷程，此歷程神學最受人屬目的是「非先在者」的概念。如同懷氏自己所言：「祂並非先於一切受造物，而是同一切受造物在一起。」〔註17〕這種“神陪伴受造的人一起改變”的見解顛覆了傳統的預定論，提供了一種不滅的希望。懷氏認為：人改變，神自己也會跟著轉變，人與神是宇宙的「合作創造者」（co-creator）。神的創造被認為是永遠繼續的進化過程，使生命永遠有希望，神又與秩序及自然“同存”（co-existence)，而人類在決定將來的命運方面也有其份。上述觀點顯出懷氏的「泛神論」傾向，也正是方東美神觀備受爭議之處。此部分保留至第四章討論。

第四章，方東美生命觀的反省。本章首先歸納方東美哲學思考的特色，

〔註15〕項退結，〈方東美先生的生命觀及其未竟之意〉《方東美先生的哲學》，（「國際方東美哲學研討會」，幼獅，民國78年），67頁。

〔註16〕Hustache J. Ancelet, *Henri Bergson*, Paris: Foyer Notre-Dame, 1954, p.6.轉引自項退結，《現代中國與形上學》，（北縣：輔大，民國93年），42頁。

〔註17〕Alfred N. Whitehead, *Process and Reality*, An Essay in Cosmology, corrected edition（New York: The Free Press, 1978），pp. 343, 345.

凸顯出其哲學關注的核心是生命發展。由生命的發展中討論方氏的神觀和人神關係，最後，以拉內作為補充和對話。

　　第一節透過對方東美哲學思考特色的歸納，得知其看似為融合中西方哲學以振興中國哲學來提昇全人類文明的企圖，背後的真正動機是對生命發展的關心，此關心以人和世界的關係為主軸，特別是人往何處去的問題。筆者歸納其哲學具有四項特色，分別為：1、融會中西方智慧找尋生命根源。2、化解疏離，提出開展生命之道。3、肯定人的可能性。4、關注生命的終向。如此得知方氏意欲追問生命存在的終極問題。

　　第二節討論方東美的神觀，首先釐清方東美的泛神傾向和「萬有在神內」論。其次是研究方氏的神觀與西方三位創化思想家的神觀之關係。同時，針對方東美名之為 Godhead 的中文意涵，做一嘗試性的討論。

　　第三節方東美生命觀的補充。筆者認為拉內思想能使方氏的思想更加完備，提出拉內作為西方創化思想的綜合和方東美生命觀的補充。因為拉內的思想與柏格森、德日進和懷德海思想有所對應，除了皆來自士林哲學的脈絡和天主教傳統的神哲學以外，並提供一普世性的基礎。

　　首先，人體驗生命的意義必須在人的具體生活當中，在人類的歷史當中，而拉內的主張正是強調人的歷史性，人是能在歷史當中聆聽啟示的精神。

　　其二，創造進化是一個過程，對人而言是一種靈修的人化過程，靈修生活使人體驗與神契合的高峰經驗，拉內一方面肯定人是能體驗奧秘的存有，另一方面也點出，人是趨向於無限的有限精神。如此，避免人因為心中沒有他者而誤入歧途。拉內的看法是當我們問生命的意義在哪裡時，在探詢的同時，就是生命走向意義的動態過程，人是能在歷史中聆聽啟示、且行且走的精神體。筆者認為可以如此理解，生命的意義和希望，即是人的精神在歷史中，藉著具體的生命存在而展現，展現的過程亦是生命體驗意義的過程。易言之，是人帶著「意志」（will）向著歷史、他人、環境開放自我，具體的活，在生活當中體驗領略。意志是信任的態度，相信生命終有意義，它使人真正面對生活的整體，認出歷史性，繼而明白自己的狀況，知道人的有限和可能性，帶著這份肯定——它產生了一種力量推動人向前走，於是，生命在此便產生轉機，一切就會有所不同。然而，如拉內所言：「人是精神」——他（她）能發問、能諦聽、是動態的邁向無限的有限存有。具體而言是什麼意思呢？人之所以發問如何可能？人成為精神體與其他生命有何不同？人有何特點？

什麼又是人的圓滿幸福？拉內強調，人在生活中必須有所體驗，才足以稱爲明日的基督徒，而體驗勢必在一個宗教靈修傳統中，如此，拉內補充了方氏尚未說明的部分。

　　透過上述各章節的分析和對比，對於方東美兼融中西哲學的生命觀聚焦於「關聯圖」，主要有三重意義：1、生命的存在和最終的依靠是愛和希望。2、人與奧秘互爲主體的往來是可能的。3、「上下迴向」的神秘思想，可以用「施與受」、「結合和共進」及「仿效和分享」三階段迴旋狀前進來形容。

五、研究目的

　　本論文的研究目的有三個，首先，藉由對方東美的生命觀和西方創化思想的探索，說明生命的本質是不斷進化發展，而人類是追尋生命意義的旅途中的人，生命意義的發現則依賴與希望的連結。第二，對希望的態度是此連結關係的關鍵因素，人是既渺小又偉大的存有，無須妄自菲薄也不應狂妄自大，需對生命的根源永遠懷抱信心和謙卑。最後，意義和希望都不約而同地建立在信仰和對信仰的體驗上，然而，信仰必然落在一宗教之內，而宗教卻不一定產生眞實的信仰，因此，對奧秘有所體驗並且繼續地經驗祂，始能窺見其眞是奧秘！

　　如同康德（Immanuel Kant，1724～1804）的墓誌銘上所銘刻的：「在我頭上者群星之天空，在我心中者道德之法則」（Der gestirnte Himmel über mir; Das moralische Gesetz in mir）一樣，「心」與「奧秘」必然有所連接。當人們仰望浩瀚夜空時，在心中總會萌生一股恬靜之情，它使我們自然地感覺到平安、放鬆與自由─生命原需如此。我們能與群星背後更深的永恆相通，那是什麼？那是我們的來處也是終向，那是圓滿的愛，因而我們總有那麼深的渴望與孺慕之情。即使沒有現代文明制定的法律規章，我們仍能體會是由於內心的平安，祂教導我們何去何從，在祂內我們能安頓身心、有所發展，祂是超越、也是內在的。如同拉內的「人內的神聖」，也如《在世界中的精神》所言：人的本質是能傾聽歷史中可能發出的啓示，人是動態的邁向無限的有限存有。此動態是人開放自己，體驗生命意義的過程。

　　另一方面，我們的生活世界，遺憾的事時有所聞，隱藏在社會結構中、不被意識到或是意識到卻沒有改善的罪的氛圍，它模糊了人們的方向，使我們失去生命積極前進的動力、自我放逐，或是習於現狀。筆者認爲，有所爲

或者有所不爲在於「意志性」（will）是一種堅持的態度，據拉內的說法，它根源於我們對信仰對象的「順服潛能」（potentia oboedientialis）。順服是辯證的，像似完全掏空即將失去自我，卻是得到更清晰有力的依靠，像是承認軟弱卻是要堅持投奔才能開展。因此，意志性決定生活的狀況。如果，能夠順服於超越的、也是內心深處的召喚，在自由中作判斷抉擇：生活的方向是對終極圓滿幸福的寄託，在委順中受到愛的澆灌淨化，生命乃能獲得動力，超越層層現實挫折、儘管有時陰霾當頭，卻仍能保持內心堅定，相信雲端之上，光照恆在，因而，生命得以脫困而出。此乃筆者以方東美的生命觀對比西方創化思想，置諸於探究生命問題的思考。

藉著拉內對人生命的肯定一人乃是在世的精神，他能聆聽在歷史中可能的啓示，與東方哲人方東美交談，對比東西方生命觀的重心，印證生命開展的可能性、目的與信仰的關係。如此，我們能肯定地答覆生命是什麼的問題，如拉內所言，生命是動態地邁向圓滿的過程。

第一章　兼綜融合中西哲學的方東美

　　當代中國哲學〔註1〕的主調乃是融合了中、西兩方的哲學。而台灣的當代中國哲學可以分爲「融合中西哲學」、「引介並研究西洋哲學」以及「傳統式中國哲學」三種，前兩者與中西哲學的融合息息相關，其中，方東美又被推舉爲具有「兼綜融合」中西哲學的學者，之所以如此，自是與方氏建立的體系有密切關係。方東美建立該體系的初衷，與時代的需要及方氏的使命感二項因素緊扣相連。所謂時代的需要，是近世思潮加諸於中國的改變和影響，而使命感則是方氏對其生命的回應，因此，彰顯自身生命意義的同時，也幫助人尋獲更穩妥的生命意義。

　　爲了更加瞭解哲學家成就此「兼綜融合」導向的哲學體系及其影響，有必要從方東美的生平背景出發，進而深入其學術理論一窺堂奧。因此，本章共分爲兩節，第一節，方東美的生平學術與其時代背景。第二節，方東美的哲學進路。

第一節　方東美的生平學術與其時代背景

　　方東美曾經如此自我描述：「在家學淵源上，我是儒家；在資性氣質上，

〔註 1〕 在中國西化歷程加深必須深入瞭解西方、中國文哲必須不斷地闡揚創造以面
　　　　對西化的衝擊和挑戰、中國經過共產主義使文化異化，以及，台灣現代化歷
　　　　程中尚待釐清的哲學向度等四個背景因素的影響下，學者把「當代中國哲學」
　　　　的範圍定義爲當代中國人對於「傳統哲學題材」、「一般哲學問題」和「現代
　　　　世界問題」所做之基礎性、整體性與批判性的研究和思考。沈清松〈哲學在
　　　　台灣之發展〉《中國論壇》，21 卷 241 期（74 年 10 月），11 頁。

我是道家；在宗教欣趣上，我是佛家；此外，在治學訓練上，我又是西家。」
〔註2〕也就是方氏自儒家的家庭傳統出生，形塑其生命情調的是道家，懷抱著
佛家的宗教信仰，卻浸染於西方的學術訓練。這樣的人生際遇有其家庭和時
代背景的因素，更與其個人的選擇和投身息息相關。本節以此為重心分成兩
點介紹，一為方東美的生平與著作，二為方東美的時代背景。

一、方東美的生平與著作

方東美給人的普遍印象是學問淵博，除了出生於書香世家以外，也因為
喜愛讀書與其認真的態度兩者相輔相成，以下將有詳細介紹。本小節分為兩
個子題，分別是（一）生平與學術。（二）思想與著作。

（一）生平與學術

方東美乃安徽國學大師方苞的第十六世嫡孫，原名珣，字東美，後自創
其名為 Thomé H. Fang。民國前十三年（1899）出生，繼承家學並廣博的閱覽
各種古書與經典，奠定了日後深厚的國學基礎。十九歲時，方東美考進南京
金陵大學文科哲學部，就讀期間擔任該校學生會會長、大學學報《金凌光》
總編輯及學生社團「中國哲學會」主席。二十一歲，方氏代表金陵大學歡迎
美國學人杜威（John Dewey,1859～1952）訪問金大，歡迎會上全程以英文致
詞。翌年，化名「方東英」，翻譯杜威的《實用主義》（pragmatism），該書也
是方氏唯一的翻譯著作。方東美在二十一歲時，接受北京「少年中國學會」
的邀請，成為四位籌組南京分會的人選之一，該會以「本科學精神，為社會
的活動，以創造少年中國」為宗旨，並標舉「奮鬥、實踐、堅忍、儉樸」四
項為信條，成立後，方東美擔任該分會的出版品《少年世界》月刊之總編輯，
後來也擔任總會的出版品《少年中國》月刊的編輯之一；由此可見，方氏對
當時整個學界與社會需要的投入。

對生命哲學的關懷，是方東美在學生時代已經展現出來的。在《少年中
國》、《少年世界》月刊中，方氏發表了〈柏格森生之哲學〉、〈唯實主義的生
之哲學〉以及〈詹姆士底宗教哲學〉等文章，另外，寫作〈國際間兩大學術
團體〉一文，並翻譯〈羅素眼中蘇維埃之俄羅斯〉等文章，此兩篇文章表現

〔註2〕Thomé H. Fang, *Chinese Philosophy: Its Spirit and Its Development*,（Taipei: Linking，1981），p. 525.

方氏對世局的關注。二十三歲畢業時，方東美獲得金大的推薦負笈美國威斯康辛（University of Wisconsin）大學深造，並以《柏格森生命哲學之評述》（*A Critical Exposition of the Bergsonian Philosophy of Life*）獲得碩士學位，此論文被該校名教授麥奇威（Evander B. McGilvary）〔註3〕廣爲推崇，稱其是一份遠遠超過美國研究生水準的論文。二十六歲，方東美以《英國與美國唯實主義的比較研究》（*A Comparative Study of British and American Realism*）通過博士學位考試，返國後陸續受聘擔任前武漢大學、南京東南大學（即後來的中央大學）哲學教授、重慶沙坪壩中央大學哲學系主任兼研究所所長。至此，方東美專注於西方哲學的研究，其研究心得的總結爲〈黑格爾哲學之當前難題與歷史背景〉。該文的目的在構想一個有機與整體的宇宙層級圖像，區分各種差別境界並定其相互關係。這是方東美以西洋哲學爲基礎所形成的廣大和諧的宇宙觀。〔註4〕

　　三十三歲方東美發表《生命情調與美感》，三十九歲於中國哲學會之年會上宣讀〈哲學三慧〉，同年出版《科學哲學與人生》。五十歲時，蔣中正政府遷播來台，方東美奉命接掌台灣大學之哲學系主任，此時方氏的學術思想轉往中國哲學。縱使如此，方東美卻以英文寫作，主要的原因有兩點，首先，是不滿意由西方所翻譯的中國哲學著作，其次，是受到印度哲學家的鼓勵。來台後，致力撰寫《中國人生哲學》（*Chinese View of Life*），在該書當中正式地提出「廣大和諧」（comprehensive harmony）的觀念。〔註5〕七十五歲自台灣大學退休，之後任台灣輔仁大學哲學研究所講座教授，同年，於〈中國哲學對未來世界的影響〉一文中發表「關聯圖」。方東美闡述機體主義的宇宙圖像能提升人類的生活與文化，成就人類的生命價值。七十八歲時，完成《中國哲學之精神及其發展》（*Chinese Philosophy: Its Spirit and Its Development*）英文稿，同年健康檢查診斷出患有肺癌，七十九歲（1977），病逝於台北郵政醫院。遺言中方氏特別叮囑不刊訃文、不發喪、不收禮等，由此，對其人之

〔註3〕　麥奇威，是威大研究柏格森、懷德海的權威學者，對黑格爾哲學與生物科學有深刻研究，同時，也是方東美論文的指導教授。該論文目前僅存於威大的麥迪遜校總區紀念圖書館中。孫智燊，〈述小事懷大哲〉《傳記文學》九十卷第六期，（北縣：傳記文學編輯委員會，民國96年6月），14頁。

〔註4〕　沈清松，《中國歷代思想家—二十五》，（北市：商務印書館，1999），41～44頁。

〔註5〕　同上，45頁。也參閱，馮滬祥，〈東美恩師的生命精神〉《傳記文學》，32～33頁。

行事風格可窺知一二。

學者們皆一致肯定，方東美的思想開放寬容，學養淵博並擁有多國的語言能力，此特色可自其著作所涉獵的範圍得知。

（二）思想與著作

自從一五八二年天主教耶穌會士利瑪竇（Matteo Ricci, 1552～1610）〔註6〕將西方的科學、哲學與宗教引進中國，此後，中國哲學界便踏入了以融合西學爲主調的第四階段，此亦是以士林哲學融合中國哲學的肇始。雖然，蔡元培〔註7〕（1868～1940）在一九二一年曾經喟嘆五十年來〔註8〕的中國缺乏獨創的哲學，僅止於對西洋哲學的介紹與中國古代哲學的整理；然而，有學者認爲六十年後審視學界，中國傳統哲學西化歷程之加深的程度，事實上遠遠超過蔡氏所見，亦不是以其所言“毫無獨創”一語能涵蓋的，因爲此一第四階段亦有中西融合的哲學體系產生，例如本文研究的對象方東美即爲一例。

方東美被推舉爲具有「兼綜融合」中西哲學的學者，意思是爲了發揮其形上學的奧蘊，闡揚人性論之故，在融合的對象方面，西方不分上古、中古、近代或當代，中國則不論其爲儒家、道家或佛學，甚至印度哲學皆予以綜合。〔註9〕之所以能夠如此，主要的原因有二，其一是方東美精通英、法、德文，也略識希臘、拉丁、梵文。其二是哲人以復甦哲學爲使命，該使命感遂推動其在人類磅礡的哲學之海建立無人能望其項背的體系。此體系幫助人跨越種族與文化，認識生命的本質。而方東美對自身所感興趣的課題之投身，亦可作爲一種典範，因爲生命意義的開展總與人的態度息息相關。方東美的治學強調跳脫侷限，超越分別，〔註10〕他更以其兼具儒、道、佛三家的背景又受

〔註6〕 利瑪竇，字西泰，義大利人，因本名 Ricci 而被暱稱爲「里奇」。明朝末年來華傳教，與徐光啓、李之藻等講學譯書。http://ms1.fhsh.tp.edu.tw/~linghsun/cculture50s/60141.doc。

〔註7〕 蔡元培，民國初年任教育部長，幾個月內制訂了民國以來的基本教育，民國6～16年任北大校長，五四運動在其鼓勵之下發生，民國17～29年任第一任中央研究院院長。

〔註8〕 指清末，一八七二至一九二一年的五十年。蔡元培〈五十年來中國之哲學〉《晚清五十年之中國》，（香港：龍門書店，1968），31頁。轉引自沈清松，〈哲學在台灣之發展〉，10～11、22頁。

〔註9〕 沈清松，〈哲學在台灣的發展〉，12頁；同一作者，〈21世紀人文精神之展望〉（「方東美先生百歲誕辰紀念學術研討會」，1999，12月），IV-9頁。

〔註10〕 方東美《生生之德》，（台北，黎明，1979），258、259頁。《中國人生哲學》，（北市：黎明，民國69年），88～91頁。

西方學術訓練自詡。針對「佛家的宗教信仰」一說，傅佩榮先生認為其意為佛教的宗教「情操」，也就是在不執著的心態中使心靈不斷地向上提升，一方面又回到生活的人群當中，以關愛的心同情周遭環境的人事物並善盡個人責任。〔註11〕此思想特色具體地呈現在其著作中。

　　方東美早期的著作著重在生命哲學和世界局勢，有文章、論文和翻譯等多種類型。文章方面是〈柏格森生之哲學〉、〈唯實主義的生之哲學〉和〈詹姆士底宗教哲學〉。論文方面有《柏格森生命哲學之評述》（*A Critical Exposition of the Bergsonian Philosophy of Life*）。創作方面是〈國際間兩大學術團體〉一文。翻譯的文章是〈羅素眼中蘇維埃之俄羅斯〉。在方東美逝世後，弟子整理其多項授課錄音出版，並歸納方氏所戮力完成的乃是包含存有學、宇宙論、人性論與價值論的形上學，它貫通存在與價值、天道與人性，此即為對中國哲學「既超越又內在」、「即超越即內在」〔註12〕形上學的發揮，這部分因為涉及方東美的形上學，將置於第二章第三節「關聯圖」中詳細說明。

　　至於方東美的宗教哲學思想，涉及的範圍包括中國各宗教的終極實在（Ultimate reality）、宗教哲學、中國宗教傳統的哲學體系。從其著作的比例上，可知其主要側重於中國宗教傳統的哲學體系，指的是中國各宗教包含儒家、道家和佛家，而終極實在則是萬物或存在的根源，是人信仰、倫理、修行以及整個生命意義的最後依據。方氏對於中國的三個宗教傳統有自己的詮釋和創造，其詮釋含著強烈歷史意識在內，鳥瞰整個在傳統的實踐中所發展出來的思想史並且重構之，是一種負擔歷史重量的創造，有強烈的歷史性，也就是放眼歷史當中的人類智慧，探詢其所認為有助於人生的根本支持。

　　方東美的《中國哲學之精神及其發展》即是在融合人類智慧的線索下重構中國哲學的力作，〔註13〕並且提出名聞遐邇的「關聯圖」，〔註14〕最主要的目的是為了重振中國的哲學，並藉之促進西方哲學的復興，以幫助人類建立更高度文明，〔註15〕尋獲更深的生命意義。具體而言，其著作與本論文有直

〔註11〕http://www.cdd.org.tw/costantinian/528/52808.htm.
〔註12〕方東美，《生生之德》，284頁。
〔註13〕方東美，〈中國哲學對未來世界的影響〉，4頁。
〔註14〕方東美《生生之德》，頁341；〈中國哲學對未來世界的影響〉，2～19頁。
〔註15〕方東美反對將中世紀被稱為「黑暗時代」，他辯駁中世紀的宗教、藝術或文學都有很高的精神成就，反而應稱其為「光明的時代」。另一方面他痛心的宣稱十九世紀末之後的時代，宗教、藝術精神與哲學智慧衰退，將來後代如果稱此時代為「黑暗時代」的話，我們將沒有任何理由反駁。方東美，〈中國哲學

接關係的是《生生之德》，該書以《易經》爲基礎，詮釋一種創造進化的宇宙觀，也是本論文的主題。其次，《中國哲學之精神及其發展》一書，最主要是對於儒、道與佛教的詮釋。而《哲學三慧》指的是希臘、中國和印度哲學，方氏主張在各種類型學的概念中應互相補充。而《科學哲學與人生》一書，闡述人文與科學之間有其連續性，表達一種逐層演進的過程。

美國哲學家兼教育家韓路易博士（Lewis E. Hahn，1908～2004），在第一屆「國際方東美哲學研討會」中曾回憶說：「談到哲學，只需與方東美簡短一席談話，便足以透露出其學養的淵深，對基本問題與關鍵了解之敏銳，以及其對文化史上各大派運動主流與大家掌握之恰當。」〔註16〕換句話說，方東美一方面能夠深入洞悉哲學問題的關鍵，另一方面又能宏觀的瞭解哲學思潮，兼具共時（synchronic）與貫時（diachronic）性。〔註17〕然而，哲學家如何走向兼綜融合導向的哲學之路呢？與當時的世界思潮有何關係？當時又有怎樣的思潮呢？

二、方東美的時代背景：近世思潮及其對中國的影響

近世思潮指的是近代歐洲的思想，它風靡於全世界所形成的潮流，最主要的特色是"以人爲中心"的思考。時間大約是從十五世紀到十九世紀，但是其造成的影響力甚至到了當代。方東美曠觀這樣的衝擊，語重心長地寫下了一段話：「……科學不能違情以言理，猶之哲學不能滅理以陳情。科哲合作，理情交得，然後人類思想與文化乃臻上乘。〔註18〕」因爲，方東美認爲生命的存在是「情與理」，衡情度理是最上乘的智慧，人類含情而得生，契理乃得存；〔註19〕如果偏執一端就走向危亡的悲劇。

近代歐洲思潮的影響，對身爲哲學家的方東美而言，最重要的使命就是要想辦法把存在於自然與人性之間的鴻溝填補起來。因爲鴻溝論形成二分法

對未來世界的影響〉，3 頁。

〔註16〕 韓路易（Lewis E. Hahn）博士主講，孫智燊譯，〈方東美先生與中國哲學精神「國際方東美哲學研討會」開幕至辭〉《方東美先生的哲學》，（台北：幼獅，民國 78 年），5 頁。

〔註17〕 如果將歷史看做爲一人類生活的過程，它呈現不同的階段和不同的時期是貫時性的面向。如果分析同一階段或同一時期的時間因素，則是以共時性的方式呈現的。沈清松，《對比、外推與交談》，（台北：五南，2002），55 頁。

〔註18〕 方東美，《科學哲學與人生》，（北市：黎明，民國 67 年），自序 1 頁。

〔註19〕 方東美，〈生生之德〉，138 頁。

的習慣，將所有事物都一分爲二，彼此敵對，因此整全的人格被身心割離無法貫通。〔註 20〕方氏所洞察到的身、心二元對立造成對人的宰制和分裂，指的是近代哲學家笛卡兒（René Descartes,1596～1650）的主張。笛氏認爲思維是靈魂的本質，肉體的本質只是延展性（extension）。如此，靈魂和肉體再也沒有內在的統一性。〔註 21〕而據理性爲一切的批判根據，更排除了信仰和啓示的可能性，也切斷人和神的關係。這樣的思潮，引領風騷所向披靡，包含歐洲和中國在內，全球的整個世界觀完全被改變。

　　無可諱言地，思想確實對個人及社會都會發生領導和塑造的作用，事實上，包括中國在內的任何一個國家和民族都無法與西方的文化思想脫離關係。因爲沒有一種思想是開天關地單獨產生的，都有該時代地域甚至個人的背景，是爲思想的歷史性，根據這點我們能瞭解方東美所選找及揚棄的西方思想爲何？

　　在這一小節當中，首先要介紹由近代歐洲思想所帶動的世界潮流，包括對中國的影響，故而又分成兩個子題，一是近世思潮，二是在近世思潮影響下的近代中國。

（一）近世思潮

　　近世思潮興起的原因有很多，包括舊社會的隱沒與新制度的興起、文藝復興（Renaissance）、宗教改革（Reformation）、科學萌芽等等；〔註 22〕在所有的原因當中，兩個最不可忽視的遠因和近因分別是唯名論者〔註 23〕（Nominalists）對「抽象作用」說法之異議，以及，伽利略（Galileo Galilei, 1564～1642）在分辨「第一物性」（primary qualities）與「第二物性」（secondary qualities）〔註 24〕上，對近代生活所造成的衝擊。前者約可追溯至亞里斯多德

〔註 20〕方東美，〈廣大和諧的生命精神〉《中國人生哲學》，171、173 頁。
〔註 21〕布魯格編著，項退結編譯，《西洋哲學辭典》，（台北：華香園出版社，民國 78年），41 條。
〔註 22〕十六世紀的文藝復興，十七世紀的理性主義，十八世紀的啓蒙運動，十九世紀的資本主義與民主憲政體制，是現代化具體成果的展現，最主要是一切都以人的理性爲控制，由神性的宇宙論進入理性的世界觀。
〔註 23〕唯名論認爲種與類這些普遍概念，不過是空洞的名詞，除去每一個個體以外，並無個體間相同的實質。既不承認普遍概念存於實在事物中，也不承認它存在思想中，最極端的是十一世紀的羅賽林（Roscelin），他宣稱普遍概念只是一個名詞。布魯格編著，項退結編譯，《西洋哲學辭典》，243 條，372頁。
〔註 24〕伽利略引用儀器測量使科學從「物我相關」觀點轉化爲「物物相關」，是爲科學史上空前創舉，然而此突破卻被伽氏所忽略而無法指出「物物相關」與「物

（Aristotle, 384～322,B.C.）學派對人認知行為的洞察，肯定其為包含「感性」與「悟性」兩者密切合作的抽象作用，此思考卻在多瑪斯（Thomas Aquinas, 約1225～1274）以後為人所遺忘，而由唯名論取而代之，最後由奧坎（William of Ockham, 1300～1350）弔銷「抽象作用」將其極端化發展，因而埋下「心物二元」分割對立的局面。

而伽利略對「第一物性」與「第二物性」的分辨也導致了"常識主觀，科學客觀"以及"存在等於可被衡量（To be is to be measurable）"的誤解，因而，近世思潮施展於整個世界的塑造力是以理性去判斷一切，並且設法改變一切，導致「二元對立」、「科學至上」，連帶否定了存在，最後走向虛無主義，使得價值失落，這也是方東美痛心之處，並力陳哲學家建立哲學思想應引以為鑑的。因此，在這一個子題中有四個重點要介紹，分別是：1.二元對立。2.科學主義。3.自然神論。4.無神論的看法。

1、二元對立

二元對立乃是近代主要思潮之一，亦為方東美所言之「整全人格被身心割離一分為二」的現象，肇始於理性論（rationalism）和經驗論（empiricism）各執兩端的思考。發展的脈絡可追溯自十三世紀的羅傑・培根（Roger Bacon, 1210～1292）率先應用「實驗科學」一詞，並主張在做這樣的研究時，"語言不能使我們獲得確切性，一切繫於經驗。"〔註25〕到了十四世紀的奧坎更強調只有經驗才能使我們知道一件事的原因是否必然，並且徹底主張唯名論，其論點是"真正存在的是人透過感性所接觸的經驗對象"以及"觀念只代表經驗對象的名目，本身沒有實際存在的意義"。上述論點的影響力，廢除了人進行理解的抽象作用，亦即否定人進行理解直到領悟的過程中，感性與悟性之間的合作；如此一來，也就無從解釋，人如何從具體事物上把握其核心義。奧坎放棄感性與悟性合作之說，為近代哲學的思路埋下了導火線，後代哲學家們在追問"人如何認知"之時，產生了兩種分析，其為執著悟性貶抑感性，或是，執著感性輕忽悟性，前者即孕育了以笛卡兒為首的理性論，後者產生了休謨為極端的經驗論。〔註26〕

我相關」並非對立，實是相輔相成一體兩面；最後僅將事物的性質區分為「第一物性」與「第二物性」（或稱「初性」與「次性」）。

〔註25〕Étienne Gilson, *La Philosophie au Moyen Age*, Paris: Payot, 1947, pp. 481～482. 轉引自項退結，《現代中國與形上學》，83頁。

〔註26〕關永中，《知識論（二）──近世思潮》，（台北：五南，2000），引言 ii～iii。

（1）理性論

理性論（rationalism），又名「觀念論」或「唯心論」，乃由笛卡兒的思想所引發，強調意識的主動性。笛氏企圖使哲學如同科學一般，有穩健而不容質疑的出發點做為基礎，並能據數理的演繹來推論，而達到客觀知識，因而提出一套徹底、有效率的懷疑法（methodic doubt）。眾所周知，笛卡兒的名言是：「我思故我在」（Cogito, ergo sum），亦即懷疑是一份思維活動。「我的思想活動不能被懷疑，那做思想活動的我，也不能被懷疑」。笛卡兒藉著懷疑法來證明主體的存在，〔註 27〕此思想引發了近代哲學的理性論潮流，此派認為，理智只透過先天觀念來達致認知，意識可以自給自足、是封閉的，意識完成返回自己的任務時，即可消解在物質世界的疏離，也能作成全的反省，使先天觀念抬頭，它排除了真知源自外來世界的可能性。此理性論的思考，筆者藉由台灣大學關永中教授的分析圖，〔註 28〕說明如下：

圖一：理性論者的思考圖

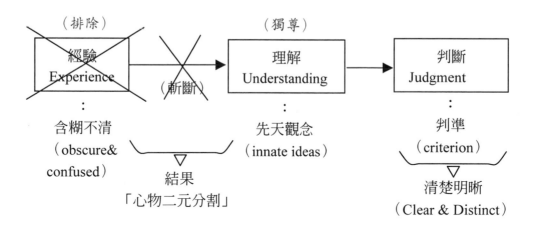

此圖可以如此理解，笛卡兒與理性論者認為感性只提供「含糊不清」的知覺，所以應該摒棄，而感性在排除了感官知覺的干擾後，可讓「清楚明晰」的先天觀念抬頭，故而，真理的判準在於觀念的「清楚明晰」性。〔註 29〕與

〔註 27〕笛卡兒之懷疑法包含了對世界、身體與神之存在的懷疑；但卻發現還有一事不能懷疑，即作思想活動的人之存在不能被懷疑。此法讓思維的主體獲得確定性的保障，即為主體性哲學。

〔註 28〕關永中，《知識論（二）──近世思潮》，10、22 頁。

〔註 29〕同上，13 頁。

之對立的是經驗論的思考。

（2）經驗論

典型的經驗論（empiricism）以休謨（David Hume, 1711～1776）為代表，他是此派的大師。休謨對知識論的分析至始至終都在「經驗層面」，即使言及「觀念」，也是如此。也就是說經驗論者談論知識，始於知識也僅止於知識。在此，也許可以對休謨的理論做一個簡單的說明，休謨認為心靈的知覺分成兩種，一種稱為「思想或觀念」，另一種稱為「印象」。印象是指當人正在聽或看，或是感受，或愛或恨或希望或意願時，一些比較生動的知覺。觀念則是人對上述感覺或活動加以反省時比較不生動的知覺。〔註30〕譬如說，當我此時此刻正在寫論文，我所看到的電腦和書本、聽到狗吠聲等等都是印象，而當我反省和意識到宿舍要門禁了、修女可能要關門了，這些不在眼前的人或事則屬於觀念。換句話說，對休謨而言，人的思想和觀念是同一件事，而觀念只是印象的反映或複製，那麼印象呢？也僅僅是人此時此刻對外在事物的感覺或內在活動，也就是內外經驗；假若捨棄經驗的內容，人的思想和觀念將空無一物！休謨就曾經說過：「我人所確知的存在唯知覺而已」（The only existence, of which we are certain, are perceptions）。〔註31〕休謨並認為，信仰只是我們對於一個不在眼前之物，由現在的印象所聯想出來的觀念而已，也就是信仰由「習慣性的聯想」而生。最後，休謨不但無法肯定自我的一致性，而且也無法肯定外界事物的客觀存在，一切都遁入徹底的懷疑當中。

撮要經驗論的主張約有以下幾點：〔註32〕一、一切知識根源自經驗。二、不承認有與生俱來的「先天觀念」（innate ideas）。三、意識是完全被動的，任由世界將影像印在感官意識上；世界則是未經感官意識所過濾污染的「客觀」世界之本來面目。四、意識與世界兩者的關係為意識乃是封閉的，只接受物理實體的影像或印象，而且意識並不認識世界，彼此之間有一道鴻溝。在此，同樣引用關永中的分析圖〔註33〕做說明：

〔註30〕 David Hume, *An Inquiry Concerning Human Understanding*, in: E. A. Burtt（ed），*The English Philosophers form Bacon to Mill*, New York: The Modern Library, 1939, p. 593. 轉引自項退結，《現代中國與形上學》，84 頁。

〔註31〕 David Hume, *A Treatise of Human Nature*, Vol. I., London: Dent, 1949, p. 204.轉引自項退結，《現代中國與形上學》，101 頁。

〔註32〕 關永中，《知識論（二）》，27～28 頁。

〔註33〕 同上，28 頁。

圖二：經驗論的思考圖

意　識	← 鴻　溝 →	世　界
	（沒有橋樑）	
（封　閉）		（只是它自己）

　　總而言之，理性論與經驗論的論點雖然迥異，卻導致一個相同的結果，其為近世思潮「心物二元分割」的局面，也正是方東美一再引以為憾的二元分離的情況，因此方氏有如下批評：「科學家分割世界，妄加區別，一方面執物質之初性為因，他方面執心識之次性為果，這種認識論的基礎不是……絲毫不穩固麼？」可想而知，方東美對近世思潮的發展有所洞察，同時亦影響了日後其哲學發展的方向。在此將經驗和理性論兩派的主張整理如下表。

表一：理性論與經驗論的異同

內容 異同 ＼ 派別	理　性　論	經　驗　論
相異點	有先天觀念	沒有先天觀念
	意識全主動	意識全被動
	客觀知識來自清楚明晰的觀念	客觀知識來自經驗
相同點	意識：是封閉的。 世界：是在意識以外的世界，也是未經意識沾染過的實在界。 客觀世界：是物理科學觀點下的量化世界。	

　　由上述的結果可見，無論是理性論或經驗論，最後都走向科學，世界是物理科學觀點下的量化世界。尤其，經驗主義不只主張一切認識以經驗為起點，而且把知識的唯一泉源歸諸內外經驗，尤有甚者，把知識標準限於外界經驗，或是可測量、可用數學公式表達的外界經驗。經驗主義認為科學是唯一可靠的知識，這種一面倒向科學的態度其實本身也是一種哲學，也就是科學主義。

2、科學主義

　　休謨的經驗論傳至法國後，引起伏爾泰（F. M. Voltaire, 1694～1778）〔註34〕

〔註34〕伏爾泰，出生法國巴黎，是法國啟蒙運動的領袖和導師，曾有一句名言：「雖

及百科全書派的響應，後者多主張唯物論（materialism）且極力反對宗教，該書的編者之一達朗培（J. L. d'Alembert, 1717～1783）並不主張無神論（atheism）而是自然神論（deism），〔註35〕他認為宗教只應以促進人類互愛為務，而放棄教條；達氏之徒聖西蒙（Henri de Saint-Simon）則主張社會改革，實行博愛和正義；聖西蒙的學生兼秘書，即為著名的實證論（positivism）者孔德（Auguste Comte, 1798～1857）。〔註36〕

孔德把經驗科學所揭示的外在世界秩序做為哲學系統的基礎，稱為積極哲學（positive philosophy），中文普遍譯成「實證主義」（positivism）或「實證論」。一般而言，實證論是要求任何學問或道德行為必須以可以感覺到的事實為出發點，並限於描述可感覺事實及其規律的思想態度，〔註37〕又可分為哲學實證論（或稱實證哲學）和道德實證論。實證哲學唾棄傳統哲學並強烈反對形上學，後來的「新實證論」更強調直接用純自然科學方法使哲學成為一種科學，企圖排斥一切非科學的成份。孔德對經驗的看法與休謨如出一轍，前者認為只有經驗事實和經驗事實彼此之間的關係，才是適於理性探究的唯一對象，因而實證論可說淵源於經驗論，孔德以休謨的經驗主義基礎為原則建立其「實證哲學系統」，也就是把經驗科學和實證科學的方法推廣到整個學術領域。

孔德定義實證哲學為：「實證哲學是普遍而科學的知識系統」（Une système de connaissances universelles et scientifiques）。「普遍」一詞，指的是有關人生現況及未來命運的一切問題，而「科學」是基於事實的知識，亦即用現代科學方法能夠證明的知識。孔德以為，科學事實僅限於外界感覺經驗所能觀察得到的事實，也就是可以測量、可用數學公式表達的事實。〔註38〕雖然，實證主義的原義並非指出真理的知識也必須透過科學的實證，但是孔氏最為人熟知的「人類社會三階段發展」理論：第一神學階段，第二形上學階段，第三實證階段，此理論消極地放棄了文化中的宗教進路以及道德進路，〔註39〕並自認此理論是「社會動態」的自然發展過程，是「歷史科學」中的定律，

然我不贊同你說的每一句話，但是我會誓死捍衛你說話的權利。」
〔註35〕 有關唯物論、無神論或是自然神論的主張和形成的因素，將於下一小節有清楚說明，簡言之，三者皆與科學有直接相關。
〔註36〕 項退結，《現代中國與形上學》，87 頁。
〔註37〕 輔仁神學著作編譯會，《神學辭典》，（台北：光啟，1998），900 頁 639 條。
〔註38〕 項退結，《現代中國與形上學》，87～88 頁。
〔註39〕 鄔昆如，《人生哲學》，（北市：五南，1989），214 頁。

人類就是依著這三個階段向前進步的。

　　孔德認為現代社會已經到達最進步的實證階段，因此，神學及形上學都已經落伍且應該揚棄。此階段的一切學問都以科學為標準，以實證方法為憑，據此奠定了"科學萬能"的信條。筆者將實證主義的社會進化各階段的特色整理如下表：

表二：孔德的人類社會三階段發展理論

階　段 ＼ 特　色	特　　色
一、神學階段	包括神話、宗教和神學。此階段人們較少運用理性而以想像力代替思想，要替大自然現象尋求一種超越及超自然的解釋。
二、形上學階段	此時人們用形上學代替神祇，用內在於世界的原因來解釋世界，形上思想的頂點是泛神論；形上學思想中的想像成分仍勝過理性成分。
三、實證階段	是最進步的階段，人們只聽信經驗所提供的事實，想像力在此階段完全屈服於觀察之下。

　　孔德認為實證哲學另外有幾項特色，分別是有機的（organic）、確切的（certain）、精密的（precise）、實用的（useful）、實際的（real）、相對的（relative）。因為，實證哲學具有社會目標，可以代替神學領導人類的精神取向，故而是有機的。它強調科學並要求其確切性、精密性、實用性和實際性。孔德也強調實證哲學的相對性，否認絕對原理。

　　總而言之，孔氏乃意欲用科學代替宗教，認為能藉之改進人類社會。他甚至創立了一種「人類的宗教」（religion of humanity），此新宗教的口號是「愛是我們的原則，秩序是我們的基礎，進步是我們的目的。」（Love is our principle; Order is our basis; Progress is our end）。儘管，孔德的宗教並未全面成功，但是他的基本思想已經在歐美和中國紮了很深的根，[註40]最典型的例子就是五四運動之後的「科學與人生觀論戰」，[註41]該論戰最終以"宇宙一切均可以科學解說"做為結語，顯出當時認為科學萬能的實證論觀點。經過理性論和經驗論所產生的二元對立思考，接著，實證主義造就了科學至上的觀念，如

─────────────

〔註40〕項退結，《現代中國與形上學》，89～90 頁。

〔註41〕「五四運動」及「科學與人生觀論戰」將於下一子題「近代思潮影響下的近代中國」當中介紹。

此一來形上學付諸闕如，人對生命意義的追尋和探索，陡然變得荒謬和可笑。這些現象不僅風靡當時，也留下影響持續至今日。

然而，科學做為一門研究的知識，有固定的規則和原理，其所適用的範圍是有限的，〔註42〕科學無法充分解釋生命的奧秘和來源終向等問題，對此終極問題的追尋卻是人的自然趨向，一方面確立生存的意義和價值，一方面使人面對挫折仍能懷抱信心，積極轉向希望，如此對神的看法顯得異常的重要。

方東美形容當時二元對立與科學至上的現象是以理智和控制為手段，狂妄自大地企圖達成野心，卻摧毀了自身，一切存在的意義都喪失，徒留積極否定的情況；〔註43〕於是，各種無神論和懷疑主義興起，遂形成了近代歐洲的悲劇，其為尋不著安身立命之所，不能從心所欲的悲劇。〔註44〕放眼今日社會，對神的質疑和否定的現象普遍存在，人們多數認為信仰可有可無，年輕人面對層出不窮的社會問題逐漸顯得麻痺，失去對生活的信心，雖然渴望尋求更穩妥的生命意義，卻對信仰保持距離，箇中原因到底是什麼？

為此，筆者認為有必要進一步介紹無神論與其看法？是否自認無神論者有其應該面對的內在問題？同時，信仰者也應該開放機會聆聽與自省。方東美走向中西融合，尋求真理，為的也是跨越文化與宗教的限制建構其哲學思考，肯定和提供人類生活普遍性的基礎。以下，緊接著即是對自然神論和無神論的介紹。

3、自然神論

「自然神論」產生的因素有很多種，當中最有力的是對新科學的興趣所致，使得人們改變對宇宙的看法。〔註45〕自然神論的英文為 deism，來自拉丁文 Deus（神／天主），在十九世紀以前 deism 與 theism（有神論）是同義詞；十九世紀以後，「自然神論」被用來指稱許多不同的神哲學思想，他們雖然不否認神的存在，卻都拒絕接受傳統基督徒對神和宇宙關係的看法。

自然神論有許多不同的模式，最極端的一種是只承認世界的創造源自一

〔註42〕 我們可以用科學的角度分析媽媽的手工餅乾是由麵粉、酵母和奶油所組成的，卻不能充分解釋什麼是媽媽的愛心；換句話說，科學有一定的適用範圍和限度。

〔註43〕 方東美，《科學哲學與人生》，232 頁。

〔註44〕 同上，196、198 頁。

〔註45〕 由於地球引力、萬有引力和慣性等等的發現，使得亞里斯多德式的宇宙觀：天體繞著地球做圓週性運行的假設，遭到懷疑和推翻。

位智慧大能的神，祂在已存在的物質中加上秩序，依據祂所規劃的自然律，宇宙得以運作，但是這位大能的神絕不干預既定的宇宙秩序；依據這樣的標準推理，自然的運作就絕對不會有例外的事發生，也就是否認奇蹟的可能性，甚至，天主對個別的人和事也不聞不問，天主與世界的關係，變成如同一位原始的工匠與祂的製成品一樣，神變成在人以外，生活在遙遠不可及之處的存有。另外，科學進步帶動航海事業的發達，使得歐洲人目睹非基督宗教的文化所顯示的高度倫理和宗教原則，因而逐漸認為天主的啟示和神律都是多餘的，僅僅人類的理性就已經足夠了。如此，使人們以為自己可以控制整個宇宙，遂開始反抗神，也反抗預定論的說法。〔註 46〕此理論的產生有其時代因素，由今日觀點看來確實顯得過於僵化。

自然神論在方東美的理解中，有以下看法：「神乃高居皇天的至尊，祂對低處凡俗的人與世界毫無助益，因為人間一切終歸虛無。」因此，方氏批評自然神論是虛妄的，也提及虛無終究走向無神。〔註 47〕

4、無神論

無神論之英文為 atheism，來自希臘文 a-theos，a-是"無"或"否定"；theos 是"神"的意思。無神論者否定神在其生活、思想、價值觀中有扮演任何重要的角色，這種態度是由各種錯綜複雜的因素所造成，最主要是某些地區的人對宗教——尤其是對基督宗教的誤解和渲染而成。另外有幾個屬於信仰者圈內的原因，是基督信仰者對教義妄加詮釋、生活與信仰不一致、在社會中沒有活出好榜樣等都會使人對宗教產生懷疑，甚至否認神的存在。在今日導致無神論最深的隱藏性原因，是唯物或唯心一元論，因為一元論的邏輯系統容易建立，理論架構明顯，而且免除對於無限和有限在認知上的張力。

無神論有各種形式，其中一種稱為理論無神論，它有三個涵意分別是科學主義、封閉的理性主義和不可知論，以下說明之。

（1）科學主義的涵意：以科學研究的理論解釋大自然的形成和人的存在以及生命的種種現象，此派認為除了五官所能接觸的世界以外，沒有其他值得重視的事物。（2）封閉的理性主義認為，理性是人認識的唯一泉源，感覺只是含糊的概念，人類以概念推理的思想方式是所有知識來源的最高標準。（3）不可知論的無神論，認為超感覺之物是不可知的，因此否定形上學成為

〔註 46〕《神學辭典》，172 條，242 頁。
〔註 47〕方東美，《生生之德》，335～336 頁；《科學哲學與人生》，252～254 頁。

一門學問的可能性，更否定神的可知性。不可知論並不否認人類經驗外可能存有某物，但否認人有能力認知超越存有的存在與其本質，即把人類知識限制在物質世界中，不承認對超越者類比知識的可能性，最多只不過留待非理性直覺或「信仰」去解決。〔註48〕

另外，研究中國甲骨文已近40年的耶穌會士雷煥章，他認為無神主義因其不同的主張，又可分為（1）獨斷式的無神論（2）不可知論的無神論（3）漠不關心的無神論（4）虛無的無神論（5）積極的無神主義。〔註49〕以下將一一介紹。

（1）獨斷式的無神主義。如果向獨斷式的無神主義者提出關於神的問題，他們總是會說：神不存在。然而，我們知道神不存在是無法證明的，所以，在沒有充分證據的前提下卻斷言神不存在，就是墮入獨斷主義中。事實上，每一位無神主義者都應該誠實地面對世界和人類來源的問題，如果沒有準備認真地去研究這個問題，也沒有給它一個圓滿的答案，而毫無根據地認定神不存在，此種無神主義就是獨斷式的無神主義。無神主義者最習慣作為辯護的理由，是神的存在無法用科學來證明。對此，我們該抱持的正確看法，是在宇宙間無論是自然的或是由人力造成的一切現象，都只不過表示自然的變化，它不會提供一個真正創造的概念。對於創造的討論，我們也不需要設想從一個空虛的"無有"開始，而是要為這具體的宇宙人類找出其存在的意義和來源。這個來源是在一切實有的原始基礎中、在一切存在的根由中，那些真正存在卻又無能使自己存在的物體，他們的意義只有在一切實有的根源那裡，在「那個自有者」的圓滿真實中才可以找到。

（2）不可知論的無神主義。此派人士明瞭如果斷言神不存在將淪為一種獨斷主義，因此他們不願意表明認為神不存在的立場，卻又主張神的存在是不可能的，這樣的不可知論，是此派人士所能找到對於人生意義最明確的看法。因為，不可知論的無神主義認為構成這宇宙的一切都可以解釋，唯獨整個宇宙的存在的這個事實本身卻無法解釋，即使解釋了所有的現象也總不會產生實有，個別部分的意義完全總結起來，並不能答覆整體是怎樣存在的，為此，就把一切都看成是毫無意義，存在變成是荒謬的。一般而言，荒謬論以沙特為代表，將神從主觀經驗中排除沒有留下餘地。其實，沙特是對於當

〔註48〕神學辭典，514條，709頁。
〔註49〕雷煥章，〈有神論與無神論〉，《現代學苑》第十卷第一期。

時傳統宗教表示失望，在其不可知主義中仍然存有一絲對眞神的模糊渴望。

（3）漠不關心的無神主義。這是屬於另一種更加普遍的無神主義，他們不願意花費心神去討論神的問題，是一種忽視不理和漠不關心的態度，也缺乏勇氣去討論人生意義的問題，只是認爲生命本身就這樣消逝過去，而漠視聖賢偉人和哲學家們對於人生意義的追求和苦心探索。此派的人常常要和大眾一樣或是要追上時代，並沒有眞正的自由和批判的精神，而只是一種新型附和主義的犧牲者。

（4）虛無的無神主義，此派的代表人物是尼采。尼采親眼目睹現代世界的腐敗，因而極力設法找出導致人生非人化的因由，一方面也致力於揭發阻礙人類生活發展的反動力量。尼采他也強調把握當前這個時代的重要性，因爲此時代是使一個徹底的革新成爲可能的契機。尼采把人的意志稱爲"嚮往虛無"的意志，他給虛無主義的兩個意義是「意志」和「願望」，也就是惡性的嚮往虛無的意志，以及，將這個嚮往虛無的意志毀滅的願望。結果就是以虛無主義去毀滅虛無主義，最後，人們還是必須面對"這個眞實生活的意義是什麼"的頭痛問題。

（5）積極的無神主義。這派的人對於神的存在表示不知道，但是他們尊重眞理，同時也認爲以往的宗教太過度安於一些現成的制度而忘記應該繼續探索眞理。積極的無神主義者厭惡一切人爲的制式化，他們有所不滿和批評，卻眞正期待著眞理，且警覺性地持續著一種鍥而不捨的探索，希冀尋得那看不見卻又臨在的實有，積極的無神主義相信那就是使看得見的東西有其眞正的意義和價值的終極存在。

透過上述的分析，我們能夠深入瞭解無神主義的批評和不滿有該時代的原因所造成的束縛和桎梏。相似於此，方東美將虛無主義分成四類，意思都不脫人生是荒誕虛妄的、一切人生意義和價值完全無法實現、人生意義是若隱若現的把握不住，以及消極隨波逐流的對待人生。方東美並認爲上述情況正是近代歐洲的精神。〔註50〕方氏批評笛卡兒以物質和運動創設世界，根據懷疑的活動肯定自我的存在，是以懷疑破懷疑而建立思想系統，等於說萬有都是荒謬錯誤的，而全盤的錯最後竟變成對的。這種虛無主義最後走向無神論，認爲世界之運轉是無目的的，生命之流行是沒有價值的，也否定了生命

〔註50〕方東美分虛無主義有完全的、局部的、進取的和蕭閒的虛無主義四種。方東美，《科學、哲學與人生》，230～231頁。

根源——也就是神的存在。〔註51〕

　　事實上，自然科學無法答覆人的存在是否有意義的問題，如果神眞正存在的話，也不在科學研究的範圍；更何況必須謹記，自然科學所研究的現象並不包羅全部人類的經驗，〔註52〕各學科在自身的領域呼風喚雨，然其適用的範圍卻仍是有限的，科學主義引發第一、二次世界大戰，人類從歷史中應當自省，科學不能逾越到非科學的領域，也無法回答人類所有的疑問，西方社會已經做爲先驅性的示範，然而在同時代的中國顯然亦受到不小的衝擊。

（二）在近世思潮影響下的近代中國

　　近代中國像世界上其他國家一樣，受到二元對立和科學至上的思想潮流所影響，甚至更加嚴重。中國從一個視外族爲蠻夷之邦的封閉帝國的夢想中被打醒，接著一連串的富國強兵計畫，就是引進西方的船堅砲力與全面西化，完全揚棄傳統，因而失落了一些優良的文化思想與價值。

　　本段以介紹世界潮流加諸中國的衝擊和改變爲主。內容上包括中國思想史的轉折，最主要的是中國哲學在現代化的過程中有何危機？思想家提出怎樣的挽救之道？它和方東美的思考及其哲學發展有什麼關係？方氏對當代思想的基本議題有何回應？因此，本段共有兩個子題，1.中國思想史的發展及其轉向。2.從中國宗教傳統探問生命的根源。

1、中國思想史的發展及其轉向

　　方東美的弟子沈清松認爲，中國傳統思想史大約可分爲下列四期：先秦諸子到西漢、東漢到隋唐、宋元明期間及明末迄今。

　　第一期先秦諸子到西漢，主要是中國本土思想的發展，因爲當時有諸子百家爭鳴，是思想蓬勃發展的時期。第二期東漢到隋唐，東漢以後印度佛教引入中國，經過格義逐漸轉變在中國脈絡化發展，產生中國的大乘佛教。第三期宋元明期間，宋代以後佛、道提出各種挑戰，在西漢武帝廢黜百家、獨尊儒術使儒家制度化以後，儒學變成了國家的意識型態，對於形上學和宇宙論缺乏關心，遂逐漸沈寂沒落。直到北宋五子才面對佛、道的挑戰，〔註53〕

〔註51〕同上，230、252～254頁。

〔註52〕雷煥章，〈有神論與無神論〉，5～6頁。

〔註53〕周敦頤、邵雍、張載、程頤與程顥兩兄弟合稱「北宋五子」。周敦頤是宋代理學宗祖，邵雍是北宋哲學家，張載是北宋哲學家，程頤是北宋思想家，理學創立者之一，程顥是北宋哲學家、教育家。http://baike.baidu.com/view/190732.

振興以儒家精神為主，兼納佛、道兩家思想，而建立包含理學、心學發展的宋明新儒學。第四期明末至今，中國哲學界面對西方的挑戰，亦即西方思想和宗教的傳入，整個十九、二十世紀中國都是在預備創造的過程。耶穌會士利瑪竇在這時候傳入西方科學、哲學等等，中國西學東用，獲取（appropriate）西方語言、典章制度、科技，中國思想家逐漸消化吸收之，產生綜合性的思想，具體而言，整個第四時期可說是面對西學的挑戰，直到二十世紀才逐漸產生進一步的綜合，中國在此獲取、學習和吸收的過程中，將西學在中國脈絡化。方東美就是在如此的思想史變遷中建立其體系。茲將中國思想史的分期，整理如下表：

表三：中國思想史的分期

分期	時　　代	內　　容
一	先秦朱子到西漢	中國本土思想。
二	東漢到隋唐	印度佛教入中國，經格義，產生中國大乘佛教。
三	宋元明期間	西漢後儒家漸沒落，北宋五子兼納佛、道思想成為宋明新儒學。
四	明末迄今	明末：西方思想與宗教入中國，「西學東用」預備創造的過程。 十九、二十世紀：逐漸消化吸收，產生綜合性思想。

　　明朝末年以後，西方世界正好進入現代化，由國家主導的全球化（globalization）〔註 54〕開始擴充市場和殖民地，連帶地引入西方各種思想，中國也無法避免。雖然清朝盛世時，中國唯我獨尊、閉關自守的情況到達顛峰，將其他國家看做為蠻夷族類，卻在八國聯軍〔註 55〕攻入紫禁城之後受到西方船堅砲利的攻擊，從帝國夢境中驚醒，開始質疑過去的想法，而認定中國和東方全都是落後的會被淘汰，對於「優勝劣敗、適者生存」的教訓感到

---

htm。

〔註 54〕全球化是一個以經濟全球化為核心包含各國、各民族和各地區在政治、文化、科技、軍事、安全、意識型態、生活方式、價值觀念等多層次、多領域的相互聯繫、影響、制約的多元概念。

〔註 55〕八國聯軍是指庚子年（1900）以軍事行動入侵中國的英、法、德、俄、美、日、意、奧的八國聯合軍隊，總人數以最初的 3 萬人遞增。聯軍佔領首都北京，清廷政府逃往陝西西安，談和後中國付出分 39 年賠償的庚子賠款，並訂辛丑條約 http://baike.baidu.com/view/8712.htm

戒慎恐懼，便開始西化。

中國在如此的背景之下，如飢似渴地以西方科學和政治思想為重，甚至部份學者主張全面的西化，嚴復（1853～1921）〔註56〕是當中最極端的一位。民國初年時，嚴復將經驗主義引入中國，加上五四運動的推波助瀾，科學至上的觀念在中國迅速蔓延，包含信仰在內的整個傳統文化都受到影響。在中國具有相當地位的胡適（1891～1962）〔註57〕就曾經描述了他自己的經驗，當他不再相信身後還有鬼神存在的時候，他深深地感到解放。雖然胡適所批評的是一般老百姓所信的鬼神，並非創造宇宙的唯一真神；但是，此語卻道出經過科學的洗禮之後，形上學在當時被普遍異化的現象。

嚴復一方面主張全盤西化，一方面將赫胥黎（Thomas Henry Huxley, 1825～1895）的《天演論》〔註58〕介紹給中國。在一片救國圖存的聲浪中，「天演論」和「自強」的思想成為二十世紀初期的中國思想界之主流，甚至物競、天擇等思想和嚴復所推動承襲自穆勒（John Stuart Mill, 1806～1873）與斯賓塞（Herbert Spencer, 1820～1903）的經驗主義〔註59〕到現在還持續影響著中國人，如此的風潮造成中國大多數的知識份子相信科學是唯一可靠的知識。以上是新科學在當時中國的影響，另外也有文化思想上的效應，就是著名的五四運動。

（1）五四運動和它對中國文化思想上的改變

要瞭解近世思潮對中國的衝擊及文化思想上的改變，不可忽略五四運動。以下介紹五四運動的過程和影響。

〔註56〕 清末民初介紹西洋思想的大將之一。最先翻譯西洋哲學著作，如赫胥黎的《天演論》、亞當史密斯的《原富》、穆勒的《群己權界論》和孟德斯鳩的《法意》等。尤其是 1898 年出版的《天演論》與戊戌政變同一年，兩年之後的庚子拳亂（又稱義和團之亂）引起八國聯軍，一連串的思想運動和事件都息息相關。項退結，《現代中國與形上學》，23～24 頁。

〔註57〕 胡適提出〈文學改良芻議〉，推動白話文運動，當場翻譯杜威在北京的五場演講。

〔註58〕 湯瑪斯‧赫胥黎，英國支持達爾文進化論，著名的《進化論和倫理學》被嚴復翻譯為《天演論》http://www.dinosaur.net.cn/_Dinosaur_History/history_024.htm。

〔註59〕 約翰‧斯圖亞特‧穆勒與赫伯特‧史賓賽皆為英國哲學家。後者被稱為「社會達爾文主義之父」，所提出一套的學說把進化理論適者生存應用在社會學上，尤其是教育及階級鬥爭。在史賓賽的時代有許多著名哲學家和科學家，譬如：湯馬士‧亨利‧赫胥黎和查爾斯‧達爾文都是當代知名的人物。http://zh.wikipedia.org/wiki/。

甲、五四運動的定義

五四運動以其發生的日期命名，簡稱「五四」，又稱「新文化運動」，定義上有狹義和廣義兩種。

狹義的「五四」，是指民國八年的五月四日下午，由北京十三間大學的學生所組成在北京天安門前抗議巴黎和約（1919）〔註60〕的運動。

廣義的五四運動，是指由民國八年五月四日以後幾年的文化及思想運動。該運動表現出兩種趨勢，其一是對傳統文化的重估，其二是介紹西洋新思想、新學術、新文學和新信仰。根據胡適所介紹的新文化運動的目的是引入西洋近代文明，包括婚姻自主、女子解放及健康的個人主義等等。

也有學者認為，自民國四年陳獨秀創立了《新青年》雜誌，推動孕育新思想的同時，五四運動就已經開始了，而民國八年的示威遊行只是此運動的象徵而已。民國 8 年杜威來華演講之時，羅素（Bertrand Arthur William Russell,1872～1970）〔註61〕亦受邀抵中國，前者介紹實用主義，後者闡述新實在論，幾年之間的東西方文化交鋒，包含民國十二年的「科學與人生觀論戰」，所爭論的題材都涉及新文化運動，故而「五四運動」應該是民國四年開始至十二年結束，〔註62〕前後共歷時九年。而五四運動的關鍵性人物有提倡以美育代替宗教的蔡元培，將馬克斯主義帶入中國的陳獨秀（1879～1942）〔註63〕、胡適及在南京

〔註60〕是第一次世界大戰結束後的和平會議，於 1919 年 1 月在巴黎凡爾賽宮召開，也稱凡爾賽合約，從 1 月 18 日到 6 月 28 日結束。大戰後勝利的協約國（中美英法俄義）為締結和約而召開巴黎會議。美國總統威爾遜、英國首相喬治、法國總理克列孟梭操縱該和會。中國代表團向和會提出兩項提案：取消帝國主義在中國的特權、取消日本強迫中國承認的「二十一條」不平等條約，以及收回山東的權益，但提案被否決了，戰勝的中國反而淪為任人宰割的命運。

〔註61〕羅素，英國著名哲學家、數學家、邏輯學家、教育家、社會改革家、和平運動者。三十八歲到四十一歲與懷海德合著『數理原本』三卷，被公認為學術界劃時代的巨著。1920 年曾應邀至中國講學一年。1950 年榮獲諾貝爾文學獎。1964 年時創立了羅素和平基金會。著作共計有 70 餘部，包括《社會改造原理》、《自由之路》、《權力論》、《人類知識》、《教育與現代社會》、《懷疑論》、《婚姻與道德》等等，居留中國一年的期間，主張數學及邏輯真理具特殊的實在性，是為新實在論。

〔註62〕項退結，《現代中國與形上學》，31～34 頁。以及 www.chinalane.org/hist010/index. html、baike.baidu.com/view/14478.htm，民國 96 年 9 月 30 日的網頁資料。

〔註63〕民國 4 年獨自在上海創立《新青年》雜誌，推動青年接受新文化思想，後來大量介紹馬克斯思想，民國 10 年陳獨秀成立中國共產黨。項退結，《現代中國與形上學》，34～35 頁。

指揮東南學運的方東美等人，〔註64〕知識份子幾乎傾巢而出，該運動的影響力不可小覷。

乙、五四運動的影響

五四運動改變了許多青年對傳統文化思想的看法，除了在文學上開始改用白話文、在哲學上抨擊儒家思想、在史學上推動疑古風氣等，對日後的思想和政治有著既深且遠的影響。思想方面還包括新文藝、婚姻自主、女性權利和以經驗主義為主流。政治方面有共產主義出現和之後的文化大革命。

著名的「科學與人生觀論戰」，張君勱提出"科學無法解決人生觀的問題"之主張，受到多位學者的攻訐，最後，主持人吳稚暉宣讀〈一個新信仰的宇宙觀和人生觀〉一文，以"宇宙的一切都可以根據科學解說"做結，顯示五四運動推廣"唯有科學方能救國圖生存"的成效。"為了能在現代世界中生存，必須揚棄中國傳統和孔子思想"的觀點，風行草偃、所向披靡。

五四運動的風潮幾乎將中國傳統文化連根拔起，中國失去了自己的根基，也失去自己的主體性。因此，五四之後哲學家逐漸醞釀出恢復中國主體性的思想。

（2）五四後的哲學議題：主體性思想

「主體性」是五四運動之後哲學思想的核心。因為該運動使中國面對民主和科學的挑戰，整個社會逐漸西化並在文化上失去主體性。學界有一部份思想家意識到此問題，對"如何恢復主體性，並能返回實在本身再探索"進行反思，方東美是其中之一。而與方氏幾乎同時期的新儒學思想家，也為重振過去在五四飽受批判拒斥的儒學為職志，提出其理論以建構主體和形上學。這些思想家是唐軍毅（1909～1978）和牟宗三（1909～1995）。唐、牟兩位新儒者以「重建中國的主體性為重點」，一方面吸取西方的思想，同時也重回中國哲學經典做解釋，意欲扭轉萎靡的民族自信心，重新思考中國傳統文化的價值，從他們的理論當中可以見到對人主體的探索與重溯生命源頭的契機。

唐軍毅在科學至上的喧囂中導入人文主義的關注，牟宗三思索中國文化的出路問題並抒解中國傳統儒道佛三家之學，兩人獻身在"重振中國文化並導向形上學"方面，與方東美的思想頗有激盪和砥礪的效果。以下分別介紹之。

甲、唐軍毅

唐軍毅提出「心靈九境」說明生命存在與心靈境界，存在本身就是生命，

〔註64〕孫智燊，〈述小事懷大哲〉《傳記文學》九十卷第六期，民國96年6月，14頁。

生命是整個存在的瀰漫，是生命和她的動力，生命因爲經歷不斷發展的過程而逐層提高。唐氏注重生命這點與方東美相近，後者稱前者的理論爲「高度心理學」。心靈九境的前三境以科學做依據，研究個體的概念和原理；接著三境是討論知覺、語言和道德屬於意義層面；最後三境是宗教方面，分別爲「回歸一神境」、「我法皆空境」及「天德流行境」，用以說明基督宗教、佛教和儒家。

唐軍毅認爲如果主體執著於自身的話就不能再進展，因此要有一個無限的上帝，心靈憑藉之得以不斷發展，人遂能跨出自我有限的藩籬。但是，又要不執著於以一個最高神做爲實體，所以說我法皆空無自性。最後，唐氏以「天德」說明宇宙的創造力，人開始有宇宙人的向度，宇宙是一個生生不息的過程，人可以無窮的前進成就德行，德行與宇宙合一時是爲儒學的「立人極」。

唐軍毅的「心靈九境」關注人心靈的發展，也論述宇宙的創造力和生生不息，此點與方東美思想頗爲相似。以下接著介紹另一位相關者牟宗三。

乙、牟宗三

牟宗三也是五四後提出主體思想的哲學家。早期以懷德海和羅素的數學原理研究邏輯；仿效康德而提出《知識心理批判》，爲了在人的主體裡面的思維結構找尋依據，也就是先於經驗又使經驗成爲可能的依據，探討究竟在人的內心有什麼依據。

牟宗三爲了克服康德的界線，後來再提出「人有智的直覺」，〔註65〕由智的直覺（儒家的性理、性智，道家的玄理、玄智，佛家的空性、空智）而顯出人內在具有和宇宙無隔的自由無限心，人可以合於這個自由無限心。牟宗三的自由無限心代替了上帝，將主體不斷擴大就是宇宙的本心，換句話說，牟氏以「智的直覺」和「自由無限心」取代西方上帝的問題，此爲其宗教思

〔註65〕康德的《純粹理性批判》（Critique of Pure Reason），提出一個劃時代的問題：理性如何可能獲得普遍而必然的知識呢？此書的影響力無遠弗屆，同時總結了自笛卡兒以來及經驗主義者對理性偏執兩端的看法而賦予理性一個中立的地位。康德認爲認識眞理必須以感官經驗作基礎，此外，認識的過程中還需要理性藉其先天（a priori）有的範疇（categories）將感官所提供的質料（raw matter）處理綜合，才能構成普遍而必然的眞理。康氏之《純粹》一書的核心，主要是在探討先天的理性範疇如何使知識成爲可能。康德的結論是：人無法透過純粹思辨理性認知超越的理念，也無法透過純粹思辨理性建立形上學。傳統形上學所談的主題──神、靈魂、物自身等，皆被歸爲不可知的範圍。康德認爲：人只有「感性直覺」來達到事物的「現象」（Phenomenon），並沒有「智的直覺」來認識「物自身」（Noumenon）。

想的全部，也由此自由無限心奠定了主體，再經由「良心的自我坎陷」
（negation），也就是對自我不斷否定的過程，開出五四之後最迫切的文化意
識：民主和科學的社會。

　　唐君毅和牟宗三兩人都是五四運動以後的學者，當時整個文化意識都在
面對民主和科學，牟氏的宗教思考明顯忽略他者的向度，也有學者批評唐氏
與牟氏兩人犯了相似的錯誤，即把良心本體侷限在道德範疇。然而，本體屬
於存有論，道德屬於倫理學，道德心先讓位給認知心然後再登基，這種情況
是不可能的。筆者以為這不是本篇所要討論的主題，故無意在此批判唐氏和
牟氏的理論之可能性。

　　筆者提出唐、牟兩人的論述，主要在於彰顯兩位新儒者在科學之火連天，
而中國的主體性已然成為廢墟之際，〔註66〕對重建主體以及探詢形上學所做
的努力。事實上，方東美本人對於能從新儒學的形式中，復甦中國固有的形
上學方面的原創力，亦是持肯定態度的。〔註67〕主體性是近代哲學很重要的
概念，唐君毅和牟宗三的方法是重回中國哲學經典去尋找主體性的泉源。在
此將兩人的思想整理如下表。

　　表四：與方東美思想互相輝映的新儒家及其主張

時間	五四以後
問題	民主科學的挑戰，中國失去主體性
方法	吸收西方思想，重詮中國哲學經典
人物	唐君毅、牟宗三
主要思想	唐君毅：提出「心靈九境」，即生命的存在與心靈境界。生命可以經歷不斷發展逐層提高，天德是宇宙的創造力，宇宙是生生不息的過程，人可以和宇宙合一。特點：將儒學變成宗教。 牟宗三：提出《知識心理批判》，探討人主體之思維的根據為何。主張人有自由無限心，主體的內在和宇宙無隔。缺點：遺忘終極他者。

　　唐君毅、牟宗三以及方東美的共同之處，是對德國觀念論（German Idealism）的康德與黑格爾（Georg W. F. Hegel，1770～1831）的思想有頗多的

〔註66〕八國聯軍燒光了中國文化和建築的極致之一「圓明園」，徒留一片荒涼的廢墟供後人憑弔，後來更引起連鎖效應是中國棄舊揚新全面西化。如此看來，八國聯軍有如科學至上的熊熊烈火，讓代表中國的圓明園及其主體性化為灰燼。
〔註67〕方東美，《生生之德》，285頁。

注目。尤其，唐君毅受黑格爾影響極爲深刻。黑格爾的《精神現象學》是說一個歷程，整個意識發展會經過不同的歷程，現象是在呈現整體意識的經驗，是整個發展過程的全套綜合叫做經驗，就是整個精神從感覺經意識到自我意識再到理性，分爲主觀理性和客觀理性，最後到絕對理性。這樣一層層全套的發展，述說一種意識可以不斷呈現新的面貌的過程，它接近唐君毅「心靈九境」的想法，精神呈現新面貌的一個過程，最後歸順於宗教。

　　而牟宗三最受康德的影響，也就是思考「科學、數學與人的思維結構有何關係？」探尋「在人的內心裡是否有更深的根源？」牟氏要在人的主體當中找尋依據，第一步是面對實證科學和數學，仿效康德，在主體的思維結構找尋那個先於經驗又使經驗成爲可能的依據，不是停留在科學所強調可看和可聽的部分，而是察覺人和本性的關係。第二步是從主體性結構推論人具有"智的直覺"，最後由智的直覺顯現出人本身具有自由無限心，此心與宇宙是無隔的。這個自由無限心就是終極的實在。

　　顯然，在新儒家意欲恢復中國主體性，參考引申的西方思想著重在康德和黑格爾，方東美也進一步研究並提出一些批評。

　　方東美批評康德的純粹意志藉「實踐理性」訂定普遍的道德律是一種霸道，而且黑格爾採取迥然相反的見解，否定自然的獨立性，認爲精神才是絕對第一因，構成了的邏輯論證的惡性循環。〔註68〕

　　在肯定的方面，方東美認爲康德接受牛頓的科學，承認其眞理價值，一方面在知識論建立哲學基礎，另一方面提昇到道德和藝術世界，據自由精神回顧自然科學的缺陷，而企圖補救之，是極正當的哲學觀點。另外，方東美也肯定黑格爾的邏輯迥異於近代的心理、經驗、形式邏輯三種主義，並以希臘的帕米尼德斯（Parmenides, ca. 492～432B.C）爲出發點，〔註69〕直認思想與萬有合一，爲一種系統完整的萬有論或本體論，既是先驗的又非絕離經驗，而能成爲統攝自然哲學與精神哲學的架構。〔註70〕由〈黑格爾思想之當前難題與歷史背景〉一文，可以確定方東美剖析德國觀念論，也開放地兼納各家。易言之，不管古今中外，只要能昂揚人性、發揮人性的動力都是方東美思考的資源。那是一個動盪的時代，卻也是一個思想風起雲湧的時代，學習吸收

〔註68〕方東美《生生之德》，167、180～181 頁。
〔註69〕方東美翻譯爲巴門里第斯。巴氏的思想和方法置於第三章第一節做介紹。
〔註70〕方東美《生生之德》，178、201 頁。

他人思考，經由反省再建構理想的哲學方法。

　　方東美迴避新儒家太過膨脹主體的方法，一方面重視主體又把主體的概念放入人性裡面，人性的本質是追求幸福，人生面對世界，科學不斷發展，人不斷遭受挫折，意義闕如，找不到生命的重心與定位點，人生的悲劇於焉發生，方氏用「疏離」來形容。人面對浩瀚的宇宙如同滄海之一粟，一方面感到渺小無法相比，一方面無法在有限的世物上獲得滿足，最後走向虛無主義，主體本身會自我封閉，所以，方氏對主體精神的自我封閉非常關心。

　　主體性和本質有密切關係，並且涉及形上的問題，直接指向生命的根源，方東美對此當代議題的回應，就是回到中國傳統宗教尋求解答。

2、從中國宗教傳統探問生命的根源

　　如前一節所描述，面對世界思潮對中國的影響，部分學者開始回顧傳統中國思想，並試圖建構與檢視當代的中國哲學思想，以期開創新的、更貼切現代人需要的哲學風貌，方氏的方法是回溯中國宗教傳統的脈絡中，找尋曾經是光輝燦爛的歷史文明其根源是什麼，換句話說，就是考察中國宗教傳統的終極實在，因為那是各家對生命根源問題所提供的解答，方氏對其發展有脈絡化的看法。以下先介紹方東美所討論各家的範圍，其次是他對各家終極實在的說明。

（1）涉及的範圍

　　儒家方面，方東美區分原始儒家和新儒家，而後者僅止於宋明到清朝的儒學。道家方面只談原始道家，以老子、莊子〔註71〕為主。在佛教部分，則是注意到由道家老莊轉往佛教的部分，因為佛教在中國發展之初是先獲取道家老莊的語言，經過格義時期，發掘語言表達上的問題之後，才由印度佛教轉化為中國本土的大乘佛教。

（2）對終極實在的說明

　　儒家方面，儒家的終極實在是有其演進過程的，在《詩經》、《書經》等古籍中認為「天」是終極實在，而在思孟時期，儒家的思想逐漸內化，「心」和「誠」皆被視為終極實在，宋朝儒者朱熹認為「理」為太極，「心」和「理」

〔註71〕一般而言談及古典道家時老子是第一階段，莊子是第二階段，而黃老是第三階段。經過黃老之後銜接後來道教的發展有其延續性，先以哲學方式，後以宗教的方式出現，並以老莊經典為思想核心；雖然方東美談道家只著重在老莊兩個階段也許有所不足，但思想重心上並未失焦。

皆為終極實在。綜合而言，這些都是對終極實在的一種詮釋和理解。

道家方面，是以「道」為中心思想，也以「道」為終極實在，道是一切生生不息存在的活動之根源。道有「根源」和「法則」兩個意義，做為一個自我開顯和最原初的動力，道是萬物的根源。有了萬物之後，「道」又成為萬物所遵行的法則，稱「天道」或「道」。例如：在老、莊思想中，「天道」、「天地之道」之中的「道」與「天」、「地」合為「天地」，做為自然現象的整體。然而，唯有最初的意義，自行開顯以及生生不息的存在活動本身的「道」，才是它的終極實在，它的終極性使它成為根源，也成為法則。

佛家方面有各宗派。「三論宗」的「中論」，以「空」作為終極實在。瑜伽行派以「識」（唯識）為終極實在，最後，以「阿賴耶識」作為其終極性。「如來藏系」以「真常」，大乘起信裡的「一心」是其終極實在，但最根本還是以對「空性」的瞭解做為其最終極性。以上的說明整理如下表：

表五：方東美所談及的中國宗教傳統的範圍及各家詮釋的終極實在

對象	主要範圍和轉變	對 終 極 實 在 的 詮 釋
儒家	原始儒家	在《詩經》和《書經》的古籍中，「天」是終極實在。思孟學派，認為「心」和「誠」為終極實在。
	宋、明到清朝的新儒學	以宋朝朱熹的看法為主，亦即「心」和「理」為終極實在。
道家	原始道家	道：是自我開顯最原初的動力，也是中心思想、終極實在，因此，成為生生不息存在的活動根源及其法則。
佛教	對道家老莊語言的獲取→格義時期→印度佛教轉化為中國本土的大乘佛教	三論宗的中論：空是終極實在。 瑜伽行派：「識」為終極實在，又以「阿賴耶識」為其終極性。 如來藏系：以「真常」，大乘起信論的「一心」為終極實在。「空性」為終極性。

誠然，對於終極實在的詮釋來自各家的體驗，也在歷史過程中脈絡化，支持著人的存在。但是，不可忽略的，上述各家所認為的終極實在是否代表就是終極實在本身？而終極實在是否就是終極他者呢？

事實上，人們對終極實在的理解，只是人的理解和建構，並不代表就是終極實在本身。「奧秘」（mystery）有被人所體驗和尚未被體驗到的部分。終極實在有一個他者的向度，無法被人的言說或體驗所化約，方東美也意識到

語言的侷限，因此用 hidden God（隱藏的神），來表示終極實在之隱微難明的奧秘。終極實在應該包括他者的向度，這是同期的牟宗三所忽略的，方東美對其有深刻的體悟，是在人的體驗和建構以外的「玄之又玄」。

但是，如果終極他者只有他者性的話，便因僅有敬畏而產生疏離。對此，項退結有這樣一段話：

> （方東美）他對位格神的理解多半透過奧托（Rudolf Otto），對神的恐懼感與對自己的罪惡感及虛無感。他並未真切的瞭解到基督宗教的真義，在於無限的神降世成為凡人，因之打破了人與神以及人與人之間的疏離。〔註72〕

所以，終極他者不僅僅是有他者性，另外還有難以言詮的部分。然而，因為終極實在既是隱微難明、不可化約，卻又如朋似友，使人能與之親近，甚至體驗神秘經驗。方東美的終極他者，那個他者性（otherness）主要在於它是一個奧秘，那麼方東美稱之為 Godhead 包含什麼意思呢？筆者將之留待最後一章進行討論。

筆者認為，對於一個主題的研究需要長期累積，並且在研究者的學術過程中歷史化，逐漸看出意義與重要性。而個人歷史亦是串連的過程，方東美親見世界潮流改變中國以及中國思想史轉向的過程，遂沈潛於中國宗教傳統哲學的研究並吸收西洋哲學，形塑其哲學進路。

第二節　方東美的哲學進路

方東美生於傳統過渡到現代的時期及改革中的中國，對近代整個世界在文化思想上的轉變有深刻反省。方氏反對對立，強調整合，以中國宗教傳統哲學為基礎，融合西方哲學，形成其兼納中西哲學的研究進路。本節主要介紹方氏哲學的特色，可分為兩個小節，一、中國宗教傳統哲學上的吸收與採納。二、西方哲學上的獲取與補充。

一、中國宗教傳統哲學的吸收與採納

在這一小節中，要討論幾個問題。首先，學貫中西又以受西方學術訓練而自豪的方東美，為何堅持以中國傳統的哲學為立論基礎呢？其次，哪些是

〔註72〕項退結，〈方東美先生的生命觀及其未竟之義〉，71頁。

方東美在中國宗教傳統所採納的？而方東美如何詮釋這些哲學？

（一）以傳統哲學為基礎的理由

在〈中國哲學對未來世界的影響〉一文中，方東美語重心長的說明，中國哲學在先秦時期，不乏原始儒家、道家、墨家的思想璀璨鼎立；隋唐時，融合印度佛學而產生光輝的大乘佛教；宋明之際，則有振興起蔽的新儒學；但是，哲學史在經過這三個階段〔註73〕的高峰後，逐漸轉變，歷經元代衰微、清代跌宕、乾隆嘉慶之後，「中國哲學亡矣！」然而，方氏又回顧歷史，他認為從紀元前七、八世紀，直到紀元後二世紀的各朝代，中國哲學的智慧曾在整個世界中，與希臘、古印度兩大文化呈現三足鼎立的盛況，可見其能幫助人類尋獲更美善的生活；因此，方東美以中國宗教傳統哲學為基礎，發展其融合性的思考。

（二）以中國宗教傳統的哲學為基礎

方東美的哲學從其教學研究的幾項特徵看來，是以中國宗教傳統的哲學為基礎，離開再轉進的方式建立其融合性思考。其教學研究的幾項特徵是講授與介紹西方哲學、論述西方哲學的利弊，以及介紹中國宗教傳統哲學。經過融合吸收與創造性詮釋之後，建立其超越又內在的形上學。

1、超越又內在的形上學

方東美從形上學的進路，重構中國哲學的精神及其歷史發展，以英文著述《中國哲學之精神及其發展》，最主要是對於儒、道、佛的詮釋。儒家方面是原始儒家以及宋明到清朝的新儒家，文本上，以《易經》為代表。道家只討論原始道家老子和莊子的部分。佛教則重視由道家轉往佛教的部分，當中提到的重要人物是僧肇，也討論三論、天台、華嚴宗和唯識宗，後者僅著重在印度的部分。

綜合而言，方東美在中國宗教傳統方面，是吸收和採納了儒家、道家與佛家的哲學，以此為基礎建立其既超越又內在的形上學。

什麼是「既超越又內在的形上學」呢？方東美以此說明個人和宇宙的關係。因為道家以莊子的〈知北遊〉為代表，點化出永恆世界，使之成為抒情、

〔註73〕方東美認為中國哲學有三個階段也是三個高峰時期，分別為春秋時代的原始儒家與原始道家，第二個是兩晉到六朝的佛學，最後是北宋時儒家、道家和禪宗三家的相互參透。方東美，〈中國哲學對未來世界的影響〉《現代學苑》，第十一卷第三期（1974，3月），《哲學與文化月刊》革新號第一期，民國63年3月，4頁。

藝術、浪漫、詩歌的精神天地。佛家的觀點是生與滅均爲無常所引起的，痛苦煩惱則終止於圓滿無缺的境界，一切要從永恒面（也可說爲自性、佛性或眞性）而觀照之；對儒家（包含新儒家）而言，主張「立人極」，藉理性作用修「存養」、「盡性」的功夫，求其能德配天地，臻於理想完美的聖人境界。此即爲方東美所稱的「既超越又內在」的形上學。

　　方東美在一九六四年於第四屆東西哲學家會議中發表〈中國形上學中之宇宙與個人〉（The World and the Individual in Chinese Metaphysics）英文稿，暢論儒、釋、道三家形上學之宇宙與個人，強調必須超越一切相對性到達空靈、崇高與重玄之藝術、道德與形上界；爲闡揚中國人所嚮往的理想價值世界。他說：

> ……現實世界應當點化之，成爲理想型態，納於至善完美之最高價
> 值統會。中國人恆常嚮往此價值化、理想化的世界：諸如象徵精神
> 自由空靈超脱之藝術境界；巍然崇高之道德境界；妙造重玄之形上
> 境界；以及虔誠肅穆之宗教境界。……此儒家之所以嚮往天道生生
> 不已，創進不息之乾元精神，以締造一廣大和諧之道德宇宙秩序者
> 也。此道家之所以重玄，一心懷抱「無」之理想，以超脱「有」界
> 萬物之相對性者也。此中國佛家之所以悲智雙運，勇猛精進，鍥而
> 不捨，內參佛性，修菩提道，證一聖果者也。〔註74〕

　　方東美認爲現實世界能成爲理想型態，此型態在至善美的最高價值之內，而中國人一向渴望此理想世界；例如，藝術、道德與形上、宗教境界都是具有精神空靈、崇高玄妙等特質，人面對它們時，虔敬之心便會油然而生。

　　此超越又內在的形上學強調人有所作爲的一面，以人的作爲轉化現實成爲理想。像儒家嚮往天而修德、道家以「無」超越相對性和佛家的參佛性證聖果。另外，方東美也注意中國宗教傳統哲學在歷史脈絡的變化和發展。

2、注重歷史脈絡的變化

　　共時性和貫時性是研究哲、史不可忽略的兩大面向。方東美除了對比中國宗教三大傳統各自殊異的特色外，也強調此三家在歷史脈絡當中的發展和影響。他說：

> ……儒、道兩家早已盛行五百年之後，佛學始傳入中土，……。佛
> 學之全幅發展，歷時約七世紀之久。……吾人可謂：中國形上學之

〔註74〕方東美，《生生之德》，314頁。

律動發展，悉依三節拍而運行。初則強調儒家，繼則轉重道家，終
乃歸結佛家，終於奏形上學之高潮於新儒家，……。然自余觀之，
新儒家乃是融攝眾流，而一是以折衷儒學爲根本。

方東美指出中國宗教傳統的特色和歷史發展，同時吸收採納各種西洋哲
學的觀念，做爲對中國宗教傳統的援引與補充。

二、西洋哲學上的獲取與補充

方東美治學的二大特色，是兼容東方與西方，以及充滿對照比較。如同
方氏一再強調的原則，我們在採取某一套宇宙觀時，不應當自我封閉而與其
他偉大的宇宙觀隔離。所以，《中國哲學之精神及其發展》一書，在論說中國
形上學時，除了是以儒家、道家、大乘佛家與新儒家爲其骨幹以外，連帶地
獲取了西方哲學傳統的精髓。中外著名哲學家皆肯定方東美具有宏觀與與包
容的視野，並能取其優點融合之，包含有希臘哲學思想、西洋古典哲學、近
代柏格森和懷德海等。

1、希臘哲學思想

在〈希臘哲學之意義〉及〈生命情調與美感〉兩篇文章中，方東美討論
希臘哲學思想的分期和意義以及希臘人的宇宙觀，主要就是針對世界和人生
到底是什麼的問題、宇宙和生命的關係，以哲學的思辨提供人生問題的解答。

在〈哲學三慧〉也可見到方東美在各種類型學的概念中，主張應互相補
充，截長補短，在宗教哲學當中的對話，找到互動的模式而能瞭解和互補，
彼此動態的、向上發展，那是人對尋找根源、追求完美幸福的渴望，〔註 75〕
其融涉的範圍包括希臘、歐洲與中國各宗教傳統的哲學類型，方東美稱之爲
「哲學三慧」，並認爲此三種哲學是體現於全民族文化精神之「共命慧」。也
就是希臘人以實智照理，起「如實慧」，演爲「契理文化」，其要在援理證眞；
歐洲人以方便應機，生「方便慧」，演爲「尚能文化」，其要在馳情入幻；中
國人以妙性知化，依如實慧，運方便巧，成「平等慧」，其要在挈幻歸眞。

方東美更強調：「共命慧之圓成，常取適可之形式以顯示體、相、用。體
一相三而用運體相，因應咸宜。」哲人爲的就是從曾經在歷史中展現光輝燦
爛文明的古老智慧中，以跨宗教文化的方式，尋找出以人的幸福爲主的普遍

〔註 75〕方東美，《生生之德》，139～140 頁、157～158 頁。

願望，是一種超越希臘、歐洲和中國傳統哲學的缺陷而兼納此三種文明的優美所成合德完人的善美境界。正如方氏說的：「從中國哲學家之眼光看來，現實世界之發展致乎究極本體境界，必須超越一切相對性相差別，其全體大用始充分彰顯。」〔註76〕這句話隱含其意欲建立世界性哲學以安頓人類生命的企圖心。於此，方氏也深入研究西洋古典哲學。

2、西洋古典哲學

在〈黑格爾哲學的當前難題與歷史背景〉一文中，方東美暢述黑格爾哲學與康德、費希特〔註77〕（Johann Gottlieb Fichte, 1762～1814）、布萊尼茲〔註78〕（Gottfried Wilhelm Leibiz，1646～1716）之義理關聯，並追溯至柏拉圖（Plato，427～347 B.C.）、亞里斯多德（Aristotle，384～322 B.C.）的哲學，其目的在構想一幅有機與整體的宇宙層級圖像，藉以形成一廣大和諧的世界觀。〔註79〕

方東美對各專門領域之間的差異性和獨立性，強烈主張可以合作但不可取代。在同一篇文章中，他說：

> 在黑格爾的時代，邏輯尚囿於傳統的範圍，未嘗追溯到亞里斯多德……。

> 黑格爾的哲學雖然是一套完整的體系，但是卻不能和科學思想系統混為一談……（因為，黑格爾的哲學）屬於一種玄想系統……我們如果硬將黑格爾的辯證法拿來代替科學方法，一方面既誤解科學的實質，也將阻礙中國科學的發展，同時又曲解了黑格爾哲學的真精神。〔註80〕

如此，方東美能免於陷入時代知識風潮的隨從中，提出符合當代人需要的哲

〔註76〕 同上，140～141、158、314 頁。

〔註77〕 費希特，德國哲學家。是自康德的著作發展開來的德國唯心主義哲學的主要奠基人之一，既是德國古典哲學的重要代表，也是近代宣傳道德宗教的主要代表人物之一。就是用先驗哲學的立場來闡述理性主義宗教觀。
http://philosophy.cass.cn/facu/xiedikun/lunwen/06.htm。

〔註78〕 萊布尼茲，德國數學家，從小被人稱為"神童"。大學期間先念法律後改修哲學，創造了許多數學符號使微積分便於運算，至今在世界各國通用。萊氏用自己的數學知識來證明上帝的偉大，他曾經說過：0 是無，上帝是 1，0 與 1創造了世界。www.100k.net.cn/rwbaike/bk4596384.html-28k；www.zhishie.com/baike/renwu/44/246748.htm。

〔註79〕 方東美，《生生之德》，160～169、214～248 頁。沈清松等著《中國歷代思想家》，頁 44。

〔註80〕 方東美，《生生之德》，238～239 頁。

學。另外，方氏也翻譯實用主義（pragmatism），對二十世紀前半葉的西洋哲學，包括柏格森、德日進和懷德海有深刻的認識。

3、柏格森、懷德海與德日進

方東美讀大學時學者杜威來華，後者對中國介紹了三位哲學家，其中之一是柏格森，於此方東美對柏格森的思想產生濃厚興趣。後來，方氏於《少年世界》月刊發表〈柏格森生之哲學〉以及在美國的碩士學位也都以〈柏格森生命哲學評述〉為題。

在晚年，方東美也喜歡懷德海的「歷程哲學」，並且時常討論到現象學（phänomenologie）〔註81〕、邏輯實證論（Logical Positivism）〔註82〕、存在主義（Existentialismus）〔註83〕、分析哲學（Analytische Philosphie）等，〔註84〕另一方面，對當代的西洋哲學家海德格（Martin Heidegger, 1889～1976）、維根斯坦（Ludwig J. Wittgenstein, 1889～1951）、德日進等人的思想也都有精湛的研究，並以中國哲學中相關的思想進行比較與評論，主要是向西方闡揚發揮中國哲學，特別注重思想和存在的創新、合理與互攝，藉以建構其合乎機體主義，

〔註81〕現象學，由希臘文 $\psi\alpha\iota\nu\sigma\mu\epsilon\nu\sigma\nu$（phainomenon）而來，是二十世紀哲學主張「回歸事物本身」，強調事物的本質才是哲學探討的目的，故又稱本質哲學，最著名的創始人是胡塞爾（Edmund Husserl）。鄔昆如，《西洋哲學史》，571 頁。

〔註82〕邏輯實證論是二十世紀的哲學主流之一，名稱上取亞里斯多德的邏輯和法國實證主義結合而成，發源於德國，於奧國維也納發展，之後傳遍北歐和英美，反對德國觀念論，而以找尋知識方法為目的並且反對當時的形上學。同上，623 頁。

〔註83〕存在主義是對哲學的全面改造，改造的方法取之胡塞爾現象學「放入括弧」（Epochê）和「還原」（Reduktion）為原則，也就是將不屬於經驗之內的共相、普遍和抽象放入括弧存而不論，讓現象回歸原始意義使事件呈現出來。主要的哲學家有雅士培（Jaspers）、海德格（Heidegger）、馬賽爾（Marcel）和沙特（Sartre）。同上，598～599 頁。

〔註84〕分析哲學以近代哲學中經驗主義的思想為其特色，繼承康德反形上學的批判觀點，追求統一性哲學語言與嚴格的思想論證並標榜為標準的經驗主義，主張純粹的思考缺乏經驗的檢驗，而要說明現實世界的性質及其法則是不可能的。易言之，分析哲學認為任何哲學的命題都必須是可檢證的，否則便無意義。後來分析哲學發展出兩個修正的方向，一為在科學方法論方面是從「可驗證」走向波普所提出的「可否證」的知識判準，進而有孔恩提出「典範」的理論。其二是為在語言哲學方面，著名的是維根斯坦，從「邏輯語言分析」走向「日常語言分析」。劉仲容、尤煌傑、武金正《西洋哲學史》，（台北縣：空大，民國 89 年），372～380。

或具有旁通性質的哲學體系。

方東美受到柏格森和懷德海思想的影響是確定的，除了方氏本人在文章多處引用以外，項退結也具體地指出，方東美所稱的「創生力」（creativity）及「創造性的」（creative）以及「普遍生命流行的境界」（is a vast array of activities, with a spirit of life hovering over it all），是受到柏格森的普遍進化論以及懷海德的向更高深度（intensity）的發展等思想所影響與綜合而成一種生命觀。而方東美關於「創進演化回歸到奧秘的源頭」（Omega-point）這個說法，其所融會的創化思想，似乎更相近於德日進。以上方東美所選取的幾位具有西洋創化思想的哲學家及其影響，在第三、四章會有更進一步的討論。

總之，除了中國宗教儒釋道三大傳統的哲學以外，方東美兼融了上自希臘文化、西洋古典哲學以至柏格森、懷德海與德日進的思想等都囊括於其哲學體系之內，並產生創新的詮釋。中國哲學方面集中在第二章介紹，西洋哲學方面則在第三、四章說明。

小　結

方東美成長於傳統崩解的中國，其思考的獨立批判期〔註 85〕也正值中國面臨全面西化的挑戰期，方氏一方面積極投入社會需要和廣博吸收新知，另一方面宏觀地省視西洋哲學的優缺點，而逐漸奠定其兼綜融合中西哲學導向的基礎。尤其是五四運動之後，中國人對自身傳統文化的價值產生懷疑甚而否定，於此，方氏在新儒家提倡恢復中國主體性的哲學路徑之中，對比中西古典和近代哲學，也建構了其獨特的哲學。

方東美的看法從反對二元對立開始，主張科學哲學和人文的關係和合作，確立人對自身和宇宙萬物整體的和諧觀點。因為，生活確實是包含科學道德和宗教各層面的整體，彼此能互相補充。這是方氏所強調不區分、非對立、相容並進的哲學特色。

〔註 85〕心理學家皮亞傑（Jean Piaget, 1896─1980）稱由出生後受到成人的保護與教養到社會環境薰陶的過程為人化（Humanization），社會學者則稱做「社會化」，完整的社會化過程還包括最後一個批判、反對的關鍵期（critical），它立足於前面的發展經驗，提出不同的改變以修正原來的認知和價值。李樹青，《兒童的發育階段與人化過程‧人性與社會》，（台灣商務印書館，74 年），頁 100。Jean Piaget and Barbel Inhelder, *The Psychology of the Child*, （New York： Basic Books, 1969）, p.117.

從歷史經驗中，我們肯定科學的確能提昇人的生活更加便利省時，節省下來的時間需要進一步規劃，這問題進入了人生觀的領域。而科技發達是否應用於發明武器進行殺人，則是宗教的範圍。唯有如方東美所積極強調的，各領域各民族與國家攜手合作，人才能有美善平安的幸福。

人類的生存有其普遍性的基礎，是生命根源的法則，需要提醒避免自我膨脹的絕對化，例如：啓蒙運動把宗教理性化，結果無神論或自然神論的問題再度被凸顯。自然神論似要解決理性和信仰問題，事實上卻以理性代替信仰。信仰的對象都放在理性之下衡量，凡無法理解的，一律歸爲迷信，造成文化傳統的失根。事實上，人的心靈本來就像一個小宇宙，具有多方面的傾向和能力，東、西兩方的文化和思想，需要彼此融合學習，以補各自的不足；因而，方東美所強調的不分東西或南北，反對二元的整體性哲學，是今日多元文化發展的時代值得我們注意的。

另一方面，西方文化已經屬於當代中國人精神傳統的重要部份，我們所接受的教育和思考方式，甚至日常生活都是受西方文化浸透的。因此，今日世界之爲西方文化及思想所統攝是事實，但此事實並不表示它就是最理想的境界。〔註 86〕換句話說，各種文化必須互相補充，以「發揮人性的極致」爲理想，其最後目標乃在於全體人類生活的圓滿與幸福。在態度上，應不卑不亢地面對已由中國固有文化和西方文化所搓揉而成的傳統，此「傳統」乃是今日中國固有文化的一部分，如同海德格所言：傳統使我們自由；意思是有傳統的民族才能有機會與傳統交談。職是之故，應以同情的交談態度，讓未加批判而接受的思想，成爲經過我們自己判斷和選擇的思想。〔註 87〕不可否認，在交談過程中，我們很自然地以自己的思想爲出發點。然而，應自我提醒，任何文化都有自己的限度和優點，故態度上應該開放，如此人的精神才能不封閉，才能有所展。人需要交流，需要彼此學習。人類整體精神的提昇，有賴於東西方智慧的匯合。從方東美融合東西方的哲學思考中已經說明，人類全體智慧的合作是提升精神文明的開始，那是「關聯圖」所強調的重點，下一章將說明之。

〔註 86〕項退結，《現代中國與形上學》，70 頁。
〔註 87〕同上，61～62 頁。

第二章　方東美的生命觀

　　方東美的生命觀即爲「生生之德」。原因有三，首先，生命觀是以人爲出發點闡述生命，探討立足於宇宙之間，人和這個世界的關係，也就是從宇宙觀和人生觀討論對生命的看法，而方氏的宇宙觀和人生觀之核心義，正是「生生之德」。第二，「生生之德」足以貫穿方東美論著四十年的一貫思想，並具體表達出方氏所描述之「宇宙與人生互相契合的境界」。〔註1〕第三，「生生之德」從《易經》到方東美的運用，已含有爲外推和交談所具備的創造性詮釋，並受到學界的肯定。〔註2〕

　　因此，本章首先說明「生生之德」的意涵，包含它在《易經》的原始義，以及，方東美結合中西方學說所開展的詮釋義。方氏曾囑咐其學生以「生生之德」爲其重要的論文集之名，所以稱其哲學爲「生生哲學」或「生生之德」的哲學，實乃無庸置疑。如此，我們能肯定「生生之德」代表方氏的生命觀，宣稱一種永遠有希望的觀點。

　　其次，介紹方東美在「生生之德」的觀點下所見的宇宙和人生的特色，是爲萬物有生論和有機的中和系統。方氏認爲宇宙之間到處充滿生機活力，人在大自然內體驗萬物的中和之道，並感應其和諧的秩序，因而學習效法跨越自我中心，各民族彼此合作，不同宗教貢獻所長，成就「超人」哲學，〔註3〕方東

〔註1〕　傅佩榮，〈方東美先生論「生生之德」〉，《哲學與文化》397期，2007年6月，89頁。

〔註2〕　項退結，〈方東美先生的生命觀及其未竟之義〉，《方東美先生的哲學》，（北市：幼獅文化，民國78年），67頁。

〔註3〕　方東美，《生生之德》，（台北：黎明，民國68年4月初版），141～142，145，157～158頁。

—51—

美肯定此一理想實現的時候,便能為全人類重建光輝燦爛的歷史文明以及締造幸福的生活。〔註4〕此壯闊美善的願景,被方氏重複地強調並稱其為「有機體」,其為開放的、有關係的整體之系統。這個系統進一步發揮成為方氏著名的「關聯圖」。

本章的最後,詮釋該「關聯圖」的意義。生命落在具體的生活當中,人必須在人群當中共同合作互相成長,人也必須時常回歸生命源頭汲取能量,方能層層提升成就理想人格。該圖代表方氏學說的綜合,提供一種跨文化、種族和宗教的普遍性看法。

具體而言,方東美構思「關聯圖」,乃為推動"使哲學在中國復甦並藉之促進西方哲學重生"的使命,使人類各文化的優良精神得以提振。因而該圖闡述的是一種宇宙與人生無隔、精神與物質同流、相異的宗派合德、異種民族相融的理想境界,〔註5〕也以該圖說明生命之各層級的關係和超越。事實上,該圖也是方東美對生命看法的圖示化,生命的來源和終向,生命的存在和各種向度的關係,生命的實現和超越之可能性等等。

人的超越在「關聯圖」中是層層躍升和生命領域的改變,筆者認為,它與人的意識(consciousness)息息相關。眾多心理學者也逐漸承認意識化對人具有不可小覷的影響力,晚期的馬斯洛(Maslow)強調自我超越的必要,因而另外提出了超越理性的高層潛意識;人的靈感、使命感、良知以及催促人性超越小我往上升的種種靈性衝動,就是從這個崇高潛意識而來的。換句話說,人屬於方東美筆下的自然人、超自然人或是上溯到奧秘深處對神秘經驗有所體會,它涉及人對自己生命的定位、發展和超越,諸多因素當中,除了奧秘主動給予的恩寵以外,尚須要人對自身生命經驗的意識化。因而,意識的發展和作用以及對人的影響,將是本章最後的重點。

方東美以儒家的家庭傳統,道家的生命情調,佛家的宗教信仰以及西方的學術訓練,在關聯圖上如何表達生命的存在與境界,以及生命和根源的關係?換句話說,筆者關心的是,生命如何可能?人的期待與希望,人能知道什麼?人該做什麼?以及人是什麼?其中人生觀與形上學正是方東美生生之德的核心,而涉及其宇宙論的部分,是為呈現從「生生之德」的觀點下宇宙萬物的現象。有學者指出,方東美常將宇宙論談成本體論的問題,則不在本

〔註4〕 方東美,〈中國哲學對未來世界的影響〉,15頁。
〔註5〕 方東美,《中國人生哲學》,17頁,同一作者,《生生之德》158、141頁。

文討論的範圍。另外本章所採用的方法是文獻分析、比較分析及詮釋研究法，以生生之德的哲學體系為主軸，瞭解方東美的生命觀。

　　本章在上述的脈絡中，共分為三節：第一節，生生之德的意涵。第二節，生生之德的宇宙和人生。第三節，生生之德的關聯圖。

第一節　生生之德的意涵

　　方東美引用《易經》的「生生之德」一詞闡述其對中國哲學的宇宙、人生以及形上學的看法，原因之一是認為「生生之德」能代表《易經》的基本思想，同時也足以表詮中國哲學的主要觀點。〔註6〕從《易經‧繫辭》的「生生之謂易」到方東美藉之所推衍的哲學形上學原理原則等，「生生」除了變異以外，主要的意涵是「創生」。另外，方東美認為中國哲學的意義能以六大原理包含，此六大原理的核心義仍是「生生之德」。

　　「生生之德」出自《易經》，而其意涵包含文本產生當時的歷史意義及後代學者的詮釋義。因此，本節對於生生之德的介紹，分為二個子題：一、生生之德的由來和原始義。二、生生之德的引申義。

一、生生之德的由來及原始義

　　「生生」一詞出自《易經》，方東美認為它是《易經》的基本思想，也認為它能表詮中國哲學的主要觀點。溯自一九三八年發表的〈哲學三慧〉一文，方氏在剖析希臘、歐洲與中國三大傳統的智慧，就直接以《易經》的思想來代表中國哲學。再以生生、愛、化育、原始統會、中和、旁通等六大原理說明中國哲學，而此六大原理的發揮皆不離《易經》，更重複以「生生」做為該原理的核心義。〔註7〕

　　故而，我們可說「生生」出自易經，而方氏將其做為中國哲學的代表其來有自。於《易經‧繫辭上》有「生生之謂易」，代表《易經》的哲學要義，用來解說「變異」一詞，意思是生生不已就稱為變異，它是「生生」一詞直

─────────────

〔註6〕　方東美在〈哲學三慧〉一文中說明希臘、歐洲與中國是哲學的三大智慧。其中，又以《易經》的思想為主建構「六大原理」來說明中國哲學的內涵。方東美，《生生之德》，152～154頁。

〔註7〕　方東美，〈哲學三慧〉《生生之德》，139、152～153頁。傅佩榮，〈方東美先生論「生生之德」〉，頁90。

接使用的例子。〔註8〕而「生生」有另外更豐富的內涵,可見於《易經‧繫辭下》所記「天地之大德曰生。」意思是「天地最大的功能是創生」,帶出了「天」、「地」、「大德」等觀念。在《易經》中以「乾卦」和「坤卦」代表「天」與「地」,分別是主動力和受動力,它們是形成萬物生存、變化和發展的兩大原理。如同《易經‧乾卦‧彖》所言:「大哉乾元,萬物資始,乃統天」以及《易經‧坤卦‧彖》所記載的:「至哉坤元,萬物資生,乃順承天」一樣,萬物必須依「乾」而開始,賴「坤」而生。乾是「資始」,也因此而主導了天體,坤則是「資生」,也由此而順應了天體;而這種「資始」與「資生」在《易經‧繫辭上》,被轉換成「大生」和「廣生」二種意思來描述。其原文爲:「夫乾,其靜也專,其動也直,是以大生焉。」「夫坤,其靜也翕,其動也闢」兩句話的意思是:乾,所代表的陽氣,靜止時專一,活動時正直,所以有最大的生產能力。坤,所代表的陰氣,靜止時閉合,活動時張開,所以有最廣的生產能力;此「大生」和「廣生」兩者合起來稱之爲「生生」。〔註9〕

綜合而言,「生生」一詞,除了有「變動不已」以外,還包含「大生」與「廣生」的意思,也可說它們代表主導天體的「主動力」和順應天體的「受動力」,是形成萬物生存變化發展的原理,吾人可於《易經‧乾卦‧彖》和《易經‧坤卦‧彖》中得到理解「乾、坤」二卦象徵著「天、地」。最後,在《易經‧繫辭下》得之「天地之大德,曰:生」,也就是天地最大的功能是「生」。

對於生生之德的「生」,學界有兩種不同看法。項退結認爲即使生生有「大生」、「廣生」和「變動不已」的意思,卻不一定是創造性的。〔註10〕而沈清松認爲,生生之謂易,也就是生生之德在時間中創造流行,始乎太極,孕育兩儀,衍生四象、八卦,再展爲六十四卦,而天地定位,萬物化成,鋪陳出自然與人在時間中創造的歷程,因而,生生之德是一創造的哲學。〔註11〕本論文採用前者的主張,因爲方東美兼融中西哲學並在書中多次引懷德海等人,故筆者同意「生生」一詞的創生概念是受到西方創化思想的影響。

生生之德的「生生」,既然帶出了天地、乾坤及生的觀念,那麼「德」字

〔註8〕 傅佩榮,〈方東美先生論「生生之德」〉,頁91。
〔註9〕 同上,91頁。
〔註10〕 項退結,《中國哲學之路》,(北市:東大,民國80年),45頁。
〔註11〕 沈清松,〈生命美感與創造——方東美的生平與思想評介〉,(中國哲學會、哲學與文化月刊社主辦,「方東美先生百歲誕辰紀念學術研討會」,1999,12),IV~12。

有何意義呢？傅佩榮認爲「德」字有「功能」和「德行」兩種解法，理想的判斷依據則是《易經》，它更是想要觀察天地之道建立人之道的聖人所必須把握的契機，據此才能做合理的解釋與分別。例如，《易經·說卦》所說的「立天之道，曰陰與陽；立地之道，曰柔與剛；立人之道，曰仁與義。」意思是，確立天的法則，稱之爲陰與陽；確立地的法則，稱之爲柔與剛；確立人的法則，稱之爲仁與義。這句話當中的「陰陽，剛柔」就是指出「天地的大德」的「德」，也就是「功能」運作，至於人之道的「仁義」則是指「德行」。此外，從《易經·乾卦·文言》的「夫大人者，與天地合其德，與日月合其明，與四時合其序，與鬼神合其吉凶……。」也可以找到另一個對「德」字的理解。傅佩榮又說，日月之於明，四時之於序，鬼神之於吉凶，都是依其「功能」而言，「大人」是指德行完備的人，因而其表現正是依功能而立德行，由德行而顯功能。如此地理解，「生生之德」正是方東美所稱之宇宙與人生相契合的境界，也足以說明其一貫思想。〔註12〕

　　另外，沈清松認爲生生之德的「德」字，應解釋爲「得」，是「得到」的意思，指萬物普遍地接受了天地的恩澤雨露而得到能量，然而，該能量在人和物有何不同？如何產生改變？和生命體的存在本質是否有關，這是有必要再討論的，筆者將之保留在第三章的部分。以下本文將介紹方東美對「生生之德」所闡釋的意義。

二、生生之德的引申義

　　「生生」產生了「創化」的意涵是方東美融合中西哲學後的發展，結合「德」字之後，方氏詮釋其爲「生生相續，創化不已」的意思。以下舉例說明。在《生生之德》一書：

> 中國民族生命之特徵可以老（兼指莊）……孔（兼指孟荀）……墨
> 爲代表。老，顯道之妙用。孔，演易之「元理」。墨，申愛之聖情。
> 貫通老、墨得中道者厥爲孔子。道、元、愛三者雖異而不隔。〔註13〕

　　方東美認爲中國民族生命的特徵可以「老莊」、「孔、孟、荀」以及「墨」爲代表，三者又分別以「道」、「元」、「愛」爲其特點，三家不論是道家的遵循道本、儒家的追原天命，或者是墨家的尙同天志，彼此之間雖然是不同的，

〔註12〕傅佩榮，〈方東美先生論「生生之德」〉，93～94頁。
〔註13〕方東美，《生生之德》，141頁。

卻都同樣追溯生命之源。既以生命為出發，儘管不同卻皆能有所相通，因為相通而能生生相續。另外，方東美認為「中國人知生化之無已，體道相而不渝，統元德而一貫，兼愛利而同情，生廣大而悉備，『道』玄妙以周行」，『元』旁通而貞一，『愛』和順以神明，……。」因同情交感而能相續相通，以此推論中國哲學，便能以六大原理含攝，〔註14〕其中「生之理」的『生』含有五義：「……育種成性……開物成務……創進不息……變化通幾……綿延長存……。」以上六大原理以及生之理的五義，方東美認為皆可用「生生」、「創進」為核心意義。最後一例，是在《中國人生哲學》〈宇宙論精義〉一文中，這六大原理再度被方氏提及，〔註15〕後來轉變成四大原理。〔註16〕

這四大原理也仍然是方東美用來闡述《易經》哲學的原理，足以代表方氏所表達的「生生之德」的原理，而該原理則可歸結成方東美的一句話：「大道生生不息的創進歷程，蔚成宇宙的太和次序。」〔註17〕做為其生命哲學的基礎。

以下介紹四大原理及其對應。首先，生之理與創造生命之理可對應。因為，方東美說：「『生之理』於其化育過程中，原其始，……創造宏力之無盡源泉，始乾元也；要其終，……經歷化育……命運歷程之究極歸趨，止至善也。」是說明生命的來源與歸向之過程，這個過程顯現在大自然的整體運行中，在「始」與「終」之間呈現一種和諧創造的動態，是一種宇宙的太和秩序。而「元」是眾善之長，在本質上超越一切相對價值。而「創造生命之理」意謂：「一陰一陽之謂道，繼之者、善也；成之者、性也。……富有之謂大業；日新之謂盛德。成性存仁，道義之門。」此原理強調人的生存與價值的實現在於與自然連合，投身大化之流中，以順承於天而非違逆的態度，參與自然，也就是：

> 道即無限，……展向無窮，……要終者，即是善之成。……人類個
> 人所面對者，正是一大創造之宇宙，故個人亦必須同其富於創造精
> 神，方能德配天地，妙贊化育……〔註18〕

〔註14〕 此六大原理是生之理、愛之理、化育之理、原始統會之理、中和之理以及旁通之理。方東美，《生生之德》，141、152〜154頁。

〔註15〕 方東美《中國人生哲學》，（台北：黎明，民國69年），126頁。

〔註16〕 四大原理為性之理（即生之理）、旁通之理、化育之理以及創造生命即價值實現歷程之理。方東美，《中國哲學精神及其發展》，（台北：黎明文化，民國93年），217〜222頁。

〔註17〕 T. H. Fang, *The Chinese View of Life*,（Taipei: Linking, 1980），p. 13．方東美，〈中國人的智慧〉《中國人生哲學》，94頁。

〔註18〕 方東美，《中國哲學精神及其發展——上》，223頁。

而旁通之理的：「……同時兼亦肯定生命之大化流衍，瀰貫天地萬有，參與時間本身之創造化育歷程，而生生不已，終臻於至善之境。」所指的是包容一切、廣大悉備、動態的生生不息等特色，不但涵蓋所有生命而且代表一株草一滴露的全體相關，以及共同參與創造的關係。另外有『『化育之理』：「……大哉乾元！萬物資始，乃統天。……至哉乾元！萬物資生，乃順承天。」則強調天是最高的善，萬物在天的羽翼之下，被天所創造和護祐，而萬物的繁衍生存也需要跟隨天道的引領。

綜合而言，生生乃有「變動不已」「大生」「廣生」以及「生生相續創造不已」的意思；以上種種生命的特質，又以人類別具有其殊勝的條件，方東美也強調，人需要和宇宙同富於創造精神，方能德配天地，妙贊化育。那麼，人如何知道、該做什麼而有創造精神呢？對此，方東美的回答不但是心理層面的更是形上的，一種對創造、對生命存在的肯定，他說：

> 人應該相信一切萬有存在都具有內在價值，在整個宇宙中更沒有一物缺乏意義，各物皆有其價值，是因爲萬物都參與在普遍生命之流中，與大化流衍一體並進，所以能夠在繼善成性，創造不息之中綿延長存，共同不朽。〔註19〕

生命該自我肯定，相信存在必有價值，在自我肯定時，也肯定萬物的意義，視自己與他人皆爲生命洪流中不可缺少的一份子，共同合作，使生命各安其位、貢獻所長，如此，宇宙生命與自然皆能合一，人實現自己的存有價值，也幫助所有形式的生命，完成其潛能的實現，尋求更深的生命意義。

易言之，方東美所認爲的生生之德，不但宇宙間充滿著生命，而生命是動態的富有創造的能力，據此說明宇宙「生生不已」的存有學和以「善」爲價值的人觀。就是強調人和大自然的關係是協合，最終將在至善內融合，人共同參與大自然創生的過程，人是旅途中的人，他將協同宇宙中不斷湧現的新生命共同前進，回歸在神的完美內。方東美所建構的「以人爲中心的宇宙觀」與「以價值爲中心的人性觀」，〔註20〕此宇宙觀和人性觀一面重視主體另一面也肯定創造，呈現人性和存有的恰當空間，對於生命和機體主義的重視則說明了存有在歷程中的動態關係，是方東美所勾勒的兼綜統貫之生生哲學

〔註19〕方東美，〈中國人的智慧〉《中國人生哲學》，94頁。

〔註20〕方東美《中國人生哲學》，126～135頁；《生生之德》，141、152～154頁；傅佩榮，〈方東美先生論「生生之德」〉，90頁。

體系的特色。以下即分別說明之。

第二節　生生之德的宇宙和人生

　　方東美認爲宇宙的特色有三點：一、宇宙是普遍生命創造不息的境界，稱爲萬物有生論。二、宇宙是形質有限，功能無窮的系統。三、宇宙是一個價值的領域。〔註21〕這三個特色強調宇宙中的生命是和諧的整體和生生不息的創造。亦即萬物皆在中庸平和的宇宙中展現生命氣息。因此，本節又可分爲二個子題：一、「萬物有生論」的宇宙及其特色。二、生命在中和系統中的存在義。

一、「萬物有生論」的宇宙及其特色

　　方東美認爲，宇宙是「萬物有生論」的宇宙，由物質與精神所維持，他描述「萬物有生論」（organicism）是「有一種盎然生氣貫徹宇宙全境」的景象，〔註22〕是「包羅萬象的大生機」，每一時刻都在發育創造，每一處的生命都能互相流動貫通；〔註23〕在〈中國先哲的宇宙觀〉及〈宇宙論的精義〉兩篇文章中，方氏言簡意賅的點出：「世界上沒有一件東西眞正是死的，一切現象裡都藏著生命。」、「宇宙一切現象裡面都孕藏著生意」，〔註24〕誠然，宇宙被活潑變化的生命所充滿，而方氏更以一則名爲《鏡花緣》（The Glimpses of Flowers in the Looking-glass）的中國神話小說，具體而活潑的描述整個生態的現象，包括神、仙、人、妖、獸、鳥都在一個祝壽大禮中，千姿百態的展現自己，〔註25〕方氏形容其爲「整個生物界都是生意蓬勃的氣象。」因而，呈現「生生」與「活潑」

〔註21〕方東美如此描述宇宙的三項特色：〈a〉the confluence of universal life in the mode of perpetual creativity, 〈b〉a system of finite substantial forms magically transmuted into ideally infinite spiritual functions, and 〈c〉a realm of precious values. See Thomé H. Fang, *The Chinese View of Life*, p. 43. 方東美，《中國人生哲學》，16～21、126 頁

〔註22〕方東美，《中國人生哲學》，16～17 頁。

〔註23〕"The Universe, as it is, represents an all-comprehensive Urge of Life, an all-pervading Vital Impetus, not for a single moment ceasing to create and procreate and not in a single place ceasing to overflow and interpenetrate." See Thomé H. Fang, *The Chinese View of Life*, p. 33.

〔註24〕方東美，《中國人生哲學》，16 頁。

〔註25〕同上，17、116 頁。

的氣象。方東美也舉例中國古代的幾位哲學家，例如，孔子說：「天何言哉，四時行焉，百物生焉！」、《易經》的「大生，廣生」、老莊所認爲的「道是生天育地，衣養萬物的母體。」《孟子》的「知性（生）便知天」以及，《墨子》的「天欲其生，而惡其死」都是歌頌天地能「生」的大德（即功能），甚至，篤信陰陽的秦漢儒生也說：「萬物蒼蒼然生」。〔註26〕因而，方東美的宇宙論是整個宇宙都充滿生命。

　　然而，生命是什麼？是什麼構成生命，使得生命如同方東美所形容的表現了活潑的盎然生機？對此，方東美說：「生命除了物質條件以外，還有精神的意義和價值。」「宇宙包括物質世界和精神世界。」〔註27〕也就是方東美認爲宇宙的生命是「（物質和精神）二者渾然化爲一體」（a physical world as well as a spiritual world, so interpenetrated with each other as to form an inseparable whole.）的，〔註28〕對於方東美而言，物質世界和精神世界的一切不是截然劃分的，物質和精神如何貫通不再是一個問題，因爲，二者是沒有鴻溝的一體。

　　所謂"不是截然劃分"和"沒有鴻溝的一體"，是強調生命乃爲綜合了精神和物質的合體。以人的生命爲例，如果只有肉體沒有精神的話，人無法成爲能思考、判斷和追求意義的人。同理，如果只有精神沒有肉體，就無法化現成爲生活在環境中具體的人。這就是方東美強調精神和物質爲一體的意思。儘管如此，精神和物質卻仍有辯證的（dialectic）關係，也就是精神一定不是物質，而物質卻可能進化成爲精神。關於這點是創化思想的範圍，筆者留待第四章進行討論。

　　方東美跳脫心物二元對立，主張精神與物質浩然同流，〔註29〕他並稱此現象爲「普遍的生命流行」，而其結果是達至「在創造過程中生生不息，……」（The universe...is a comprehensive realm wherein matter and spirit have come to be so thoroughly osmosed or percolated as to form a coalescence of life, which issues in a continuous process of creation），〔註30〕意思是，宇宙的一切現象都藏著生命，精神與物質構成生命，二者交互融合，彼此貫通，

〔註26〕同上，18、118頁。
〔註27〕同上，16頁。
〔註28〕Thomé H. Fang, *The Chinese View of Life*, p. 29.
〔註29〕方東美《中國人生哲學》，16頁。
〔註30〕同上，115頁。Thomé H. Fang, *The Chinese View of Life*, p. 30.

沒有鴻溝，並且生生不息，創造不絕。換言之，生命包含物質條件並兼有精神的意義和價值，兩者合一共同創造。這樣的宇宙觀強調生命是合體，是創造，因而理所當然也包含「創化」與「進化」的特性，方東美說：

> 宇宙根本是普遍生命的變化流行，其中物質條件與精神現象融會貫通，毫無隔絕。……物質表現精神的意義，精神貫注物質的核心，物質與精神合在一起，如水乳交融，圓融無礙。共同維持宇宙和人類的生命。〔註31〕

生命是物質條件與精神意義的合一，另一層面的意思就是，人的生命意義必須是透過在人的具體世界中才能實現，如果徒有精神沒有肉體不成為人，只有肉體而缺乏精神便與動物無異，所以生命的意義開展於靈肉的合一，但意義不是相對意義，而是終極意義，如果是相對意義必會枯竭，產生疏離，人生不如意者十之八九，如何化解困境，方東美提到宇宙的另一個特性是「中和系統」（The Universe is a kind of well-balanced and harmonious system）。

二、生命在「中和系統」當中的存在義

「中和」一詞可見於中庸：「致中和，天地位焉，萬物育焉。」〔註32〕方東美形容它是描述生命互有關係所形成和諧的整體。首先，人和世界的一切生命都不再疏離與對立，而成為一體，享受和平安寧的妙樂，最重要是人類要確信人和宇宙都是出自至善的天，大自然是人的伙伴，人在大自然中體驗靜謐與祥和，因此也以和悅之氣與其相應，能互相感通和諧並存，故而，生命是互有關係的整體，謂之中和系統。

另外，稱宇宙為「系統」（system），似乎是形容它是一個固定規律的組織；但是，方東美強調它不是封閉的，而是形質有限、功能無窮的（The Universe

---

〔註31〕 The universe… is fundamentally the confluence and concrescence of Universal Life in which the material conditions and the spiritual phenomena are so coalesced and interpenetrated… Matter manifests the significance of what is spiritual and spirit permeates the core of what is material… Matter and spirit ooze together in a state of osmosis concurrently sustaining life, cosmic as well as human. 方東美《中國人生哲學》，17、117 頁。Thomé H. Fang, *The Chinese View of Life*, p. 32.

〔註32〕 Let balance and harmony exist in perfection, and a happy order will prevail throughout the universe and all things will attain their fulfillment of life. Thomé H. Fang, *The Chinese View of Life*, p. 39. 方東美《中國人生哲學》，119 頁。

which is materially vacuous but spiritually opulent and unobstructed.)。因爲「實者虛之」，〔註33〕中國人常常能「損其體、去其障、致其虛。」所以能不受實體形跡所限制；能將宇宙化爲具有空靈的妙用，因爲人體悟大自然的和悅之道，所以能同情交感，共同參贊宇宙、創進化育，實現生命的意義與價值。

而意義與價值是否有相對性？方東美強調宇宙是變動不居的，世界應當是要不斷加以超化的，〔註34〕宇宙之間一切事物如果以「統攝萬有、包舉萬象、而一以貫之」的眼光出發，會發現世事相互影響、彼此交融，也就是以宏觀的角度來看宇宙萬物，所欣賞到的都是它們內含的豐富性與充實性，因而得知它們在本體上、存在、生命和價值上都是統一和諧的，因而，方東美會說：「中國人的宇宙……爲價值之領域。……一切至善盡美的價值理想……隨生命之流行而得以實現……」，〔註35〕生命在宇宙中展現其活力，因其內在價值故也兼具平等性，於是形成互相影響的整體，方東美形容：「……即使其中一個受到斲喪，宇宙生命的內在價值都會黯然受損。」〔註36〕因此，我們可以說生命同時擁有平等的內在價值，因此顯出其價值不是相對性而是終極性的。

方東美形容宇宙是「普遍的生命之流」，又定義普遍生命有五種要義也名之爲六大原理，主要是描述生命，茲分述如後。

1、普遍生命的五種要義

生命的意義，如果指的是終極意義，它該有來源，方東美形容是「無窮的動能源頭」，發用而爲「無窮的創進歷程」。方氏特別以普遍生命的五種要義做說明，其爲「育種成性」、「開物成務」、「創進不息」、「變化通幾」以及「綿延不朽」。

方東美說：

> 在……時間之流中，創造性的生機透過個體和族類的綿延，對生命
> 不時賦予新的形式，……整個宇宙發生的歷程都是如此。生命在其

〔註33〕「實者虛之」方東美描述其爲 The true is materially solid can be transmuted into what is spiritually versatile in function. See Thomé H. Fang, *The Chinese View of Life*, p. 30. 方東美認爲實者能虛之的秘訣在於：「損其體，去其障，致其虛。」方東美，《中國人生哲學》，122 頁。

〔註34〕方東美《生生之德》，頁 287。方東美《中國人生哲學》，頁 115～123。

〔註35〕方東美《中國人生哲學》，21 頁。

〔註36〕同上，132 頁。

> 奔進中創造無已，運能無窮。生命資源正是原其始的「始」，像一個
> 能量的大寶庫，蘊藏有無窮的動能，永不枯竭；一切生命在面臨挫
> 折困境時就會重振大「道」，以滋潤焦枯，因此，生命永遠有新使
> 命。……永遠有充分的生機在等待著我們……。〔註37〕

另外，方氏又說：

> 宇宙是生命的拓展……創進無窮，……邁向完美的理想，「原其始」
> 則知生命源自無窮，「要其終」則知當下生命邁向無窮拓展，兩者之
> 間正是綿延不絕的創造歷程。不朽是生生不息，是生命歷程的活力，
> 不朽是在此世的變遷發展中完成的……，人類身上可以看出造物者
> 的創造潛力，透過這種潛在而持續的創造力人類足以……完成生
> 命。〔註38〕

這裡有幾個重要的概念，一為「創造性生機」，二為「原其始」、「要其終」，三為「在此世」，指出生命的意義。首先，方東美的意思大概是說明宇宙中有各種充滿著生機的生命氣象，每一時、每一刻都在發育和創造，彷彿是川流不息、不斷貫通的河，而在時間的過程當中"創造性生機"一再賦予生命產生新的形式或是新的使命，生命在動態中創造不已，此無窮的能量來自生命的根源，大「道」使生命復甦，並使生命在生活的此地締造不朽的價值。易言之，創進不息的歷程，就是「道」，「原其始」為善的本質，祂源源不絕提供生命原動力，促成生命的新形式，也引導生命回歸道，走向善的完成，〔註39〕這是方東美宇宙論的基礎，貫通了生命與形上的關係。"創造性的生機"使宇宙和生命之間有所聯繫，也是最初與原始的慷慨分享，它具體地透過個體和族群的綿延，使生命開展出各種的可能性。

另一方面，因為宇宙充滿活潑的生命，生命能發育創造，因而，超越有限的形體展現無窮的功能。雖然，生命的存在必然有其價值，然而，價值的體現仍應依靠生命的創造而具體化，如此，形上與存在有所連結。而生命的產生與創造的動力都來自同一源頭，生命也藉著創造以及變化的特性，而生生不息，綿延不朽。

以上方東美對普遍生命五種要義的解釋，提供了幾個終極性的回答，生

〔註37〕同上，127頁。
〔註38〕方東美《中國人生哲學》，128～129頁。
〔註39〕同上，128頁。

命的根源、方向、依憑及其發揮的場域。方東美以「原其始」比喻生命的根源，以「創造性生機」描述「始」賦予生命的能量，並形容該能量具有「無窮」、「永不枯竭」的特色。而生命的方向是「要其終」並達於至善，其歷程是「大道」，實現生命價值之處則是「此世」。更貼切的說，是人需要在生活的環境當中與人互動，必須在此時、此地生活的場域及變遷的發展當中，透過和他人建立關係，透過造物者所賦予的內在潛能，在環境中偕同其他生命體共同完成使命。而人生在宇宙環境中，知道如何定位，方向在哪裡，才能有所發展，此乃涉及形上學的問題。在當中，人能知道什麼，又該做什麼？在方東美的詮釋下，生命的意義在各家有不同的表述。

2、生命意義的不同表述

方東美以《中庸》詮釋人生的態度和方向：「唯天下至誠，故能盡其性，能盡其性，則能盡人之性，能盡人之性，則能盡物之性，能盡物之性，則可以贊天地之化育，能贊天地之化育，則可以與天地參矣。」也就是，當人們憑藉其創造生機臻入完美境界，即可與天地合其德，與神性同其工。如此的人即可稱為理想的精神人格；〔註40〕方東美認為，如此的精神人格就是儒家說的「聖人」，道家說的「至人」，墨家說的「博大完人」。此外，人要依靠什麼修成理想人格？方東美說：「人生的憑藉，……在高標至善理想，……這種善，源自無限也邁向無限。」意思是，源自無限的至善是人在人生之路上的依賴，人靠祂得到支持，也回到至善的生命源頭，也就是與大道合一。「道」是人修養的伙伴，人尋覓善，便同時與自然相合，〔註41〕人的定位及其與大自然的關係是：大自然不斷的創生，人則共同參與此一創生過程。

方東美的宇宙論推展出存有學是以道德價值為中心的人觀，大自然不僅湧現新的事物，而且充滿生命與價值，整個宇宙是：「所有存在的統一場」、「精神與物質浩然同流的生命境界，在……創造過程中生生不息」。〔註42〕此「生生不息」方東美認為來自於中國人對大自然的靜觀所得，在《生命理想與文化類型》一書中，方氏強調人應振奮效法自然界此種精神，並用「反璞歸真」來形容人對最高常德的追求，回歸自然，在宇宙慈母的懷抱中，人才會走向

〔註40〕方東美，《中國人生哲學》，97頁。

〔註41〕武金正，〈拉內人學與方東美生命哲學對談〉《神學論集》123期（2000春），9頁。

〔註42〕方東美，〈中國人的宇宙論精義〉《生命理想與文化類型》，（北京：中國廣播電視出版社，1992年），134～138頁。

正途有無限潛能，完成生命價值。〔註 43〕而人的生存，方東美認爲人不能脫離外在世界的憑藉，只注重生命的內在經驗而生存。〔註 44〕生命的意義需要在生活中體驗，也依賴個體和世界建立更深度的關係，誠然"歸屬感"是穩定生命並使生命開展不可或缺的因素。人確實必須藉著歸屬於某一宗派團體或某一個社群，而有一種身份和使命，貢獻生命、體驗生命的價值，在方東美的思考裡，人有各種層級和境界，卻是動態且具有超越性的。

當然，所有的詮釋不免包含創造，方東美亦是如此。方氏在認爲「中國哲學亡矣！」之後，汲取東西方哲學的思想並內化在他所建構的體系中，成爲一種新的中國哲學風貌。方東美認爲古代的中國文化具有優美與和諧的特質，然而自十九世紀以後，因爲受到歐美科學分析導致機械化的影響遂沖淡此和諧的精神，最後生命被支解分離了。〔註 45〕爲了解決分歧的問題，方氏強調必須揚棄對立性並致力於其哲學思考，提出有關人和世界的藍圖——「關聯圖」。

第三節　生生之德的關聯圖

生生之德的關聯圖就是方東美的「人文與世界關聯結構圖」，代表方東美思想的整體。本節最主要介紹方東美的關聯圖，該圖探索生命在世界、文明的關係和演化。人類生命有層級區分，與世界文明的演化恰成一對一對應，是一交融與相互提升的動態圖示，可謂方氏思想的整合。

事實上，論及人生必面對形上問題，方氏解釋生命的來源與進化之時，已經肯定人由天道所生，含有神性，〔註 46〕道是超越的，也是內在的，在萬有之中更能彰顯出造物主的創造性。〔註 47〕那麼，此「既超越又內在」如何可能？方東美稱萬物根源於「道」，它提供生命的動力來源，也是萬物奮進回歸的終點。職是之故，有必要進一步探討，對方東美而言人是什麼？神人關係最終會是什麼？換句話說，就是方東美的人觀與神觀。雖然，人觀與神觀

〔註43〕方東美，〈中國人的宇宙論精義〉《生命理想與文化類型》，134 頁。
〔註44〕同上，133 頁。
〔註45〕方東美，〈從比較哲學曠觀中國文化裡的人與自然〉《生命理想與文化類型》，108〜110 頁。
〔註46〕方東美，《生生之德》，271 頁。
〔註47〕方東美，《中國人生哲學》，94 頁。

幾乎是對應的焦夢不離，無法脫離彼此而論說其一，但是，本節的重點是探討旅途中的人和現實世界有什麼關係？人如何超越？至於，神觀部分，包含方東美所稱「泛神論」（pantheism）或是學者提出的「萬有在神內論」（panentheism）則是最後一章的重點。

方東美對生命的看法之一，是所有的生命都在大化流行中變遷發展，創造不息，運轉不已。〔註 48〕在這樣的思想背景下，所描繪出的是一個生氣盎然、精神與物質浩然同流、在道的創進歷程中，邁向至善的宇宙圖像。這樣一幅生生不息的圖，構成宏偉壯觀的宇宙生命氣象，融合中西學說的方東美，他如何解釋「人」？萬物是神所創造，神賦予受造物潛能足以完成自身的使命，同時，也需要受造物意志性的配合，那是人意識到自身使命的過程，這也是筆者在本節第二部分的重點。而神明如何貫注其創造能力？這是生命如何形成的問題，方東美又如何詮釋儒、道、佛三家所表達的？它將在本節第三部分詳細說明。

職是之故，本節共有三個子題：一、「關聯圖」的意義。二、上迴向是意識化的過程。三、下迴向是奧秘為愛出走，也提昇人為愛回歸。

一、「關聯圖」的意義

方東美所懷抱的使命是振興中、西方哲學以重建人類文明，透過生生哲學為總綱，表達對生命發展的關注。一份使命感，一個明確的目標、方向，催促哲人展開與締造其體系，其為以形上學和人性論為骨幹「為愛出走因愛回歸」的藍圖，描述不斷發展的人觀。該圖有其形成的歷史性，本段分為（一）關聯圖的歷史發展。（二）關聯圖的意涵和詮釋。

（一）關聯圖的歷史發展

關聯圖首先出現在方東美一九六九年發表的〈從宗教哲學與哲學人性論看『人的疏離』〉一文，該圖顯示人性的各層高度與世界的各層結構恰好一一對應，構成一幅交互影響、相互提昇的動態關係。這個圖表後來在一九七三年方東美發表的〈中國哲學對未來世界的影響〉一文中有更詳細地闡述，學者認為該藍圖的建構帶著使命感，〔註49〕稍後介紹。

〔註48〕方東美，〈中國人的人生觀〉，94 頁。
〔註49〕沈清松，〈生命美感與創造——方東美的生平與思想評介〉，IV-19。

方東美將其圖命名爲 *The correlative structure of men and the world*。學者們
的中文翻譯通常採意譯，依年代順序大約有幾種：一、黎明文化，民國 68 年
初版的《生生之德》，譯做「人與世界在理想文化中的藍圖」。二、光啓書局，
1997 年的《神學論集》，谷寒松翻譯爲「寶塔型的宇宙建築圖」。三、光啓書
局，2005 年《拉內思想與中國神學》，主編胡國楨譯做「人文與世界建築圖」。
目前比較新的翻譯是「人與世界之間的關聯結構」，由方東美弟子傅佩榮於
2007 年 3 月在「創化與歷程——中西對話國際學術研討會」的所發表。本文
採用最新翻譯，並簡稱做「關聯圖」，原因是筆者認爲，該名稱表達了三個主
要的意思，相當切合方東美的思考，第一、以人爲主體。第二、人的生命需
依賴外在世界爲憑藉。〔註 50〕第三、人的生命意義在與世界有互動中展開，
以其清楚的表明人和世界整體含有動態的關係。

「關聯圖」是對人生與形上關係的探索，也可說是方東美的形上學，方
氏強調其形上學是「超越形上學」（transcendental metaphysics），該名稱有其意
涵，包括對人的提醒和對神的理解，後者將保留到第四章介紹，本段先說明
其意涵和詮釋。

（二）關聯圖的意涵和詮釋

1、關聯圖的意涵

方東美以「關聯圖」闡述其形上學思想，並稱其爲迥異於超驗的「超越
形上學」，本段先呈現該圖，再做說明。

〔註 50〕在〈中國哲學對未來世界的影響〉一文中，方東美說：「以有智慧的人類做主
　　　　體——以人類生命精神做爲支柱」，「人必須腳踏實地的生活在現實世界
　　　　上……」，方東美，〈中國哲學對未來世界的影響〉，8 頁。

圖三　「人與世界之間的關聯結構」英文原圖

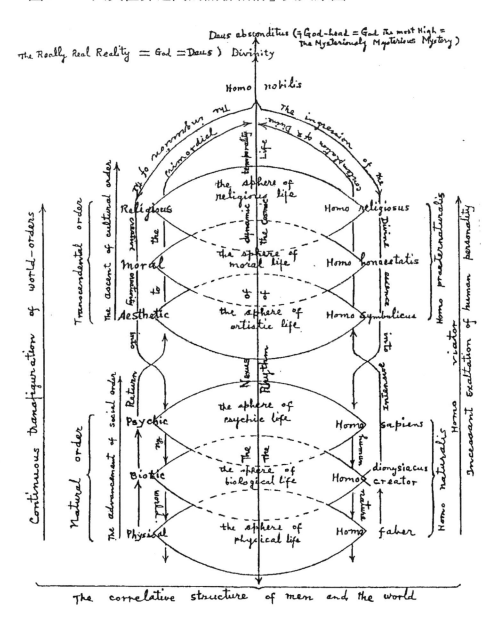

圖四　「人與世界之間的關聯結構」中文譯圖

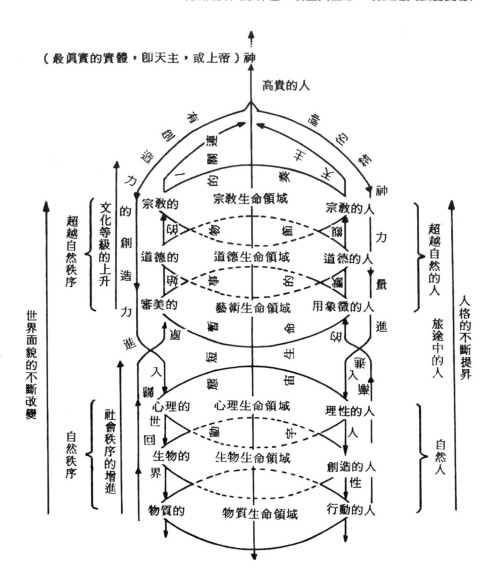

關聯圖具有上、下迴向兩個特色，分別是「根基於現實界」與「超拔入崇高理想境而點化現實」。〔註51〕所謂「根基於現實」，方東美形容是「據一

〔註51〕方氏認為根據「超自然形上學」的說法，人與宇宙處於一種對立的狀態，天人之間不但存在著分裂的鴻溝，甚至人本身也是靈、肉二元衝突的。方東美〈中

－68－

切現實經驗界之事實爲起點……拾級而攀……層層上蹐……嚮往無上理境之極詣」，是「上迴向」，筆者認爲也是人的趨向和目標。

「下迴向」則是「據觀照所得的理趣踞高臨下」、「提其神於太虛而俯之」也就是對宇宙生命奧秘的詮釋。方東美認爲這種通貫的整體思想，可稱爲機體主義，它含有幾種特色，是融合非對峙、互助非孤立、靈活非機械、開放非封閉的，〔註52〕也是「統攝萬有，包舉萬象，而一以貫之的」的意思。〔註53〕後者，使方東美的形上學產生一種「既超越又內在」的導向。因爲，「包舉」是「包而覆之，以舉升天」的意思，也就是天、地統攝萬有，包括自然界中的人，以及人所建立的一切人文，並將這一切萬象包裹覆蓋起來，上舉達於天。如此，萬物不但是被包於其內，又同時提升萬物的意義和價值，所以，天是超越又內在於萬物的，此即爲超越又內在的形上學。也代表中國哲學思想的天、人之間的關係。

2、關聯圖的詮釋

此圖表最吸引筆者注意的，是右側的單向箭頭及旁邊的兩句話：「旅途中的人」與「人格的不斷提升」。筆者認爲它們代表方東美的心中關於人的概念，也就是"人是什麼"和"人能做什麼"。

該箭頭由下往上奔射而出，並繼續向前邁進，表示生命是過程，動態的過程，人不是封閉的，也不受限預定的命運。人在世界行旅，生活是過程不是終點（當然無可否認地過程彰顯人生的意義也影響前行的方向），過程中人格會不斷提升，使人由「自然人」進入「超自然」的人，再往不可知的未來，終點是玄之又玄的奧秘。

爲什麼人格會不斷的提升？在人的方面，人透過兩道上迴向爲方法。非人的作爲方面，方東美肯定人受之於宇宙之間的兩道下迴向的神秘力量之助祐，人能到達奧秘。如此，隱含地表示，方東美肯定人在進化的宇宙之間之冠冕地位，所以人獨享神秘的恩寵。

換句話說，射向未來的箭頭充滿各種可能性，包含了改變和超越。人的命運顯得不是一成不變的預定模式，在方東美書中常提起的懷德海，就是主張：神在過程中，神和世界一起成長，每一個人的決定都會影響神的決定。

國形上學中的人與宇宙〉《生生之德》（台北：黎明，民國 68 年），283 頁。
〔註52〕方東美〈中國形上學中的人與宇宙〉《生生之德》，283 頁。
〔註53〕同上，284 頁。

甚至，不爲方東美所識的拉內，他也認爲：人是精神在世界中，人雖然是有限的，但是他恆常趨向於無限。因此，人是什麼？對方東美而言，人是能超越，能改變，可以不斷提升進步，向著至善源頭的受造物。〔註54〕然而，人之所以有如此的特性和趨向，到底從何而來呢？是什麼因素，使人異於世界其他存在物呢？關鍵在於下迴向的兩道力量。在方東美的「關聯圖」中，右側向下頃注的力量，特別指出「『神的精神』力量進入『人性』」，它是使人的人格提昇，讓人可以據之超越前進的原因。而左側向下流貫的，是進入世界、使得世界面貌不斷改變的創造力；很顯然地，神性只唯一注入人性，而人與世界又一樣同享創造力的恩澤，這個想法使方東美傾向泛神論；這部分筆者留待最末一章再深入的探討。在這裡要強調的是，貫注於人性之內的，除了人和萬物一樣的「生生之德」的泉源以外，還有「神性本質」。〔註55〕這也正是方東美所說的：

> 生命爲神所造，……植物與低層有機體的本能生命，（其）所沿行的演化路線，是比較靜態的，更接近潛藏的第一物質。至於，高層的生命種類，以能活動、能思想的人類爲頂峰，在回應神的召喚時，是最具動態與最富創造性的。〔註56〕

而人有哪些身份層次、以什麼身份面對、如何面對等問題，方東美認爲它涉及人性的問題，指人的「才能知性」，即人性特別優美的才能。〔註57〕方東美認爲要走向更高的境界，必須突破原有的格局，避免造成精神上的隔閡。他一方面區分人的才性等級——最主要是強調人的天性確實有不同的發揮。另一方面生命有定位之後，卻要注意不要自我設限，能在穩定的基礎上拓展潛能，求其生命更大的開展。因此，方氏強調要觀照人和世界中生命的全面，並且像傳統儒、道、佛三大哲學傳統一樣，致力於人和自然的合一，在回歸自然當中汲取生命能量，吸納他文化的優點，整體性的提升全人類文明更臻於完美。〔註58〕另一方面，方氏也看到生命遭逢困頓產生疏離的難題。

（1）人生中疏離的產生和化解之道

方東美談生命現象，談人生，論對人的看法，顯示其積極樂觀的一面，

〔註54〕方東美，《中國人的人生觀》，94頁。
〔註55〕傅佩榮，〈方東美先生論「生生之德」〉，98頁。
〔註56〕方東美，《生生之德》，348頁。
〔註57〕方東美，〈中國哲學對未來世界的影響〉，9頁。
〔註58〕方東美《生命理想與文化類型》，108頁。

方氏認為基督宗教的神明觀念是以基督為中心，中國哲學則強調神性平等地賦予眾生，貫穿其中的精神是相通的，故而，人應相信神以豐厚的愛創造人，人內有「神性潛能」，使人能參贊宇宙的創造力，人應活出神的肖像，實現人的偉大之處。〔註59〕當然，方東美也不否認人確有產生疏離感的經驗。方氏認為，人的自我否定和妄自菲薄是造成疏離感的主要原因，包含人輕忽自身是萬物之靈的意義，不信自身即是尊貴的存有，而將神視為高高在上、與一切事物相隔離、與人的生活無涉的神，那麼，如此的認定將造成終極的疏離，導致人與神、人與他人、甚至人與自己的疏離。這樣的思考和提醒，正如方東美在〈從宗教哲學與哲學人性論看「人的疏離」〉所說的：

> 無限的神明雖不「屬於」此世，卻能將其創造能力「貫注於」此世。物質、生命、心靈、或精神乃神明所造之諸般潛能，經由萬物的天然才性或自由抉擇而先後實現。每一受造物都將在時間的歷程中達致造物者所賦予的成全。〔註60〕

從第一句話看來，方東美顯然受到部分「自然神論」（deism）的影響，而認為神創造了世界之後卻遠離世界，對人類不聞不問，故說神不屬於此世。但是方氏的重點是肯定神對萬物的施予，也就是將其創造能力貫注於萬物，使其能有內在潛能足以完成其使命。職是之故，受造物和造物主是有內在聯繫的，沒有斷層沒有隔閡。因而，疏離感必有其化解之道，那就是人應相信生命是在造物主經由慎重的商議之後產生的，有無可替代的價值和使命，人當然有能力實現自我，所以應當自我期許，積極奮發。

另一方面，前段引文尚須面對人的「自由抉擇」這件事。傅佩榮認為，方東美提醒世人要認清人性的真相，但是何以世人難以認清自己的真相？以致陷入重重疏離與異化的困境？最後的結論是：「人為何有這種種墮落之可能性！是否人除了擁有『神性本質』之外，似乎具備了『墮落的可能性』。」〔註61〕換句話說，方東美極力否認和批評基督宗教的罪人的觀念，而傅佩榮卻肯定其可能性。

在這裡我們先擱置“方東美所認知的罪人觀念，是否等同於基督宗教對罪的理解”的問題，而假設方氏是在全然知悉罪的脈絡，而發出其批評。在

〔註59〕方東美，《生生之德》，333、353 頁。
〔註60〕同上，348 頁。神性潛能在第四章有詳細說明。
〔註61〕傅佩榮，〈方東美先生論「生生之德」〉，99 頁。

此前提之下，我們回到方東美的書中，會看到方氏所強調的，「人的妄自輕侮也會陷於支離滅裂的慘境」。〔註62〕筆者認爲，方東美所說「妄自輕侮」即是輕視生命的態度，反應出個體的不信，不信生命的貴重，不信生命在滿滿的愛中產生（在形而上的信仰上，以及在眞實的家庭生活當中皆然），那麼問題出在整個社會的氛圍，如此更凸顯感受愛、分享愛以及生命教育的重要性。因爲，缺乏愛的體驗，將造成人的不確定性而導致不安，不安造成一種循環，出沒在人際之間互相影響（這也與結構性的罪有關）。相反的，能感受愛，對愛有所體驗並將愛分享出去，那麼生活的氛圍會是尊重、包容與接納。另外一個原因也與「自由抉擇」有關。前面引文中曾提及，方東美說「經由……自由抉擇而先後實現」；所以，這句話回答了「人是罪人」或是「墮落的可能性」的疑問。事實上，人性不必然具備了「墮落的可能性」，但缺乏愛和意志力卻會使人走向敗壞，而有墮落的事實產生。以下筆者藉由馬賽爾的《旅途之人》來說明意志力、愛與希望的關係。

（2）希望支持生命轉向光明

馬賽爾（Gabriel Marcel, 1889～1973）說：「活在希望中就是尚處於陰暗中。希望蘊含著一份困惑、一個逆境、一段考驗的日子、一種疏離的狀況。」、「希望寓意著人尚未達致圓滿而渴望追求完美。」這段話揭示人陷於異化的境地，而渴望恢復失落的完整。然而，「生活在希望中就是積極地轉向那尚未展露的光芒。」綜合言之，「希望」一方面顯示人正處於坐困愁城的境地中生活，另一方面，希望激發人轉向那尚未卻可能的光明。

從對「希望」的體驗上，人能把握形上涵意，進而了悟生命的眞義，窺探存有的奧秘，契合上主的親臨；而「意志力」使人超越限度，化解疏離，跳脫困境。因此，希望的成全與否，仰賴個人不屈不饒的意志力。對此，關永中老師曾經爲文分析，有以下幾個重點：1、極度懇切迎向光明，乃因個人深刻的陷於幽谷。2、希望的成全關乎於一股意志上的不屈不撓。3、「光芒」即象徵人所期待的目的物是美好的東西；「尚未展露」意味其出現無法由我操縱，並且對方沒有義務賞賜，故而個人所能做的事，是積極地轉向光明：不是要求對方賞賜，而是培養謙遜、良善的心態，積極地轉向光明。〔註63〕

〔註62〕方東美，《生生之德》，356頁。

〔註63〕關永中，〈希望形上學導論——馬賽爾《旅途之人》釋義〉《哲學與文化》18卷1991年2月，（新莊輔大：哲學與文化編輯部），152～154頁。

希望本身是意志的抉擇，是超越自我奔向大我。我要自己活在希望中，我意欲堅持下去，以致於我能夠堅持到底而不絕望。既然如此，那麼，希望是否等於「自我暗示」？馬賽爾認為，自我暗示是一種心理上的自我回縮（psychic contraction），依靠一己的力量支持自己；然而，希望卻是伸展（expansion），是跳出自我，投奔「大我」的本源，向超越的力量開放。也就是希望者開放自己的心靈，使得他與一股既超越又內在的力量有感通。換句話說，希望就是呼喚起充塞在宇宙間的一股原創力做自己的後盾，使人有勇氣透過該力量為自己創造出一個充滿謙遜忍耐，甚至是喜樂的盼望者，使人有堅定的意志去創造自己。〔註64〕

對方東美而言，人的概念之一是神性精神的具體化身，宇宙創化的參贊者，是充實完備與珍貴無比的存有，人能憑藉與大化之中的神恩同情交感，進而與天地冥合。如此方東美指出神秘經驗或個人與神的關係，在成聖之道上的重要性，現代的人必需有所體會於「奧秘」。〔註65〕「神」是什麼？人與神的內在有所聯繫或是斷層和鴻溝？方東美如此形容：

> 神絕非一樣事物；祂是一種能力，一種創造力；祂是一種精神，充滿了無限的愛，將宇宙萬有消融於愛的汪洋之中。人是神的媒體或是鏡子，能把神性的至美至善展現於人性的美善品格之中，（而該）美善品格一方面是各個人所獨有，但是也能擴充而成為普遍的人性典範。〔註66〕

如此地體驗反省，使人有所意識，意識到自己對生命的渴望，意識到自身的使命，人便更謙遜地一步步透過「上迴向」回歸源頭。

二、上迴向是人的旅程，也是意識化的過程

方東美認為人是旅途中的人。在人生的過程中，人的層層躍進回歸源頭，筆者認為正是意識化的過程，人瞭解自己的身份和使命，透過自由答覆尋獲生命意義。

方東美融合中國、希臘和近世哲學的層級存在觀，將存在界區分為「自

〔註64〕關永中，〈希望形上學導論——馬賽爾《旅途之人》釋義〉，155頁。
〔註65〕K. Rahner, *Schriften zur Theologie*, Vol. 7, p. 22 轉引自武金正，《人與神會晤：拉內的神學人觀》，（台北：光啟，2000）112頁。
〔註66〕方東美，《生生之德》，326頁。

然界」和「超越界」，前者又稱「形而下的境界」，後者則稱「形而上界」。形而下的各層次可逐層上升，向上演進，稱為「上迴向」，境界向上提昇有一個先決條件是人性也向上發展，此即為與意識相關的部分，其路徑有二：「漸進的默觀天主」和「回歸原始的一」，筆者認為可視之為宗教人的靈修方法和目標。上迴向的高峰是「玄之又玄的奧秘」，方東美說：「藏在宇宙最高的深微奧妙境界的神，藉『下迴向』將自己無窮的力量貫注到一切人性。」上層向下貫注以提攜現象界稱之為「下迴向」。其中，各境界之間也是有動態的上、下迴向的關係。「上迴向」與「下迴向」之名，是方東美借用佛學的用語，為了說明宇宙精神體與自然界的親密關係。由人性與世界各層級的相互關係，形成各種不同的差別世界。以下將分別介紹。

1、關聯圖的層級和意義

在關聯圖中，人分為六個層級，是為 homo faber、homo creator、homo sapiens、homo symbolicus、homo honaestatis 以及 homo religiosus。〔註67〕當中，前三個層級屬於自然人（homo naturalis），後三個層級屬於超越自然的人。另外，依照個人生命所投注的範圍，也有相對應的六個領域，分別為物質的、生理的、心理的、藝術的、道德宗教的。此六層級的翻譯略有不同，整理如下表：

表六：關聯圖的原文和譯者、譯名對照表

	馮滬祥	沈清松	谷寒松	胡國楨	傅佩榮
homo religiosus	宗教的人	宗教人	宗教的人	宗教的人	宗教人
homo honaestatis	道德的人	道德人	道德的人	道德的人	誠意人
homo symbolicus	藝術的人	象徵人	用象徵的人	用象徵的人	符號人
homo sapiens	知識合理的人	知識人	理性的人	理性人	理智人
homo creator	創造行能的人	創作人	行動和創造的人	創造人	創作人

〔註67〕方東美，《生生之德》，341 頁。沈清松〈哲學在台灣的發展〉，13 頁。谷寒松《神學中的人學》，（台北：光啟，民國 85 年），111 頁。胡國楨編，《拉內思想與中國神學》，（台北：光啟，2005 年），233 頁。傅佩榮，〈方東美先生論「生生之德」〉，98 頁。

homo faber	行能的人	工匠人	工作的人	行動人	勞動人
The correlative structure of men and the world	人與世界在理想文化中的藍圖	沒有翻譯	寶塔型的宇宙建築圖	人文與世界建築圖	人與世界之間的關聯結構

關聯圖的六個層級之個別定義，以及彼此的關係，分析如下：

（1）以生命動力開闢物質生命領域的是「行動的人」（homo faber）。其也是一種完全表現行動操作的人，現代科學所描繪的爲純動物性的人，也指在「物質世界」中有能力安排我們的身體健康存在的人。筆者認爲，方東美的意思是在現實生活中有能力提供自己，在生理的基本需求上獲得滿足的人。此行動的人善於行動，但也容易受妄念牽引，而誤入危亡之路，因而需要修正與轉化。

（2）將生命的存在領域從物質提昇到生理的是「創造性」的人（homo creator），表現創造才能，發揚生命精神，指點行動人向上創造，往更高意義的境界，而創造性的人如果接受眞知卓識的指導，則又會往上提高。

（3）「理性人」（homo sapiens）側重理性的表現，以理性爲指導，形成各式各樣的系統知識，使自己不盲目創造，所有的考慮與決定都依靠理性，以知識爲基礎。

（4）走向形上界，能運用種種符號，創造種種語言，象徵美的境界，稱爲「用象徵的人」（homo symbolicus）。如詩人、畫家、建築家、雕刻家和文學家，以各種符號美化了世界，因而，藝術領域乃是形而上世界的開始。

（5）具備優美品德與人格的藝術家，乃成爲高尚品格的「道德的人」（homo honaestatis）。藝術的世界可能變成瘋狂的世界，因而美與藝術的價值加入道德精神爲道德的人。方東美以中國宋朝儒者所強調的「聖者氣象」來形容養成高尚道德品格的人格。

（6）宗教的人（homo religiosus）方東美又稱其爲「全人」，指包含整個世界的各層級。相似於中國哲學所說的「to be human is to be divine」，是儒家的「聖人」、道家的「至人」和佛家所謂般若與菩提相應、完成佛性的「覺者」。而持續地「意識發展」（conscious development）

則可以到塔頂「高貴的人」（homo nobilis），再指向無窮蒼天的神奇
奧妙境界。

最基礎的工作人、創造人和理性人所結合的，方東美總稱為自然人（homo
naturalis）。在此階段的個體擁有健康的身軀、飽滿的生命、豐富的知識，可能
也會有種種的成就，但是生命的價值並未充分發揚，方東美宣稱：以自然人
所開創的世界為普遍科學文化所建立自然界，它不能構成有意義、有價值的
世界。〔註68〕

筆者認為，這種說法如同奧古斯丁所言：「除非在祢內，我的靈魂不能安
息」。人不會滿足於有限的現實，人總會感到有所不足，人生各階段的相對意
義會因價值觀更成熟而逐漸轉變，因此，人會一再發問，繼續往一個似知又
不可知的方向追尋，一個夢，一個理想。

2、關聯圖中人的發展

就人性論而言，它是一個動態發展的結構，人可由「自然人」（homo naturalis）
——其中包括行動的人（homo faber）、創造人（homo dionysiacus）、理性人（homo
sapiens）三個層次，提昇至「超越自然」的人——此領域也包括有三個層次，
其為象徵人（homo symbolicus）、道德人（homo honaestatis）和宗教人（homo
religiosus）。在方東美稱為自然界的領域中，當然有它既存的意義與價值，人也
在過程當中建立每個階段的自信，心理學大師馬斯洛（Maslow）也提出的「需
求層次」論。人性有其基本需求，逐層提昇與超越，最後在被神充滿的高峰經
驗之中得到最完全的滿足，此心理學與神祕主義的雙重理論揭示一個事實，亦
即「自我實現，並不能成為人的終極目標」。〔註69〕

方東美稱自然界為形而下的境界，人性卻會往形而上的世界去探詢更深
奧的秘密。〔註70〕因而，超越自然的人是象徵人、道德人和宗教人，皆將其
歸納為形而上的世界，在此境界人也仍會繼續發展進入「高貴人」，再上昇入
於「神人」（divinity），〔註71〕進而「深微奧妙」（mysteriously mysterious
mystery）、「玄之又玄」的超昇。方東美又說：

　　……人類精神生命之來臨，永遠在企望接近神的原始創生之德，演

〔註68〕方東美，〈中國哲學對未來世界的影響〉，10 頁。
〔註69〕李安德，《超個人心理學》，（北縣：桂冠，1992），172～173 頁。
〔註70〕方東美，〈中國哲學對未來世界的影響〉，10 頁。
〔註71〕神人和神性進一步說明在第四章。

化中的世界正是神明創造的世界。〔註72〕

如果對照「關聯圖」上的層級和結構，我們也可說方東美形容的是一部進化論。

根據「關聯圖」可見到人和世界的層級有一對一的對應關係，由圖的右側開始，「自然人」由下往上分別是「行動的人」、「創造的人」和「理性的人」，傾向這三種屬性的人，分別在「物質生命領域」、「生物生命領域」及「心理生命領域」發揮求生本能，滿足需求，因此建設了「物質的」、「生物的」和「心理的」社會秩序。

在「自然人」的上方寫著「超越自然的人」，此層級方東美視其為「更高層的生命種類」，有「用象徵的人」、「道德的人」和「宗教的人」，其中，「用象徵的人」使用象徵，開拓無窮想像的空間，發揮藝術生命，成就「審美的文化等級」；而「道德的人」不斷修成自己，實踐更高的道德價值，活其道德生命締造「道德的文化等級」。

再提昇之後成為更高的「宗教的人」。對方東美而言，宗教人是能夠上體神明旨意的人，以天主教的神職人員來對應的話就是有司祭職的人，在教會傳統中，司祭代表人和天主之間的橋樑，能履行天主的愛，做為信仰者的典範。所以，方東美將「宗教人」至於人間的最高位，一方面呼應了「神性本質貫注於人性之中」，肯定人的宗教向度，另一方面鼓勵人能超越「道德人」的生命價值，而以活出神性生命為終極價值。

綜合而言，方東美肯定人的超越性，即使是「宗教人」也還能層層晉升而到「高貴的人」。「高貴人」的層次，在原始儒家、原始道家和大乘佛學，呈現三項共同的特色，是：「一本萬殊論」、「道論」和「個人品德崇高論」。此三項特色的表現，在儒家以「聖賢」的角色，於「創化」歷程中取得中樞地位，成為「時際人」（time-man）造就道德宇宙，目的在「立人極」。道家以「詩人」特質「超化」現實界，成為「太空人」（space-man）修成藝術天地，目的是追求永恆之逍遙與解脫。佛家則以「先知」身份求大「解脫」而成「時、空並遣」的宗教境界，目的是修養的不斷淨化、圓滿無缺。〔註73〕以下說明之。

3、homo nobilis 在儒家、道家、佛家的定義

方東美強調人類的精神生命必須憑藉現實世界才能實現，而現實世界最

〔註72〕方東美，《生生之德》，348 頁。
〔註73〕方東美，《生生之德》，285～288 頁。

初的基點是物質世界，因而在圖中可見自然層次的最底層是物質世界。方東美認爲人類能夠也必須將理想境界在具體的生活世界當中實現，以提升全體人類的文化，獲致更圓滿的幸福生活，具體而言三家的定義可歸納如下：

（1）儒　家

肯定天道之創造力，強調人性之內在價值，即爲「天人合德」，個人應「立人極」，也就是個人應當卓然自立於天地間，不斷地追求自我實現、發揮潛能與內心的修養，展現人內完善的極致，在時間的變異中趨於永恆。

方東美以《周易》一書爲儒家的哲學結晶，說明自然界充滿宇宙生命、富有生機、創造前進且生生不已，而人性則是趨向盡善盡美的性善論。〔註74〕儒家的哲學是在人內尋找其根據，即爲孔子思想發展成熟時所謂的「仁」，它是先驗的基礎，人的感通能力，與人之間藉由感通發展成關係並形成力量，是一個不斷進行的秩序，最終在天人「和合」之中，得到充分發展，即爲「盡性」是也。在態度上是將精神、道德、藝術、哲學思想等，凌越自然以上的境界通透到天，再將這種超越的精神回頭貫注在現實世界，亦即儒家所說的「踐行」。這是一種類似透過藝術、道德等方式提升精神，獲取更高操的人格修持，在據之回轉到現實人間世，在現實和物質存在上，推動理想的生命態度。

（2）道　家

方東美談的是原始道家，即以老、莊爲主的道家。方氏以「反者，道之動」來形容道家面對生活困境的方式。也就是一方面提升精神到「寥天一」的境界，在天外天的情境回顧人間世，領悟宇宙的精神價值是融合一體的。再借道家「道生一、一生二、二生三、三生萬物」的宇宙論思想，點化人間世和下層世界而變成「人間天國」。此乃屬於心靈或精神的轉換，是一種超越的眼光或心靈的，由此而生出對宇宙萬物的同情眼光，而有包容憐憫的心。

方東美認爲「至人無己，神人無功，聖人無名」是《莊子》的全部精義之所在，在於現實生活中求精神澈底大解脫之人生哲學。〔註75〕眞正的聖人超越局部表相，從不同角度去看一切分殊的觀點都匯於「眞」的整體，就是「道通爲一」，它解決了相對性的問題，並以「眾生一往平等」的胸襟達至「道通爲一」的關鍵。

「道」是萬物之本源也是最後終向，道體爲無限且眞實存在的實體，存

〔註74〕同上，頁 289～290。
〔註75〕方東美，《原始儒家道家哲學》，（北市：黎明，民國 76 年），頁 244。

有界的一切存在，可以不受限重複往返，順逆雙運，形成一雙迴向式之無窮序列，調和了時間和永恆的有無與變常的對反，方東美描述其爲……the discrepancy between Eternity and Temporality can be dissolved，萬物沒有成、毀，整個道體互通爲一。〔註76〕特別是莊子的「萬物分殊，道又在其中」之思想，萬物分享了道的慷慨和內在的創造力，使得彼此的關係「既超越又內在」。但是，創造力有時會衰竭，因此，需要回歸到根源之中，有限和無限是一個圓環，關係沒有斷裂。而「齊物」是尋求自我的根源─以道爲中心，發展平等卻又相異的物論。

（3）佛　家

佛家哲學各門各派有不同發展，道生的「佛性哲學」說，肯定人的內在有充分的佛性，不但平等的都是精神同道，而且只要返回原初面貌，所有的人都能夠重新回到莊嚴的法界。另外，華嚴宗的思想，「佛性自體可全部滲入人性，以形成其永恆精神……。此佛性自體如精神界之太陽，暉麗萬有，爲一切有情、無情之眾生所普遍攝受……。」〔註77〕在方東美的詮釋下，佛家肯定人的內在和原初面貌，將人的來處也等同終向。另外，佛教在大乘佛教以後，是以慈悲心的下迴向俯視現實人生，深感萬物都有佛性，因而發願救渡世界，成精神理想的領域。

對比方東美所詮釋的儒家、道家和佛教得出共同點，是對人生活的世界抱持積極的態度，皆主張回轉現實人生推動理想。從基督宗教的角度看來，人之所以能夠對他人付出與分享，是因爲人持續體驗到神對人慷慨忠實的愛，人因而有了永恆的仿效對象，據此，人也能堅持理想永不放棄。以「關聯圖」做解釋，就是神爲愛而「下迴向」的走出自己。

三、下迴向是奧秘〔註78〕爲愛走出，也提昇人爲愛回歸

方東美在「上迴向」的會合點「高貴人」之處，解釋人的可能性時，以儒、道和佛說明三家的看法都是人能修成一種理想的典範。而人爲什麼能？理由有兩點：一、人在萬物當中的特別珍貴地位。亦即人本質上該當如此。

〔註76〕Thomé H. Fang, *Chinese Philosophy: Its Spirit and Its Development*,（Taipei: Linking, 1981），p. 129.
〔註77〕方東美，《生生之德》，頁310─311。
〔註78〕以「奧秘」來代替「神」，目的是指出神有人所尚未認識及無法解釋完全的一面。

二、是無論人如何地背離神或三心二意的面對神，祂總是平靜地接納，那是永遠的愛。總之，上迴向的終極原因，是神首先下迴向地為愛走出祂自己。

以基督宗教的立場來看，下迴向引導人皈依，也是聖化人的生活之過程。下迴向如同天主子屈尊就卑，降生成人，是一種愛的表達也是愛的極致，為了救贖和治療世界，也為了提昇人成為真正的義子。

人在生活中，常常會感受到對自己的失望，人心裡想的和他所做的總會背道而馳，因此造成與絕對者的分裂和痛苦，〔註79〕為了避開矛盾與減輕痛苦，同時能在有尊嚴與身心靈整體的和諧中平安生活，人只能依靠無限力量的助祐。

神的救恩史有吸引人瞭解和跟隨的過程，可分為「準備的時期」、「啟示顯示的事實」以及「被人接受並努力完成其目的」的階段，包括「創造者」、「救贖者」和「聖化者」。最初，神創造的一切都是美好的，然而，人的罪使之變相，產生惡的問題，以致於造成痛苦，此「罪的狀況」則需要神更深的愛來救贖人；因此，「聖言成為肉身」也是「神」與「人」最完美的實存象徵。如此，該治療也是悔改與被寬恕，能在神的力量中接受身體好壞的變化，無論是健康或病痛，都能活出人生的意義。〔註80〕

另外，如果人在上迴向中因為奧秘的援助而能層層躍升，在高貴人之處匯聚之後，是否指的是人整體性的得到救援，人才會集體的進入「關聯圖」最上端的奧秘之處？在上、下迴向之間，人是什麼？這一個問題方東美並未加以說明，筆者將之保留至第四章一併討論。

綜合而言，生命必須有物質（例如：身體）和精神（例如：靈魂）彼此合一才能成為具體的生命，也才有實現意義的可能。所以，可以確定方東美的宇宙觀絕對不是唯物也不偏向泛心靈，而是，「物質之上有生命，生命之上有心靈的秩序井然之層級演化系統。」當然，這樣的看法已經含有進化論的思想，似乎，這也不足為奇，因為學生時代的方東美就是以〈柏格森的生命哲學〉發表論文獲得碩士學位，方氏在其文章中亦多次對柏格森、德日進和

〔註79〕 Karl Rahner, "Guilt, Responsibility, Punishment", in: *Theological Investigations* I, p. 261.

〔註80〕 Richard Lennan, The Ecclesiology of Rahner,（Oxford: Clarendon Press, 1997）, p. 80ff; see Karl Rahner, "The Church as the subject of the sending of the Spirit", in: *Theological Investigations VII*, p. 188～9.轉引自武金正，〈拉內的人類學與身心靈的治療〉《輔仁宗教研究》，第十四期，（台北縣：輔大），22 頁。

懷德海等人的創化思想有所著墨。因而，方東美是一種創化性的宇宙論與生命觀，實是無庸置疑。於此，進入下一章的主題。

小　結

　　方東美說明「關聯圖」所表達出的是一種廣大悉備的和諧關係，因爲人和宇宙萬物皆出於同一至善的根源，所以，人和世界的所有生命結成一體，共同創進。〔註81〕透過方氏的說明我們能瞭解該圖有幾個重點，其爲神的存在、人的特點、生命的層次以及宇宙的來源和彼此的關係。顯然，方氏自稱爲儒家的家庭傳統，道家的生命情調，佛家的宗教信仰，又兼有西方的學術訓練，其畢生著力的是比較哲學，因此，並沒有落在某一宗派對「神明」有更深刻的描述，但卻肯定神的慷慨施予，以及其無窮之創造力對萬物的提攜，故而，已經回答了萬物存在的理由和方向，那就是「關聯圖」中的由上而下的「下迴向」的貫注力。

　　另一方面，因爲神的精神力量進入人性，故而人內自然而然地有尋覓神的傾向，人在生活歷程當中透過「漸進式的默觀天主」和「回歸原始的一」爲修行法，使人在體驗當中感受愛，以致一步步得到聖化。這是受到奧秘首先無條件地在下迴向中付出自己，所以形成的兩道「上迴向」的動力，也正是方東美所說的「上下雙迴向」的互動。在此前提之下，宇宙的一切才繼續創造和進化。

　　對方東美而言，人的生存樣貌，與其在生活中的皈依息息相關，是動態的受到人的知性才能所影響，因爲人是旅途中的人，人生活，人抉擇，人的知能才性方能不斷提昇。因爲人與神有深的內在連結，因此人能活出神性至善完美的形象，逐層提升。又因爲，整個世界是一體相關的有機系統，個體互相影響，彼此協同躍進，故世界面貌及不斷改變，最後回到生命的根源當中。

〔註81〕Thomé H. Fang, *The Chinese View of Life*,（Taipei: Linking, 1980）, p. 13. 方東美，《中國人生哲學》，13 頁。

第三章 方東美生命觀與西方創化思想的對比

本章的重點，是將方東美的生命觀與西方哲學的創化思想作對比，最主要是揭露在方東美生命觀中受到西方創化思想家，包含柏格森、德日進與懷德海等人的影響之處，凸顯方氏的生命觀之中，生命具有創造、進化特色的來源，同時，認識該特色的神秘經驗元素。

方東美以生命爲中心的「生生哲學」，在中國哲學方面，以《易經》爲主，經過方東美將之與西方哲學融合之後有幾項特色，其爲「生生不息」、「變動」（transformation）、「創造」（creation）與「進化」（evolution）。這幾項特色在柏氏、德氏與懷氏等人的觀點中，皆可找到相對應的觀點，是一種永遠有希望的生命觀，能幫助所有人尋獲更穩妥的生命意義，揭露生命的本質原來是尊貴、開放與前進的。本章有兩大主題，第一是西方創化思想的介紹。第二是方東美生命觀與西方創化思想的對比。

在上述的脈絡中，本章共分爲四節：第一節西方創化思想和生命。第二節與柏格森創化思考的對比。第三節與德日進創化思考的對比。第四節與懷德海創化思考的對比。

第一節 西方創化思想和生命

什麼是西方創化思想？其與「創造說」有何不同？創化思想如何描述生命？這是在這一節當中要討論的主題。

依據「創造說」（creationism）的論點：所有的物種都是由神所創造完成

的，經世世代代不變的傳衍與一脈相承，因此後代與祖先並沒有區別。然而事實並非如此，「創造說」顯然與進化的科學事實相違，因為，生命現象所顯現的生命層次是會隨著生理組織而演變的，對照之下，「創化說」提供了符合事實的理論。〔註1〕

「創化」（creative transformation）一詞含括創造、進化和變化等意義。本節透過對創造和進化的解釋做說明，包含它在歷史脈絡中的發展。而創造因為牽涉宇宙起源的問題，在不同的宗教傳統中有各自的神話和解說。本論文僅以與主題有關係的部分做介紹，諸如"生命的本質"和"人是什麼"做探討，職是之故，共可分為二個子題，一、西方的創化思想。二、生命的產生與人的發展。

一、西方創化思想

在西方哲學肇始之初，其實早存在著與創化思想相反的觀念，然而，經過歷史更迭與不同思想的提出，逐漸形成了今日我們瞭解的創生演化的宇宙觀。本段首先介紹西方創化思想的脈絡，接著介紹創化思想所蘊含之創造與進化的意義。

（一）西方創化思想的歷史脈絡

西方創化思想的進程可追溯自古希臘時期，由不變到變化有歷史的脈絡，以下介紹。

1、帕米尼德斯（Parmenides）。帕氏是西方最早發現思想法則的思想家，從同一律延伸出矛盾律，又從兩者當中引導出排中律，是對「存有」深思冥想所得。有所謂「守恒律」（law of conservation），認為宇宙的終極實在是永恆不變的、不增不減、不生不滅，將「多」視為「虛無」和「幻影」，只承認「一」為真實。〔註2〕主要是連貫了古代的神秘主義思想，是對神秘經驗的體驗所得。

〔註1〕 袁廷棟，《哲學心理學》，（台北縣：輔大，民國95年），55頁。
〔註2〕 帕氏生於伊利亞（Elea），是伊利亞學派的代表人物，在其詩歌當中哲人將「一」和「存在」並稱，把「真理」和「存在」排在一起，方法是「思想和存在的一致性」（To gar auto noein Kai einai），亦即哪裡有思想哪裡就有存在。以思想做為道路去尋找存在的法則成為後世哲學的基礎。鄔昆如，《西洋哲學史》，（台北：正中，民國60年），47頁、《哲學概論》，（台北：五南，1992），106頁。

2、赫拉克利圖斯（Heraclitus,544～484B.C.）。赫拉氏有所謂「萬物流轉」
（panta rei）的學說，承認感官世界的變化莫測，也承認思維世界的
超時空特色，他認為萬物無時無刻不在變化之中。

3、亞里斯多德（Aristotle）。亞里氏以「潛能到實現說」化解上述兩人的
衝突，主張事物從「潛能」到「實現」會有生滅、性質、數量和運動
四種變化，也以質料、形式、動力和目的四因說解釋因果問題。亞里
氏的思想提出重要的概念是數量時間和目的時間，使得其宇宙論是
「目的的演化論」（teleological evolutionism），也就是人所生活的宇
宙，是一動態的、有目的的宇宙。儘管如此，亞里氏的思想仍有所不
足，其一，無法說明宇宙的「創進和演化」（creative advance）是開放
的。另外，不動的動者如何無中生有的創造，也是困難之處。

4、中世紀基督宗教神學。在此時期的宇宙觀是超自然的全能者天主，以
其大能行了奇蹟，自無中創造了宇宙萬物。

5、十七世紀機械唯物論。十七世紀科學興起，科學唯物論視宇宙由物質
構成，在時空中的運動受機械法則支配，完全脫離神聖氛圍。

6、十八世紀到十九世紀。十八世紀生物學和地質學的發達，機械唯物的
宇宙觀受到進化論的修正。進化論與十九世紀唯心論都把宇宙看成是
動態演化的歷程。接著，創生演化的宇宙觀逐漸地發展成為歷程哲學
的思想。這當中的幾位思想家如達爾文、德日進和懷德海的理論都有
劃時代的貢獻。

以上，是對於西方創化思想歷程的簡單介紹，由此歸納出創化思想當中
的幾個重點，宇宙是創造與進化的，而時間、變化和目的性是其要素。稍後
在柏格森、德日進與懷德海創化思想的章節中，這幾個要素也是探討與對比
的核心。以下繼續介紹西方創化思想的意涵。

（二）西方創化思想的意涵：創造與進化

這一小節將從哲學和神學兩個角度介紹創造和進化的定義。

1、創造的定義

哲學上創造的第一義指稱「受造世界」，其次指創造的活動，即自由地產
生出一件事物的整個存有的活動。〔註3〕因為根據有神論（theistic）對創造的

〔註3〕　布魯格編著，項退結編譯，《西洋哲學辭典》，66 條「創造」135 頁。輔仁神

理解，認爲創造是指受造物的產生無需任何先存的材料，創造並沒有真正的轉變，是可以在時間中開始，但未必是時間過程。創造的各種概念中以造物主和受造物的關係爲核心，確認天主雖然不同於世界，卻能內在於世界，而整個世界的起源從屬於具有無限和超越屬性的絕對者，因爲，只有超越存有整體的第一原因，才具有創造的力量。

創造的行動是神的意志之內在行爲，與神的本質沒有區別，其外在功能則影響這個世界，這種外在的影響力並不會讓神發生內在的轉變。〔註4〕而受造的世界，是否會因神停止其支持活動而毀滅呢？答案是否定的，因爲世界以精神的存有爲目標，而精神存有是具有不朽性的。故而，我們可以大膽地說，在神的意願中，包括人在內的受造世界不會毀滅，整個受造的世界以精神的存有爲標的，持續不斷地進化式的存在。

2、進化的定義

「進化」一詞來自拉丁文"evolvere"。此動詞包含"e"（出來）和"volvere"（轉動發揮）。所以，evolution 的基本意思就是"轉動出來"、"發揮出來"的過程。〔註5〕根據這個定義，進化是指生物的種類會變化，該變化與生命的傳遞有關。進化是生物的基本事實，並且一切生物都因互相的傳生關係而彼此相關，因此，生物種類在地球的歷史中逐漸走向更複雜的結構與功能，也向更高層發展。雖然某些種類也可能退化或是逐漸絕滅，但是，宏觀而言，生物的確有向著更高層進化的趨向。

然而，進化如何可能發生呢？有何途徑？進化的途徑有其基本定律，也就是"一切有生物來自有生物"、"一切細胞來自細胞"，這一個定律揭示兩個重點，首先，有生物不產生於現在還發生的腐化物質，而且，並非每一殊種（species）均需由神以奇蹟行動去直接創造。因爲每一個生物都來自一個胚胎或幼芽，幼芽乃由上一代的有機體而生；如此，可以確認一切生物在時間上，尤其是遺傳因素上的聯繫。其次，後代生物離它們的起源越遠時，便與祖宗的機體越不相類似。另一方面，進化是以極其微小的腳步向前的。有生命的有機體具創生能力，會把微乎其微的變化替未來的新組織保存下來，並且使這些變化在新組織中獲得有意義的位置，這就是德日進所說的「有計

學著作編譯會，《神學辭典》，526 條「創造」727 頁。

〔註4〕布魯格編著，項退結編譯，《西洋哲學辭典》，67 條 135 頁。

〔註5〕神學辭典 520 條「進化」，719～722 頁

畫的增加」。而進化的具體途徑尤其是枝節的部分，德日進稱其爲「起源的空白領域」非常具有假設性，將留待本章第三節進行討論。

最後，無可避免地我們要問，進化的最後目標是什麼？有何意義？這個問題必須從進化達到的目標和整體的角度去評價。〔註6〕進化的重點是肉體與精神結合，形成具有位格和有尊嚴的人，或稱爲進化的高峰是人。因爲，從高峰回顧進化的整體過程，我們會發現無數的進化形式與歷程當中所蘊含的複雜性，因而，必須肯定一個「進化的主要軸心」。以此軸心爲中心，生命的產生規律地建立在宇宙的產生之上，而人的產生又規律地建立在生命的產生之上。此外，優先指向人的發展方向卻必須克服下降的方向，那是宇宙中的熱能單位的瓦解與中立化的下降，相對於此，走向人的進化途徑稱爲上昇，這就是"人乃宇宙整體進化的意義之所在"的理由。

綜合而言，創造和進化出自神以及神的支持活動，而進化的高峰是人。

二、生命的產生與人的發展

生命的出現是宇宙從物質到生物的進化過程顯現出來的現象。生命是什麼？尤其人的生命是什麼？這是在這部分要探討的問題，在這裡筆者參考了谷寒松的《神學中的人學》、袁廷棟的《哲學心理學》、潘能伯格的《人是什麼》以及布魯格編著、項退結編譯的《西洋哲學辭典》和輔仁神學著作編譯會的《神學辭典》。以期從綜合神學、哲學和人類學三個綜合的角度，探問生命是什麼的問題。

1、生命的產生

生命有兩個主要意義，其一指內在的活動（actio immanens），其二指使生命具有自我完成的內在活動之力。該活動可視爲一種生命現象，在自然界中表現在植物和動物的生長與繁殖上；在個別生物，顯現在進化的過程中所發

〔註6〕　事實上，大自然的規律和聖經所啓示的不會有衝突，因爲1859年達爾文在《物種由來》一書曾經寫道：「在我看來，所有過去和現在，在世界上生存過的生物，他們的產生和滅亡是由於間接原因。」在結論中，他更加清楚的說明：「造物主最初賦予生命於一個或是數個形體，然後不斷地由這簡單的形體開始演化，而成爲無數極爲美麗、奧妙的形體。」達爾文並非否認神的唯科學，這一番對生命來源的肯定以及對造物主的肯定和讚嘆，在後來的翻譯中幾乎刪除殆盡。Darwin, C.,.*On the Origin of Species*, London: 1859. & *The Descent of Man*, London:1871.

展出來的無數種類，而透過人自身的體驗，生命也表現於有意識地觀察、思考、感覺和希求。〔註7〕這種種的生命現象，依賴生命體傳達出來。生命體是指活的東西，具有生長活動，由不同的部分組織而成，各部分有不同的性質和作用，但彼此互相隸屬，組織成一個整體。部分為整體工作，整體是活動的主體和目標，因為這個特徵，所以生命體也稱為有機體。

有機體表現一些生命作用或生命現象；例如：滋養作用是選擇合適的食物而排泄不合適的，保養作用是發展和自我修護以及適應環境，而繁殖作用是在自己的體內製造種子產生和自己相似的個體以傳宗接代，這些作用使有機體異於無機體和機械，也證明生命體除了物質因素以外，還有生命原素（vital principle）的存在。生命原素領導與管制生物內的各部分與所有活動走向同一目標，使之有整體的完整性，所以能確定生命原素是非物質的（immaterial），且高於物質，也就是一般人所指的「魂」。在亞里斯多德的形質論（hylomorphism）裡，稱為形式因（formal cause）。〔註8〕

亞里斯多德的老師柏拉圖及其師祖蘇格拉底也肯定靈魂的存在並主張靈魂不滅。也就是生命的存在是靈魂和肉身的暫時結合，肉身死亡靈魂永存不滅。尤其是柏拉圖，在其名著《理想國》中表示最高的存有是「至善」（auto to agathon），至善的觀念之下有兩個表象，是「真」和「美」，分別是人們理性和感性追求的對象。柏氏的「分受說」以感官界是觀念界的分受和影印，他認為人之能認識客體是因為靈魂曾在觀念世界住過。柏氏的思考容易被認為是「二元論」，事實上柏氏非純粹是哲學家也是神秘主義者，其思考總含有神秘體驗的經驗在內。另外，近代哲學家笛卡兒在「我思」中獲得「自我」（或靈魂）的觀念，推衍沒有身體時靈魂也能存在的生機論。在這一片相似的聲浪之中，士林哲學提出"生物是由生命原素和物質原素組織結合成的一個完整的存有"。因為，生命原素（魂）本身不是一個完整的存有或是實體，它不能離開物質原素（身體）而獨自存在，它是組成生物的一個基本（屬於本質的）的組織因素，是生物的原始活力（primordial dynamics）。物質原素（身體）接受此活力因素而生命化。換句話說，靈魂使身體成為有機體並表現生命作用，身體因靈魂而成為完整的存有或實體，兩者均為生物的內在組織因素，也就是魂和體相結合，才產生真正的生命體。

〔註7〕 布魯格編著，項退結編譯，《西洋哲學辭典》，196條「生命」309頁。
〔註8〕 袁廷棟，《哲學心理學》，28頁。

生命是什麼？生命必須身體、靈魂互相結合並整合爲一體，方能形成生命的穩定力量。回應科學提出的挑戰，士林哲學進一步修正生命的定義，也就是生命不僅是存有的自我活動能力，更是生命自我完成的內在活動能力，使得生命得以發展。〔註9〕

生命的發展透過三項基本特質表現出來，分別是（1）與其他個體有吸引、排拒、交往和共融的能力。（2）有內在結構和整體性。（3）能不斷努力自我超越，以達到更高形式的自我實現和自我再造。〔註10〕相似於此，神學家田力克（P. J. Tillich,1886～1965）對於生命實現其潛能，提出了「自我的整合、創造和超越」三個功能，首先是生命體有其中心，具有「自我整合」的原則，能將生命的各層面整合爲統合一致的整體，其次，生命願意成長，能自我改變與創造。最後，生命因追求完美與滿足能不斷地超越，是生命進化的現象，終至溯回生命根源。〔註11〕

因此，可以說凡是生命都顯得不停地在變化，這種現象似乎和存有的不變性形成對立的兩端。所以，一般誤以爲生命的最後發展階段是精神，產生了精神和生命對抗、精神只是機械秩序的二種錯誤的印象。事實上，精神是向著一切價值開放的，人的精神生活像其他被造的生命一樣，是自動的一種內在活動，使已經有的發生變化而完美化。另一方面，越是偏向精神的活動它對物質依賴的程度越少，對它自身的改變也就越少，因此，無限豐富的生命就是不變的，是永遠新鮮、永遠自足的生命活動。〔註12〕

那麼，人呢？人的生命又是如何？顯然，宇宙的進化是有目標的，進化的最後目標是人，但是人卻又仍持續進化中，是否有矛盾弔詭之處？因此筆者認爲需要更進一步探究人的本質。

2、人的本質與發展

人的特點是具有反省精神。人因其反省精神本質上向著世界開放，也因爲這本質，人能夠在自由意志中發展。本小節將從語言學的涵意探索人的本質，說明人是具有反省精神的存有，並且，因爲此特質，人也是向著另一絕對存有前進的。

〔註9〕 袁廷棟，《哲學心理學》，33～34頁。谷寒松，《神學中的人學》，95頁。
〔註10〕《神學辭典》，106條「生命」，166頁。
〔註11〕 谷寒松，《神學中的人學》，（台北：光啓，民國85年），96頁。
〔註12〕 布魯格編著，項退結編譯，《西洋哲學辭典》，169條「不變性」276頁，196條「生命」309～310頁。

（1）人的本質：反省精神

人的本質可以根據古老語言的字源掌握到一些基本概念。首先，英文的 man 源自盎格魯撒克遜（Anglo-saxon）語的 Mann，其字根已經無可考，大約是與思想有關。在希臘文中是 anthropos，以前解釋成"向前看者"，現在解釋成"男人的臉"。拉丁文 homo 與 humus 有關，是指由泥土中生成。綜合而言，人是大地的產物，同時超出大地的一切而接觸到更高的世界。人的身體屬於無機物質世界，具有生長、代謝和繁衍的各種機能，人的確是會凋零的自然界的一環。然而，人的精神生活卻超越了大自然，能認識深入事物的內部，能理解存有以及存有的最後基礎，並能認識絕對存有。人的特點是具有反省精神。有關人的出現，學界嘗試提出各種可能的解答，然而，因為宇宙的進化還有一些失落的環節（missing links）尚待釐清，因而無法確切地知道人類到底是何時、何地和何種環境產生的。然而，宇宙有生命出現以後逐漸發展進化，到人的出現開始具有反省精神，此特點對生命體而言是一種全新的產物。

人在精神和肉體的結合以及位格尊嚴上，跨越進化產物的常態，形成進化以內的再化（re-volution）。此現象使人不得不思考有一個超越原因的存在。因為，使某些事物中產生一種原來沒有的新東西之行動，就被視為創造。這就是本文稍前所說創造的行動，該行動是不需要任何先存材料就能使受造物產生，是凌駕於存有整體，在根本上涉及受造者的整體存有之無限、超越與永恆的力量。人在本質上就是向著這永恆的無限力量進化的。

（2）人的發展：對世界開放

人的精神使人有特殊的尊嚴，形成不可侵犯的位格，該位格的不朽性使人追求超現世的目標，即人具有的趨向於無限的本質，易言之，人是向著無限超越的有限精神。〔註13〕在人類學中，這種人獨有的、超越自己的此在之一切現存規則，而提出問題和向前推進的狀態，叫做「對世界開放」。

「對世界開放」有一體兩面的意涵。一方面是指人對新的事物、對新鮮的體驗開放，另一方面指對超越世界的開放。

對新事物和新體驗開放，人才能逐漸明白瞭解自己。因為人發現自己的身體和其他事物具有一定的聯繫，為了認識自己的需求並弄清楚自己究竟要什麼，人必須探索世界，在世界生活體驗——亦即人對新事物、新體驗的開放，

〔註13〕布魯格編著、項退結編譯，《西洋哲學辭典》319 頁。

才能找到可能的答案。隨著體驗的不斷前進，人的需要也會改變，在此過程中人才能夠逐漸明白自己。因此，只有從世界出發，人才能體驗自身。〔註14〕

　　而對超越世界的開放又是什麼意思？人必須自己決定要把自己的時間以及在某些情況下把自己的生命投入到什麼樣的目的之中，人必須自己尋求自己的使命，弄清楚自己希望什麼。而在探索追問自己的使命這個問題上，人的各種回答最後顯示這些答案都是暫時性的，人無法在當中得到滿足和安定，因為這種不滿足逐推動人繼續尋找，這種無止境的開放性，超越了人在世界所遇到的一切，目標指向神。〔註15〕甚至，即使人已經獲得神，人還會在追求中保持對神的無限依賴，只有在這個目標中，人對世界的開放才成為有意義，人的追求才能得到安寧，使命才能得到實現。〔註16〕

　　因為，人其實是全力以赴地在維持和實現他們自己，並且試著為自己謀求生活中的一切豐富性。也就是說，人不斷地努力於各種任務、獲得肯定和成就，並且享受它。人越是殫精竭慮地投入當中，人就越能在這些事情上實現他自己，如此，每個人都只是在和他自己的關聯中變成他自己的中心。因而，人擁有世界的時候也被世界攫取，其結果就是人遺忘神。人遺忘神最深刻的原因就是人的自我中心性，〔註17〕而要克服自我中心性的方法，是讓自我專注於一種更廣大的生活整體。更廣大的生活整體，是把自我中心性和對世界開放性之間的對立組成一個合理的整體的統一。〔註18〕也就是整體現實的協調一致。所謂現實，指的是從我們自身出發向未達到的，不斷地超出自身的目標。這種追求自我與現實的一致性，一再引導我們超出我們已經達到的一切，也引導我們在追求一致的整體當中，一日日趨向完善並和一切事物

〔註14〕潘能伯格，《人是什麼》，（香港：道風，1994），19～23 頁。

〔註15〕對神的開放，是因為人在開放當中進行各種創造，但是，人通過自己的這些創造並沒有得到最終的滿足，人只是不斷地以新的代替舊的，每一種創造都是過程中的中間點，最後不免都拋在後面，人的追求開放持續地指向不確定的東西，這個不確定已然超出生命實現過程中的每一個已經達到的階段。換句話說，人除了和生物與動物一樣依賴食物、生存條件和周圍世界以外，人的需要沒有界線，人這種持久的需求和無休止的依賴也就相應到無限的對象，這個對象在人的語言當中表述為神。

〔註16〕潘能伯格，《人是什麼》，19～29 頁。

〔註17〕自我中心性同時有兩個意思，一是人對生活的癡迷投入。一是人的飢餓、性衝動、權勢和慾望等，為了自我維護而併吞周圍世界的動物性。

〔註18〕這種對立性指的是人的存在一方面向著世界開放而為了自我維護人又會自我中心，但也為了自我維護而需要向世界開放，是一種弔詭的情況，也是辯證的。

保持和平，結果就是成為在真理當中生活的人，這正是人的使命目標。〔註19〕

所以，對世界開放的核心是對神的開放，人之所以為人，也就是這種經由世界趨向神的運動，在這種運動中，人就處於實現自己的使命、實現與神同在的旅途之中。〔註20〕話說回來，人是否可以拒絕向世界開放呢？方東美也曾提出人的封閉和疏離的問題，對人的發展和未來有影響嗎？

人是人的世界的創造者，人在歷史過程中藉由勞動、工作和活動創造文明，因而人與環境與大自然脫離不了關係，人在生活中展現物質、生物、精神、大我和超越等五個向度的關係，五個向度關係的核心是心，在此，人和絕對者有所感通，也是人的自我意識和位格的中心，人透過這個中心感知和決定自己的行動。人是自由的，人在其自由的意志中逐漸地自我實現，在歷史過程中實踐道德生活，因而彰顯人的價值，創造和改變人的歷史。而人的世界有當代的共時性和歷史過程的貫時性，兩者相互滲透彼此影響，因此，人類整體可說是在前進的過程中。

人的存在基本上就是向著世界開放，也因人的自由意志而有自由的行為，逐漸地實現獨一無二的自我。該自由包含人能使其精神生命超脫一切極限，超出自我，為了他人本身而愛他人，也為了神本身而愛神，如此，人真正的生活在自己的使命當中。〔註21〕

綜合以上所述，無論是西方哲學的、神學的或是人類學的立場，都指明生命是開放的，也可歸納出和方東美相同的幾個看法，其一，整個世界都在不斷的創造和進化過程中。第二，生命是物質和精神的統一。第三，人具有宇宙中最高的地位就是：「人是萬物的靈長。」〔註22〕人既在動態的過程當中，那麼，人性本身是否繼續不斷的進化呢？進化可有終點或是永無止境呢？為何會有進化？是否出自一個全能者的計畫？祂又如何創造這個世界呢？

今日的神學認為，天主啟示給人的是以創造的“由來”和“為何而來”為主的問題，“如何”創造的問題顯然是一種未解的奧秘。至於創造“從何而來”以及“為何而來”的問題，德日進和拉內神父對此有精闢的見解。而法國柏格森的理論則奠定目的進化論的基礎，在以下各章節將會陸續討論。

〔註19〕潘能伯格，《人是什麼》，76～79頁。
〔註20〕同上，72～73頁。
〔註21〕潘能伯格，《人是什麼》，79～80頁。
〔註22〕方東美，《中國人生哲學》，86頁。

第二節　與柏格森創化思考的對比

　　柏格森是二十世紀上半葉，對法國及全世界哲學界有重要影響力的哲學家，被稱為法國「非理性主義」（irrationalism）的主要代表，倡導生命哲學，具有強烈的神秘主義色彩，其哲學的使命是為解決關於宇宙和人、物質和心靈的問題，提出「直觀」（intuition）、「綿延」（durée）和「生命衝力」（élan vital），以上的看法皆能與方東美產生對比。

　　為能瞭解形成柏格森思想的背景和過程，首先介紹柏格森的生平背景，其次進入其生命哲學，最後對比和詮釋其與方東美的相關性。本節共分為三個主題。一、生平背景。二、柏格森的生命哲學。三、柏格森與方東美生命哲學的對比。

一、柏格森的生平背景

　　亨利‧柏格森（Henri Bergson, 1859～1941）出生於巴黎的音樂家庭，父親是猶太裔的波蘭人，母親是愛爾蘭籍的猶太人，自小受典型法國式教育，對哲學、數學、心理學、生物學和文學皆有濃厚興趣。高中時數學成績表現優異超越同儕，畢業前應徵一篇數學的論文，因為解題有特殊的創見，除了獲得「數學年報」的獎學金以外，還史無前例地被全文刊登。1878 年進巴黎高等師範學院（École normale supérieure），轉攻人文科學，〔註23〕三年後獲得哲學碩士學位和哲學合格教師證書，當時柏格森二十一歲。畢業後十七年間皆任教於中學。

　　在擔任中學老師期間，柏格森有兩本書出版，分別是 1889 年的《意識的直接材料》（*Essai sur les données immediates de la conscience*，英譯題名為《時間與自由意志》*Time and Free Will*，1910）以及 1896 年的《物質與記憶》（*Matière et mémoire*，英譯同名，1911），前書使其獲得博士學位。1897 年回師範母校執教，1900 年，柏格森四十一歲，受聘為最高學府法蘭西學院的教授，主持哲學講座直到 1921 年，六十二歲退休。〔註24〕

〔註23〕柏格森數學表現優異卻轉往哲學發展的關鍵因素，是為解決「時間」的問題。《二十世紀皈依天主的名人列傳》第二冊，（台中：光啓，民國 45 年），4 頁。

〔註24〕以上資料整理自 2008 年 1 月 28 日的王曾個人網站：「柏格森的生命哲學」。韋漢傑：「柏格森的創造進化論」（http://www.voy.com/154766/2/326.html）。中國大百科智慧藏，「柏格森」詞條。百度百科，「柏格森」詞條。吳康，《柏格森哲學》，（北市：商務出版，民國 55 年），3～5 頁。

　　柏格森在法蘭西學院的講學極受巴黎中產階級的歡迎，曾引起柏格森式的熱潮。因爲十九世紀後半期開始，德語區興起唯物論，法語區發展了實證主義，英語區盛行著進化論和功利主義，連新大陸的美洲也籠罩著實用主義。這些唯物、實證、實用、進化和功利主義有一項共同的特色，就是反對形上學，〔註 25〕使得生活與生命根源失去連結，倫理道德頹堂。而在柏格森的講課中，人們感到認知獲得昇華，並且找回形上學。

　　柏格森任教法蘭西學院期間，除了持續發表創作以外，也參與投入國際社會的責任。於 1900 出版《笑的研究》（Le rire），探究生活中的藝術元素喜劇，是一本幽默詼諧的著作。1901 年當選爲倫理政治科學院的研究員，1903 年，四十二歲，出版《形而上學導言》討論直觀方法認識實在的各種過程。

　　1907 年，四十八歲發表了著名的《創造進化論》〔註 26〕（L'évolution créatrice，英譯同名，1911），柏氏以該書建立其創造的進化之哲學理論，該書十年間發行二十一版，讀者由學術界遍及一般讀者，被視爲替思想界開闢了新的時代。1914 年當選爲政治科學院的主席，同年並膺選爲法蘭西科學院院士。第一次世界大戰期間，以學者的身份進入政界，歷任西班牙和美國大使，1919 年擔任法國政府文教最高會議委員，1922 年擔任國際聯盟文化合作委員會首任主席。

　　1928 年，柏格森七十歲，獲得諾貝爾（Alfred Bernhard Nobel, 1833～1896）文學獎，〔註 27〕此後，將其關注重心轉往宗教，晚年接近天主教會但並未領洗，〔註 28〕1932 年，七十四歲出版《道德與宗教的二源論》（Les deux sources de la morale et de la religion，英譯同名 The Two Sources of Morality and Religion,

---

〔註 25〕鄔昆如，〈書評：莫詒謀《柏格森的理智與直觀》〉《哲學與文化》372，2005 年 5 月，99 頁。

〔註 26〕簡稱《創化論》，1907 年法蘭西大學出版社發行，是柏格森生命哲學的重要著作。

〔註 27〕該獎屬於諾貝爾基金的各種獎項之一。諾貝爾是瑞典著名的發明家和化學家，共獲得 85 項發明的專利權，遺囑中要求將其財產（超過 3122 萬的瑞典克朗，約合計 1250 萬克的黃金全數捐贈設立基金，頒贈給一年當中對人類有最大貢獻的人。百度百科網頁，「諾貝爾文學獎」詞條。柏格森獲得該獎時已受風濕之苦多年，該獎金送至巴黎由法國政府派員送往柏氏寓所，柏格森宣稱其病爲「我的多種風濕病」，病中仍著書不輟，沒有見客，由夫人轉述並代爲接受。

〔註 28〕柏格森在遺囑中描述，他在天主教的信仰中看到猶太教的最終圓滿，並幾乎改信天主教。問題是當年他意識到一股反猶太的潮流正在興起並預知其勢必成爲世界性的潮流，因此沒有公開正式領洗，大英百科全書 1959 年，「柏格森」詞條。轉引自吳康《柏格森哲學》，10 頁。

1935），說明生命的進化過程和分歧。1934 年，柏氏時值七十六歲，完成《思想與動力》（*La Pensée et le mouvant*，英文譯本爲《創造的心靈》（*Creative Mind*，1946），討論思想研究方法，除了演講稿以外，也將〈生命與意識〉改題加以發揮，收錄其中，是柏氏的最後一本著作。

在如此豐富的人生經驗和著作的襯托下，一般人可能會誤以爲柏格森是天之驕子，人生之路順遂騰達。事實上，柏格森不是誕生在富有之家，成長過程也不是一帆風順。老柏格森是一位作曲家，對作曲家而言，七個兒女是頗具重量的負擔，但是柏氏雙親的待人處事爲孩子提供良好的學習模範。老伯格森謙虛而且常幽默地自我解嘲，母親做事專注有崇高道德，陪伴音樂家的先生怡然自處。柏格森在求學期間，時常得到優秀獎學金，被稱讚爲是表現出色又彬彬有禮的學生。直至成人，柏格森在進入法蘭西學院之前，有兩度申請巴黎大學的教職未被錄用，48 歲出版《創化論》之後，四面八方的討論和唇槍舌戰，隱藏受排擠的憂慮。而柏格森的長女，具有繪畫和雕刻的天分，但是卻天生失聰。

1925 年柏格森六十五歲，開始飽受風濕的折磨，雙腳不良於行，忍受病痛拒絕會客，專心完成最後兩部著作《道德與宗教的二源論》和《思想與動力》。1941 年，八十二歲，在德軍佔領下的巴黎街頭等候登記爲猶太人，寒風中感染肺炎，同年 1 月 4 日辭世，沒有葬禮儀式與致詞，只有沈默的追思和懷念。〔註29〕

由此可見，柏格森並非擁有得天獨厚的優勢環境，而是將自己投身在社會人類的需要上，竭盡所能，且謙卑地接受任何的現實狀況。在柏格森的生前和死後其生命哲學都有重大的影響力。

二、柏格森的生命哲學

柏格森被喻爲 1859 年上天賜予西方世界三位先知之一，〔註30〕提出"在

〔註29〕黃雪霞主編，《哲學與文化——法國哲學：柏格森專題》，（台北：哲學與文化，32 卷 5 期，2005），3～8 頁。

〔註30〕這三位先知都在 1859 年出生，分別屬於德語區的現象學大師胡塞爾（Edmund Husserl, 1859～1938）、英語區的實用主義大師杜威和法語區的生命哲學大師柏格森。因爲西洋文化發展到十九世紀後半期，在德國產生無視於精神生命尊嚴的唯物論，英美出現了揚棄仁義道德的功利主義，法國興起了宣稱科學高於道德宗教的實證主義。所幸這三大語區分別有胡塞爾提示了精神生命的意識主體，奠定了知識論的本體論基礎，並以之補足了唯物思想的偏差。而杜威擴建了實用在人生哲學的意義，化解因爲功利而

物質中能看見生命，在生命中又能窺見精神"的思想，開展了精神生命的境界，重新奠立道德和宗教在人類生命中的意義和價值。並透過對本能、直觀與理智〔註31〕的探討建立其生命哲學。

「生命哲學」（Lebensphilosophie）顧名思義是以生命為核心，關注生命的全面意義。柏格森藉「生命」一詞反對機械主義、唯物主義和預定論，也就是反對只看外表不談內容，只用公式和機械能力來解釋一切現象而忽略了生命之全盤意義的現象體系。柏氏把精神哲學推向生活的體驗，是一種精神的轉化，使戰後的人類相信價值，有新的力量以新的方式行動和生活，其生命哲學在實證與唯物思想風行草偃之際提出，有其時代性的意義。重思想輕物質、反對理性主義是特色，其中心思想是以直觀方法認識意識綿延，指出生命衝力為宇宙進化的原動力，建構其創造的進化之新哲學理論。此理論的具體內容見於柏氏的《意識的直接材料》、《物質與記憶》、《創化論》以及《道德與宗教的二源論》四大著作中。

本節根據柏格森的四大著作所提出的主要觀點，作為柏格森生命哲學的介紹，一共分成兩個子題，一、直觀方法與生命衝力。二、意識化過程與創化的關係。

（一）直觀方法與生命衝力

柏格森的「生命哲學」也可稱之「生命演化哲學」，採用變化進程的觀點看世界。在當時，理性主義和科學主義是尋求真理所標榜的權威精神，柏氏雖然也致力於探索真理與實在，卻舉起反理性〔註32〕的旗幟，認為「直觀」才是認識世界整體和人存在的方法。整個宇宙世界因為無所不在的「生命衝力」的作用，而處於不斷生成的狀態，此思考的兩個核心概念是「直觀」與「生命衝力」。

1、直　觀

直觀方法是認識綿延的途徑，而綿延又稱真實的時間，依據綿延人能認

失去人性的思想桎梏。鄔昆如，〈序〉《柏格森的理智與直觀》，（北市：水牛：民國 90 年），i—ii、iv 頁。

〔註31〕理智和本能都是天賦，後者是自然沒有分辨的思考，前者則提出問題為了瞭解世界和生命的變化。對柏格森而言，直觀是一種反向的理智力發展作用，也是深遠的注意和反省而能直接認識實在。

〔註32〕理性的方法是分析，虛構了事物的表象，扭曲了人對事物的認知。此方法在科學主義的時代一直被沿用。

識眞我的本性，這是柏格森在《意識的直接材料》書中的主張。

（1）直觀是方法也是體驗，能認識生命根源

什麼是「直觀」方法呢？所謂直觀，是對生命演化的體驗，是「精神看到精神」，是體驗生命衝力不斷地往上提昇，其也是神秘經驗的來源。直觀是「看見」（vue），是單純對外在事物的知覺（perception extérieure），或是與實在「接觸」（contact），是直接把握實在，是一種自動自發的能力（spontanéité），因爲是直接的接觸實在，所以是不能錯的能力，也是不可分解的能力，柏氏稱之爲「獨具一格」（sui generis）的認知活動。從心靈方面而言，直觀是不透過媒介直接意識到實在、直接把握實在，此實在，是內在於生命中的生生不息的力量，人藉著直觀能夠體驗生命根源。〔註33〕

當人直觀其生命根源，一方面直觀生命現象，一方面掌握其生命生生不息之理，有時可達至意識的邊緣，進入心靈介於有意識和無意識的境界，直觀其生命根源，此時是心靈與客體的融合，生命最根本的實在。在直觀中，心靈接觸絕對，這種深入的體驗是直接把握，不屬於概念化的認識，無法以語言表銓，只有親身體驗。至於，直觀的對象，也就是生生不息的生命在演化過程中所展現的性質，柏格森以「綿延」稱之。

（2）綿延是意識作用，綿延能認識內在活力

綿延是意識作用的持續衍進，也就是各種意識作用的不斷變化前進，它是直接連續的經驗，也就是人內在生活持續不斷的狀態，客觀而非人格的意識。然而，綿延又是綿延劃過的痕跡而非綿延本身，綿延的時間是內在生命連續不斷的狀態。綿延是演化過程的延續，演化的過程則是創新的過程。如同人對自己生命的體驗一樣，當人反觀內心，發現在心中的是流動不已的圖像、觀念思想和感情事件的川流不息，這樣的生命流動必須依賴超理智的感應能力，才能認識其內在活力。「綿延」也是具體的時間，是可量化的時間，是直線型的發展過程，以及變易延續不斷的過程，而變動不已中的「綿延」就是「實在」。因此，我們可以說，柏格森的直觀是一單純的活動，是心靈直接把握有限精神在不斷的變動中之「綿延」。〔註34〕簡言之，自我或是內在生命的持續狀態稱做綿延，它是生生不息的變化，在人身上綿延是意識化的過

〔註33〕高凌霞，〈柏格森論密契思想與宗教〉《哲學與文化》32 卷 5 期，（台北：五南，2005），45～46 頁。

〔註34〕同上，46 頁。

程，形成創造與進化。而認識此狀態的方法是直觀。〔註35〕

　　柏格森在第二本著作《物質與記憶》當中，應用直觀方法於「記憶」，做為解決心物關係形上問題的途徑。該書主要是討論精神與物質，藉著對記憶和知覺的心理分析說明心與物之間的關係。記憶主要是保存過去，而純粹記憶保存著過去所有的一切於精神狀態中，所以，純粹記憶是一種精神能力，但精神不屬於物質，所以在腦中沒有一個位置，而腦是知覺接觸外物的媒介，也是行動的總指揮中樞，知覺和記憶藉著腦作為聯結而發生交互作用，柏格森藉此說明精神和物質之間的關係，而導入形上學的心物關係。〔註36〕

　　心物關係如同身體和心靈，身體受制於所處的時間和地點，心靈不會受空間所限制，也能在時間中綿延繼續，但是心靈需要依賴腦，才能展開一切活動。知覺碰觸對象停留於現在，記憶藏著過去成為精神，兩者透過腦為中介，使純粹知覺過渡至記憶，因此物質而轉進成為精神。《物質與記憶》主要即在說明精神與物質的不同，最後以綿延繼續的功用，使心物結合。綿延正是意識狀態的持續不斷，綿延組織聯繫而產生自由活動的創造，是所謂的生命衝力。

　　柏格森根據生物、心理學探討本能、理智和直觀的各種意涵，建立其創造進化論，說明一切種類變異的深遠原因或是新種類的創造，都是「生命衝力」所推動。因此，生命衝力成為柏氏生命哲學的核心概念之一。

2、生命衝力

　　「生命衝力」是推動演化的力量（énergie），生命衝力的根本原因是嚮往絕對；以上兩點是生命衝力的最大特色。

（1）生命衝力推動生命演化

　　「生命衝力」是柏格森於《創造進化論》中闡述的重要觀念之一。該書依照生物學的觀點，由植物、動物到人類，從本能演進到智力，指出生命衝力是生命變遷進化的原動力。而這個原動力的來源和發展目標為何？柏格森認為，進化是過去的實在繼續到現在而產生，綿延聯結現在和過去並且持續變遷。只要是生物都具有這種特質，又和生物的意識息息相關，所以生命是有意識活動的表現，是不斷地創造，這也就是進化的根本原理。

　　柏格森的進化思想以「實在」是永遠的變易，變易是一無窮盡的長流，

〔註35〕吳康，《柏格森哲學》，25頁。
〔註36〕同上，11～12頁。

進化也就是變遷的永遠繼續，這個變遷是純粹動力，而該動力就是生命衝力。《創造進化論》一書，是柏格森根據科學資料，對生命進化所做的哲學研究得到的理論，稱之爲「創造的進化」。柏氏認爲宇宙的進化過程，由無機物發展爲有機物，再產生完整的生命。而生命進化的程序，植物是還在低感的昏昧狀態，動物和人類則產生了本能與智力；這由昏昧經過本能到智力的過程，並不是一條直線的三層級，而是一個共同活動力所產生的三種不同方向的發展，主要是「生命衝力」的推動，向前邁進而產生新的事物和新的境界，稱之爲「創造與進化」。一言以蔽之，《創造進化論》主要關鍵是時間、創造和綿延，通過直觀加以把握的一種連續的，自我展開的創造性進展。

創造與進化的觀念，也可見於《道德與宗教的二源論》一書。柏格森認爲進化過程由本能而理智又昇華融化到神秘直觀，其進程有不同的結果，是爲封閉社會與威權道德以及開放社會與愛人愛己的精神生活。封閉社會是機械觀的靜態宗教，開放社會是活力的動態宗教，後者出於神秘家的內觀生活。

柏格森由生命的進化論推論人類的道德和宗教。道德有社會的群性和個人行爲兩重關係，因爲義務而產生聯繫。社會生活的進化程序則有動物的本能生活和人類社會的理智生活兩種形式，後者使前者轉化爲習慣，產生約束力而有了義務，該義務就是道德。依照本能生活，只關心一己利害者爲封閉社會和威權道德觀，產生靜態宗教，根植於機械觀，是爲宗教制度。愛人愛己者爲開放社會的精神生活，產生創造性的道德和動態的宗教，源於直觀功能的活力觀，也就是宗教精神，來源是神秘主義者的靈修生活。神秘思想說明神是愛，愛是目的。愛向前行動，向前創造，這是神的恩寵聖化作用，也就是神秘直觀，即生命衝力，產生創造與進化。

柏格森主張，只在精神對精神的直接洞察中才能認識眞正的實在，柏氏從對象和方法上將科學和形上學分開，指出科學的有限範圍，也說明形上學在傳統上過於靜止和僵化。柏氏所建立的新形上學，用變化的觀點看世界，更加地接近實在，此種觀點是一種開放的過程，宇宙處於不斷地變化和生成的狀態，整個世界也在不斷的生成變化，這其中的力量就是充滿整個宇宙的生命衝力。生命衝力是一種精神和意識的不斷創新。〔註37〕

生命衝力與生命的演化過程息息相關，最直接的，也就是人對自己生命的體認。當人回到內心，反觀自己的生命，方能覺察生命的動向，藉此掌握

〔註37〕柏格森的生命哲學個人網站，20080128，第2頁

生命衝力的性質，它是一種持續性，往上提昇的傾向。柏格森主張，生之衝力充滿著宇宙萬物，使一切得以向更高的生命發展不息。〔註38〕生命之脈動，川流不息，變化萬千，但是綿延不絕，而變化的過程後面，有一股動力促成人日常生活中的各種行動，創造人生命中的各種變化，因而，人的舉手投足都是創造的行動。〔註39〕由內心的體驗而直觀生命，再以同理之心光照宇宙之變化，發現這股力量在演化過程中，形成各種生命類型的動力，其主要的動向是往上提升，往更高的生命層次發展。生命衝力往上提升的傾向，使生命類型由簡單而複雜，繼續演化至無限，但是創造並不是憑空捏造、無中生有的。生命以元質爲起點進行演化，該事實形成生命中某些必然的條件，使生命體成爲封閉的個體，但生命衝力自由自主的性質，使之能衝破限制以求生命的不斷發展。〔註40〕

（2）生命衝力的根本原因是嚮往絕對

生命衝力的發展方向是向上提升，但生命衝力也有疲竭之時，遇到阻礙時則下降沈澱而成物質。其往上提昇的動向，使各種生命類型呈現，其次是物質的形成。之所以能往上提升的根本原因是因其嚮往絕對，而物質是生命衝力多寡的問題，當生命衝力往上衝時形成張力（intension），衝力中斷時張力舒展就往下沈澱形成物質，物質之沈澱和舒展使演化的物體由單純而複雜，元質也因其作用而有了主動的創生力。〔註41〕

簡言之，生命衝力推動宇宙的演化、人類社會的形成、宗教制度的建立，以及，對絕對存有的嚮往，以致在神秘經驗〔註42〕中與神結合，這是柏格森所思考並據之建立的思想體系。〔註43〕生命衝力的基礎在於創造的需要，它一開始就含有本能和理智兩種因素，而一切事物的繁衍和變化就像一道沒有

〔註38〕 項退結，《現代中國與形上學》，41 頁。

〔註39〕 Maritain, *La philosophie bergsonnienne*, p.203.轉引自高凌霞，〈柏格森論密契思想與宗教〉《哲學與文化》，46 頁。

〔註40〕 高凌霞，〈柏格森論密契思想與宗教〉，46 頁。

〔註41〕 Maritain, Op.cit., pp.113～128. 轉引自高凌霞，〈柏格森論密契思想與宗教〉，47 頁。

〔註42〕 根據一些有過神秘經驗的神秘主義者分享，人在進入神秘經驗以後感覺到在內心深處找到神，也如同心靈飛出奔向神。天主教聖師大德蘭的《七寶樓台》也是如此，是人進入神秘經驗中從內心深處體驗到的各種經驗，包含有豐富的內涵。而密契經驗強調人和最高本體的冥合，爲了有所區分，除了書名以外，本文一律採用神秘經驗。

〔註43〕 高凌霞，〈柏格森論密契思想與宗教〉，43 頁。

終點的意識之流，交互著各種潛能，越過物質達到進化。因此意識是自由的，在人類身上意識可以是理智也能是直觀。〔註44〕直觀向著生命精神前進，理智則以安排調整物質的行動爲主，人需要整合理智和直觀，使其和諧發展；但是，現實生活中，人類的理智常勝過直觀，使意識習於物質而不自覺地變成慣性，因此需要意識化行動，才能提昇人格，一步步完成自我的創化。

　　綜合而言，人的生命衝力就是意識，衝力的凝聚之處就是精神，在演化的過程中，不免因爲理智塑造物質的特質而使生命衝力受到阻礙，然運用直觀方法能突破界限認識絕對精神，產生更深的創化。

（二）意識化過程與創化的關係

　　「意識」（consciousness）在柏格森的創化思考中，佔有不可忽視的地位。對柏氏而言，演化的最高階段是意識的產生。〔註45〕意識又和選擇能力息息相關，選擇又決定於自由的程度。因此，柏氏的創化觀點，意識與自由相互影響，生命衝力即爲意識之流，引導生命突破界限凝聚成精神。在這裡，筆者要說明意識化爲什麼是演化的最高階段？意識化如何與創化有關係？

1、在意識化的過程中創造與進化

　　從人的立場出發，創化可說也是意識化的過程。柏格森根據生命演化的過程論述生命的創化，推論演化過程共有三個階段，首先，每一個新階段的形成都是因爲統合了原始生命，所以能突破限制，往上提昇，從物質因素中解放出來。其次，新階段的生命在提昇的過程如果遇到阻力時，又會往下沈澱，因此，每一階段的生命類型，具有相近類型的特點，就像人的動物性。最後，演化的最高階段是意識的產生，有了意識，就有發明與自主的能力，〔註46〕自主的能力就越高，人就越能解除物質的束縛而自由行動。換句話說，柏格森的生命創化觀，是統合前階段的生命才能產生新階段的生命，意識的狀態則關係人自由的程度。有學者認爲，直觀如果是柏格森的方法，則自由就是它的內涵，因爲，柏氏認爲當我們的行動出自我們整個的人格時，當動作把人格表達出來時，當動作與人格之間有不可言傳的相似性時，我們就是自由的。〔註47〕自由，是柏

〔註44〕吳康，《柏格森哲學》，114～115 頁。

〔註45〕高凌霞，〈柏格森論密契思想與宗教〉，47 頁。

〔註46〕發明是利用物質以創造工具的技巧，而自主能力的高低標準要看選擇能力，知識越豐富，選擇的對象越多，

〔註47〕莫詒謀，〈柏格森的自由思想〉《哲學與文化》，（台北：五南，2005），23

格森在《時間與意志自由》的主題，他主張人有自由，人的自由在於內心的意識，也就是人的內在生活。

「時間」也是柏格森創化思想的重要元素，柏氏將時間做了區分，與其理論相關的一種是「性質的時間」，也就是人所體驗的時間，是由生命內部發揮出來的，是動作的，形成一種不可分割的進程，〔註48〕而這種生命的連續狀態就是「綿延」。「綿延」不是現在已完成的圓滿，身體本體在繼續變化，心靈的活動也繼續在變化，時間的綿延是生命繼續在動，而使生命綿延產生且持續變化的是記憶，因為，記憶把人一生的變化連繫起來，前後結成一貫，所以，記憶是生命的實際綿延。每個人的生命透過記憶實際連貫起來。〔註49〕綜合言之，綿延是生命，生命是生命衝力，宇宙內有生命衝力，在一切物體中，作為物體的動力。宇宙因著生命動力乃有進化。生命衝力由一代傳到另一代推動變化，宇宙乃有物種、靈的進化。

"進化"在人類是自我創化，人以其自由意識參與自身的創造與進化。柏格森認為，我們的個性會不斷地自我創化，人們應該把自己放入"純綿延"當中再認識自己。「綿延」講的是一種內在生命，每一瞬間都是過去的終了及未來的開始，是一種不可分割的連續變動，一種整全的概念，每一片刻的整全是自由自主的全人格之實現。〔註50〕「綿延」概念的特性，和人的意識化相似，意識也是連續的，在歷史當中，人意識到自己的身份和位置，也會意識到自己的使命，透過不斷的意識化，人逐漸深入領悟自己存在的價值和方向，在意識化的過程中，人認出自己的使命。

2、創化的動力出自神

柏格森的生命演化觀點，是生命體的內在有一股衝力，該力量在生命進化的過程中，促使生命的演化過程能綿延不斷，持續發展。因而，可以說，存有就是生命衝力，是人的內在性質，是意識的，是自由的。在人的生活過程當中，不會發生兩件完全一樣的事，人生是一條不能割斷的連續，是一種「綿延」，這綿延最主要的內容是自由，人生每往前進一步都是自由抉擇的一段里程，都是

頁。

〔註48〕潘梓年，《時間與意志自由》，（台北縣：先知，民國65年），163、169、195～196頁。

〔註49〕羅光，《生命哲學再續篇》，（台北：台灣學生書局，民國83年），92頁。

〔註50〕莫詒謀，〈柏格森的自由思想〉，17頁。柏格森，《時間與意志自由》，（台北縣：先知，民國65年），195頁。

一步創造性的發展。〔註51〕生命是一種有組織的「生長」和「進步」。綿延是整個的生命，認識生命需要親身體驗，體驗的方法是直觀。絕對的自由能使直觀直達事物的中心。然而此事物中心又是什麼？它和創造力有什麼關係？

　　1907 年柏格森發表《創化的進化》時，初次並未清楚地交代其所謂的「創造力」究竟為何，後來經過一番討論後，柏格森說明為，進化本身並無創造能力，而是創造在進化中發生。爾後，在 1912 年對於「生命衝力」則有更進一步的確認，他說：「『生命衝力』係天主透過進化所顯示的創造力，〔註52〕而物質只是精神作用的條件。柏格森的生命衝力，不但運用到人身上，而且以人為中心伸展到世界的一切存在。這種生命活力，是要我們走回自己內心，回歸到事物的內部，與生命的衝力接觸，因此真實等於變成人，就是將變成自己者，神也是那位將變成自己者，世上的一切都是那變成的結果，都是無靜止的生命，都是純粹的行動，絕對的自由。神就是創造性的生命衝力，一切萬有都從祂而出。〔註53〕

　　那麼，是不是生命衝力有主動和被動呢？是否神的生命衝力屬於主動的創造萬物，也使萬物具有生命衝力，而萬物的生命衝力屬於被動的，需要透過直觀方法，將靈魂提升到另一層次與神的生命衝力會晤，人得以整合成全？柏格森的名著《宗教與道德二源論》也提及：「愛不單是人類要去愛上帝，而且是上帝要去愛所有的人類」。〔註54〕如此，柏格森的生命衝力與直觀走向神秘經驗。而神秘經驗需要意識化的過程幫助人領悟，透過領悟再持續創化自身的生命。

　　所以，我們可以說，在綿延中生命創造進化，人在意識的綿延過程透過直觀接觸絕對，使生命提升發展。而生命的進化或提升就是生命衝力，來自天主的創造力。結合上述柏格森的觀點，以下將其對比方東美思想。

三、方東美與柏格森的對比

　　方東美與柏格森兩人的相關有多處，本段分做四個重點說明。1、皆同意物質和精神是合一的。2、皆具有泛神論色彩。3、皆認為生命是動態的生生

〔註51〕鄔昆如，《西洋哲學史》，561 頁。
〔註52〕項退結，《現代中國與形上學》，41 頁。
〔註53〕鄔昆如，《西洋哲學史》，560～562 頁。
〔註54〕Bergson Henri, *Les deux sources de la morale et de la religion*, p. 247, Paris: PUF, 1946 轉引自莫詒謀，〈柏格森的自由思想〉，28 頁。

與創化。4、愛是動力，使宗教開放與創造。

1、物質和精神是合一的

柏格森的貢獻是在物質中重新發現精神，更發現精神是物質的原因，可是生命哲學在靈肉的問題，不是偏重精神也不偏重肉體，而是以「整個人」的生命做出發點。人是唯一的，不可分的，沒有靈魂和肉體的區分，也沒有精神和肉體的差異，靈肉在人已經成爲不可分的唯一主體。〔註 55〕此看法與方東美所主張的“物質和精神毫無阻隔地融會貫通，兩者渾然一體不可分割”〔註 56〕的看法，顯然是相似的。

而方東美所描述的精神與物質浩然同流的生命境界，是一種生生不息的創造過程，傳達一種不受時空限制、日新又新的完滿自由，〔註 57〕其中生生不息類似柏格森「綿延」的觀念，能突破時空限制的自由也與直觀方法所呈現的結果相同。

2、皆具有泛神論色彩

柏格森說明精神對各種生命經驗的整合，主要的因素是演化的過程中的生命創造的衝力。此衝力是促成宇宙生命的演化，演化的目的是精神，有時因疲憊而沈澱成物質，故生命衝力不但是物質界、生物界的，也是精神界的原動力。如此肯定生生不已的創化力量，認爲該力量一方面能提升人靈又普照萬生，參與萬物的生成，這樣的宇宙論具有一種泛神論的色彩。〔註 58〕

方東美認爲自己是泛神論，其觀點是神明的本質超越一切經驗的限度，卻是既超越又內在的扶持與化育宇宙萬物。〔註 59〕方東美對神的看法和對自然的看法一直是相連在一起的，因爲自然之中含有神秘的創造力。他說：

> 自然是宇宙的生命流行，……其眞機充滿萬物，……自然是無限的
> 不被任何事物所侷限，……（自然）它本身就是無窮無盡的生機。（該）
> 眞機充滿一切並不和上帝的神力衝突，因爲，（自然）之中正含有神
> 秘的創造力。〔註 60〕

方東美也用「太極」來形容自然，認爲自然是絕對的存有，是根本，也

〔註 55〕鄔昆如，《西洋哲學史》，562 頁。

〔註 56〕方東美，《中國人生哲學》，115、117 頁。

〔註 57〕同上，115 頁。

〔註 58〕高凌霞，〈柏格森論密契思想與宗教〉，52 頁。

〔註 59〕方東美，《生生之德》，336 頁。

〔註 60〕Fang, Thomé H., *Creativity in Man and Nature*, p. 25～26.

是原始。他說：「自然……是絕對的存有，為一切萬象的根本。（自然）它是最原始的，是一切存在之所從出，（自然）它就是太極。」中國大部分的思想家，則將柏氏的「生之張力」詮釋成「宇宙間的大生命」或「宇宙靈魂」、「宇宙精神」等等，而未見到柏氏的有神論主張。〔註61〕因為當時中國崇尚以科學救國，忽略人文，五四運動前後迄今還是誤認為傳統中國文化缺乏科學的精神，因之，信仰、人生觀與神的問題皆被束之高閣。換句話說，柏格森的思想誕生於一個自然科學甚囂塵上的時代，方東美亦然。有關方東美和柏格森是否主張泛神論，保留到第四章再進一步討論。

3、皆認為生命是動態的生生與創化

對於宗教，方東美和柏格森都持有肯定看法，並對宗教體驗有所描述。特別是神秘主義對於人格轉化和生命提昇創化的重要性。方東美曾經引用柏格森對神秘家的宗教經驗之描述，作為其宗教乃崇高的精神生活的立論基礎。〔註62〕該文的描述如下：

> 真正的神秘主義者只是讓他們的靈魂向連綿不絕的浪潮開放，……
> 他們在自身內感覺某物優於自己。……他們讓流入自身的活泉，透
> 過他們的接引而流注於同胞的心靈。他們渴望將自己的獲益向周遭
> 人群播散，這種行為如同受到一種愛的衝擊，一種以人格烙印的愛，
> 足以變換人生基調的愛，也使其他人亦經由他、為了他而開放靈魂
> 於人類之愛的愛，更是一種薪盡火傳永不止息的愛，……使後來者
> 學習他們，形成生生相續的愛。〔註63〕

關於「創化」，方東美稱其為「創造」與「演化」，並對兩者之間的根本關係有如此的說明：

> 無限的神明雖不「屬於」此世，卻能將其創造能力「貫注於」此世。
> 物質、生命、心靈或精神乃神明所造之諸般潛能，經由萬物的天然
> 才性或自由抉擇而先後實現。每一受造物都將在時間的歷程中達致
> （至）造物者所賦予的成全。」〔註64〕

前段引文中，無限神明貫注其創造能力，就是柏格森後來對生命衝力來

〔註61〕Ancelet, Hustache J., *Henri Bergson*, Paris: Foyer Notre-Dame, 1954, p. 6 轉引自項退結，《現代中國與形上學》，42 頁。

〔註62〕方東美，《生生之德》，323～325 頁。

〔註63〕同上，324 頁。

〔註64〕同上，348 頁。

源的進一步說明。「時間的歷程」就是柏格森「綿延」的概念。綿延的概念與時間息息相關，柏格森把形上學的對象轉向時間，強調時間才是宇宙進化的主導作用。柏氏提出時間的心理特質，時間是生命的本質，時間流動的本質概念稱為綿延。綿延是絕對的，生命由一個階段到另外一個階段是外在看似穩定，實際是連續不斷變化的過程。綿延無法用語言表達，卻為每一個人在生活裡感受體驗它，沒有綿延就沒有活的生命，沒有運動變化，因為，對生命而言，時間是它的本質，也是它的實在性與所有意義之所在。綿延是一個過去消融在未來之中，隨著前進，不斷膨脹的連續過程，在綿延中，過去包容在現在裡，並且向未來持續地前進，彼此之間相連的過程，使生命具有活潑動態的永恆性，柏格森比喻說綿延像一條河流。他說：「這是一條無底的、無岸的河流……，而且這條河流只是流動。」

4、愛是動力，使宗教開放與創造

方東美引用柏格森《道德與宗教二源論》「開放宗教」的觀點，說明人類的愛有如汪洋萬頃，其中綿延不絕的波濤，是充滿創化生機的開放宗教中之動力泉源……。因為，該生生相續的愛，使人仿效典範，由自我中心走向他人，開放自身，變換人生基調。〔註65〕

方東美和柏格森二人皆同意，開放宗教是動態的、具有創造性的，而其動力是人類之間的愛。方東美的心中有神明是無庸置疑的，也肯定神的創造力，然而創造力如何貫注，使萬物的「諸般潛能」在時間的歷程中達致成全呢？這裡的成全，是說人能成為神嗎？或指的是人參與創造？這都是需要進一步討論的。最後，柏格森和方東美還有兩個共同點，其一、認為神將其創造力分享給這個世界。其二、愛充滿宇宙間，使受造物走向最後的圓滿。

總而言之，方東美所稱的「普遍生命流行的境界」是部分地綜合了柏格森的普遍進化論而成的一個新的生命境界。〔註66〕而其「生命之流」（stream of life）的觀念則相似於柏格森的「生命衝力」。方氏並直接採用柏氏的說法，稱此生命現象為「息息創造，耀露自由」，顯然全部接受了後者的普遍進化論。另一方面，柏格森的《創造性演化》強調創造和變化兩個特點，陳明演化並

〔註65〕Thomé H.Fang, *Creativity in Man and Nature*, pp.68～69; Henri Bergson, *Les Deux Sources de la Morale et de la Religion*, Paris: Librairie Félix Alcan,1932, p.101 轉引自，方東美，《生生之德》，324 頁。

〔註66〕項退結，〈方東美先生的生命觀及其未竟之意〉《方東美先生的哲學》，（「國際方東美哲學研討會」，幼獅，民國78年），67頁。

非進化的近親，演化並非通過遺傳，變異也不是出自個人的努力，而是"突然地"出現在一個物種的每一方面。〔註67〕柏氏這些創化觀點舉足輕重地影響了德日進，而方東美也曾讚賞德日進的進化思想，〔註68〕以下將進行介紹。

第三節　與德日進創化思考的對比

德日進如何闡述他的進化觀？他的創化思想在何處影響了方東美？這是在本節中要討論的。德氏突破科學的界限，消除了無生物和生命之間的隔閡以及物質與心靈之間的對峙，分析物質整體的現象，重現生命和物質的關係，綜合歷史的過去、現在和將來，提出終極只有一個真理，那就是科學、哲學和宗教將在靠近整體真理時匯合於一處。〔註69〕上述解構二元對立的思考，正顯出一種和諧與合作的宇宙圖像，這也是方東美學說立論的基礎。

德日進在《人的現象》、《神的氛圍》與《愛的弧線》三本書〔註70〕當中有關宇宙、人和生命的看法能與方東美的思想做對比。共分成三部分：一、德日進的生平與背景。二、德日進的創化觀。三、方東美與德日進的對比。

一、德日進的生平與背景

毫無例外地，如果能瞭解一個人的原生家庭和教育，將有助於對其思考發展的掌握。家庭塑造人的初期性格而教育是轉型的契機，終生志業如能以興趣為前導，更會有意想不到的推動力和成果。有鑑於此，為深入瞭解德日進的家庭、教育和理論之間的關係，本段分成兩個重點：1、家庭教育。2、志業興趣，介紹德日進。

1、家庭和教育

德日進（Pierre Teilhard de Chardin,S.J. 1881～1955），本名泰亞爾·德·夏爾丹，出生於法國克萊蒙費朗（Clermont-Ferrand）奧弗涅（Auvergne）的貴族家庭。家中有 10 個兄弟姊妹，德日進的排行是老四。父親是酷愛博物學又善於觀察大自然景象的地方仕紳，母親是天主教徒，生性寧靜、喜歡沈思，

〔註67〕柏格森著，陳聖生譯，《生命與記憶》，（北京：經濟日報，2001）272 頁。
〔註68〕方東美，《新儒家哲學十八講》，261 頁。
〔註69〕德日進著，鄭聖沖譯，《人的現象》，（台北：先知、光啓聯合出版，民國 61 年），23～25 頁。
〔註70〕這三本後來被公認為先知性的書，都是德日進去世後才出版的。

她陪伴丈夫和教養孩子們，父母親對於德日進後來的思考發展，有深刻的影響力。〔註71〕

六歲時，德日進開始在家中的秘密一隅收藏著鐵片、石塊和貝殼，並常常搬出來觀賞玩弄，表現出對這些東西濃厚的興趣。後來，在家中的院子撿到一片發光的鐵叉，男童格外地珍惜寶貝它，但是，這次德日進把它埋在庭院的土地裡，他秘密地告訴別人，他愛那堅強而發光的鐵一般的神（Dieu de fer）。幾天過後，下了一場雨，鐵片生了銹，德日進爲這事感到詫異，連最硬的東西也在改變中。〔註72〕

德日進跟隨家族的傳統，中學時進入耶穌會（Society of Jesus）〔註73〕創立的學校就讀，成績優異並獲得哲學和數學的學位，當時才剛滿十六歲。1899年，十八歲的德日進選擇加入耶穌會，開始度修道生活並接受該會神、哲學的培育課程。〔註74〕在英國念哲學時，常帶著錘子和放大鏡到郊外散步，1905年在埃及的一所中學擔任的理化老師，期間讀了柏格森的《創造性的演化》，使他發現物質和精神之間並非毫無聯繫，領悟到有一股未知的力量存在著，由此他確信演化是一種既定的事實。經過神、哲學的培育，1911年德日進三十歲，受進鐸成爲神父，並做了終身投注於化石研究的決定，期間提出"精神和物質、靈魂和肉體、意識和本能是同一整體的兩種情況"的想法。1912年，德日進認識法國著名的古生物學家波爾（Marcellin Boule），對於德日進日後發展考古研究具有深遠的影響。

1915年德日進受徵召入伍，在第一次世界大戰的最前線擔任擔架兵，出

〔註71〕Claude Cuenot, *Teilhard de Chardin*, London: Burns & Oates,1965, p.1～2 轉引自林豐田，《德日進的思想對今日人類的影響》，（輔大宗研所碩士論文，1997），7頁。百科百度，詞條「德日進」。Jesuit 網站。德日進著，鄭聖沖譯，《人的現象》，13頁。

〔註72〕德日進著，鄭聖沖譯，《人的現象》，13～14頁。

〔註73〕耶穌會（Society of Jesus）是一個國際性的男修會組織，是1504年聖依納爵.羅耀拉(St. Ignatius of Loyola)創立的天主教修會。會士們都努力成爲「在行動中的默觀者」，經由祈禱與天主的相遇，支持、滋養他們的生活。耶穌會士渴望在一切人和事務上，愛慕並事奉天主，更爲光榮天主而行事。http://www.catholic.org.tw/layforce/jesuitsocity.htm

〔註74〕德日進在後來的回憶中說：「十七歲時因爲追求最完美的渴望，並經過一年的思考和準備，使我加入耶穌會。」Claude Cuenot, *Teilhard de Chardin*, London: Burns & Oates, 1965, p.1～2 轉引自林豐田，《德日進的思想對今日人類的影響》，7頁。

入槍林彈雨中搭救同伍的弟兄，德日進親眼目睹殺戮的殘酷和毀滅性的傷害，深刻地思考宇宙人類的關係和人類互助合作的重要性。〔註75〕在這段期間德日進的進化觀念漸趨成形，並在著作中展現"希望人類和平相處、共謀幸福"的心願。〔註76〕

2、志業和興趣

德日進在入伍的期間形成進化觀，戰後的德日進便直接從考古著手研究人的進化。1919 年德日進到巴黎大學攻讀，三年間獲得地質學、植物學碩士和古生物學有關「始新世的哺乳動物」博士學位，同時受聘爲地質學副教授，一面講授相關課程一面投入考古研究，接著，1923 年跟隨考察團到中國內蒙古鄂爾多斯做地質研究。在這次的探測使德日進寫下〈世界祭壇上的彌撒〉（La messe sur le monde）一文，該文如詩如歌，引人彷彿跟隨著他佇立在遼闊的大漠，面對天地蒼茫，感受人的渺小和偉大。茲引文如下：

> 上主，又一次地，雖然這一次不是在埃納（Aisne）的森林，而是在亞洲的大平原，我既沒有餅、酒，也沒有祭台，我要讓自己超越這些象徵，到達物自身的純粹尊榮裡；我，你的司鐸，要以大地做我的祭台，在其上向你獻上世界的勞動和苦難。一個一個的，主，我也看見所有你給我，支持和美化我生命的人……，我也把整個廣大的無名的人類的生力軍，奉獻在你面前，……。〔註77〕

德日進將其正值壯年的 23 年生命，奉獻給中國的考古，其間出入中國達八次之多，足跡遍布周口店、陝西、河南和山東等地，並且取了「德日進」這個中國名字，其不朽之作《人的現象》和《神的氛圍》都是在中國完成的。

選擇成爲天主教的司鐸，同時也是一位科學研究者，在兩者之間，德日進常常取一個平衡點，他將物質和精神結合在一起，也爲這個理想努力。德日進希望全人類在各方面攜手合作，通過仁愛走向終結點，對宇宙和人生的未來找尋到幸福的願景。爲此，他引進一個宇宙形成的中間概念叫做「創化」（creative transformation）。〔註78〕

〔註75〕德日進著，鄭聖沖譯，《人的現象》，15～16 頁。
〔註76〕林豐田著，《德日進的思想對今日人類的影響》，13 頁。
〔註77〕 "The Mass on the World" in Pierre Teilhard de Chardin, *The Heart of Matter*, London: Collins, 1978, p.119f.
〔註78〕林豐田，《德日進的思想對今日人類的影響》，11 頁。袁廷棟，《哲學心理學》，61 頁。

二、德日進的創化觀

創化觀所包含的重點是宇宙的本質、生命的發展和創化動力的來源。對此，歸納出德日進思考的幾個概念。1.宇宙是一個精神和物質的合一，處於正在創生過程中的動態性的整體。〔註79〕2.生命經由複構和更高的形上因素產生出來，是一種有計畫的歷程，也是隱含意識的一種運動。〔註80〕3.演化過程以人為軸心，生命因為人化的程度而走向超生命，整體在奧米加點（omega point）團結獲得完全的自由。4.奧米加終點也是持續推動宇宙進程的動能，而足以表述這能量的唯一名字是「愛」。〔註81〕

以上是對德日進之創化觀點的撮要，從宇宙創生（cosmogénèse）、生命創生（biogénèse）到人的創生（anthropogénèse），"潛在的能"演化出生命，再演化出意識，即使到了創化顛峰的人類，這潛在的創化能還是沒有停止，這股能量將使人經過轉捩點再度精神化，無止境的靈化，最後達到終極的「圓滿」（plérôme）。〔註82〕對德日進而言，創化乃是一種活動，把已經存在的受造物（無機物）轉變為一種新的存有（有機體）。〔註83〕創化也是一種領導作用，使生命經由複構和更高的形上因素產生出來。而進化的兩個主要的原則，是宇宙一切事物來自永恆，以及，一切事物皆努力趨向完善境界。

然而，是什麼因素使物質進化？什麼是複構呢？以下介紹。

1、物質皆有生命現象與意識兩個特性

德日進認為，宇宙的初始是一群基本微分子，之後便有簡單物體的和諧系列，這種最初的集合活動，很早就分向兩路進行，一路是星辰系列，另一路是生物系列。在生物系列中，物質排列成小而密集的系統，而且愈來愈複雜而集中，而且每一個因素在加入整體時，超越了自己的個體性。德日進因此得到一個重要的結論，在宇宙中一直無法確定地位的生命現象與意識，事實上，就是物質的特性，它存在於物質的「裏層」。〔註84〕這些物質的內在特性——生命現象和意識，必須有一定的強度才會顯露於外而被認出來，換句

〔註79〕德日進著，鄭聖沖譯，《人的現象》，23、27～28頁。
〔註80〕同上，29～30、53、75頁。袁廷棟，《哲學心理學》，56～59頁。
〔註81〕德日進，《愛的弧線》，59、103～105頁；《人的現象》32～35頁。
〔註82〕德日進，《人的現象》，23頁。
〔註83〕這裡的「存有」指的是具有生命現象，能活動的有機體。袁廷棟，《哲學心理學》，61頁。
〔註84〕袁廷棟，《哲學心理學》，56頁。

話說，在人身上很明顯表露的意識，它的萌芽早已經依稀地分佈在宇宙整體當中。〔註85〕另一方面，此物質的內在面——生命現象和意識，它與物質的表面現象共消長，是同一演化現象的兩個層面。

在「複構與意識定律」（law of complexity-consciousness）中德日進強調，物質結構愈趨複雜，意識程度愈高（愈集中），〔註86〕如此，創化活動既是創造又是變形。因為有機體比由它而來的無機物擁有更高的存有等級，這高出來的存有，是被組合到原來已經存在的無機物的型式，無機物預先並不含生命，也沒有自己會變成生物的潛能，是因為創化作用而一躍成為有機體。〔註87〕

在每一個有機體內有外層（結構）和裡層〔註88〕（意識）兩個層次，以及不限定和限定兩個內在因素。所謂限定因素也就是生命因素，因為它的作用，而從物質的潛能中生發出植物或動物的生命因素，也因為生命因素的作用，人類得以藉由父母的有機體當作底基，使物質組織（複構）完成一個特殊狀態，生命因素於是產生。按照德日進的說法，複構是生命因素與不限定的宇宙資料相遇時的第一效果。複構與意識一起變化，生命的產生是在一定的複構程度中。宇宙之間的原始物質，必須藉由某種型式因素才能存在，此型式因素是更高的存有。

換句話說，組織來自父母，生命因素來自更高的存有，因為後者的作用，人類才會出現。〔註89〕那麼，地球上的第一個有機體生命的來源是什麼？是什麼原因使物質底基有這種組織或複構性？顯然生命是有計畫的進化。

2、生命是有計畫的領導和累積

熱力學第二定律宣稱，凡物質皆會崩解，最後整個宇宙生命趨於毀滅。有鑑於該斷言對人類所造成的限制，德日進彈精竭慮建立他的創化思想。〔註90〕創化是一個複雜的（complexity）整體，由物質和型式兩個基本原理組織而成，

〔註85〕德日進，《人的現象》，51 頁。

〔註86〕例如，細胞與細胞的複構程度足夠高，就有生命現象，動物的腦有著很高的複雜程度，所以也有相當的意識程度，而人的腦已經達到了非常（最）高的複雜程度，因而人有反省能力和自我意識。

〔註87〕袁廷棟，《哲學心理學》，56～57 頁。

〔註88〕外層就是結構，裡層即為意識，是德日進用的術語，跳脫傳統士林哲學的原質和原型之名，為避免笛卡兒的二元論。

〔註89〕袁廷棟，《哲學心理學》，59 頁。

〔註90〕姜寶陞，〈問蒼茫宇宙，何處世家？〉「生命河園地」網頁（http://www.tic-ebisu.com/gp023.htm）。

以德日進的語詞來說，是外在（without）以及內在（within）兩種基本原理的相合，這外在和內在德日進也稱爲切線能（tangential energy）和軸心能（radial energy），生物的複雜性是兩者相合的效果。〔註91〕而進化是一種摸索技術，也是一種「被領導著的運氣」（directed chance）。〔註92〕然而，是誰在領導著生物的進化呢？

德日進的「創化」（creative transformation）作用之概念，是天主不單單是在太初由無中創造，而且通過宇宙的歷史繼續的創造，不僅是使已被創造的一切繼續存在，而且還與祂的受造物合作，以創造新的實在或新的存有。該創化作用，使地球上第一生命體生發出來，也是使生物持續進化的過程，在過程中生物內在性有規則的上昇，以及意識與存在世界中的地位。更詳細的解釋是，創化的作用有兩個幅度，一是由無中創造，使無機物產生。一是把已經存在的受造物（無機物）轉變爲一種新的存有（有機體），這個活動是變型。創造是因爲有機體比無機物擁有更高的存有。這更高的存有並不是一個實體而是一種型式，它被加入到不含生命也沒有自己會變成生物潛能的無機物當中，因著天主的創化作用一躍而成爲有機體。因而，對德日進來說創造和宇宙的綿延有著同樣的向度，亦即天主不停地保存好所創造的一切，而且不停地擴展存有的領域。〔註93〕

那麼，天主的創化作用是如何地與物質的進化相合作而產生生命？也就是，生命因素究竟是如何地從無機物質中創化出來？如果理解創化作用只是一種領導作用或是組織作用，使物質漸趨複雜，以致於到了一定的程度就成了生物，如此，生命無非就是複構（或組織）。然而，生命並不僅是複構，而是比複構更高的形上因素，組織並不就是生命，而只是生命的條件，條件一滿生命就浮現出來。〔註94〕在當中推動而形成一切進化的能量，其根源是「愛」。

3、愛就是能量，提供回歸過程的解答

對德日進而言，宇宙萬有是一動態的整體，是連續又跳躍性的現象，他以「前生機」、「生機」、「意識開展」以及「走向圓滿的愛」四個階段說明物

〔註91〕袁廷棟《哲學心理學》，570頁。

〔註92〕*The Phenomenon of Man*, p.110 轉引自袁廷棟《哲學心理學》，570頁。

〔註93〕袁廷棟，《哲學心理學》，61頁。

〔註94〕*Nouvelle Revue Théologigue*（1958）, p. 406～407 轉引自袁廷棟，《哲學心理學》，63頁。

質的出現、生命的開始、人的出現到基督的來臨，這完整而動態的創生過程
是受終極圓滿的愛──基督的引導。

因為在創生過程中，物質內涵精神，精神藉由物質而展現，而物質本身
隱含著向上奮進的能。「能」有使物質外顯的＂物質能＂和向中心集中的＂精
神能＂，二者是宇宙進化的主力。這內在與表面現象的能共消長，使生命有
系統的進化，再經過跳躍性的「突變」，物質遂經過生命而到精神。這突變是
尚待探索的奧秘，卻不可否認生命是有目的演化的事實。

生命的演化，現階段以人為軸心，人結合肉體和精神繼續演化，方向是
奧米加。在此人化的過程，已經具備心智的人有責任運用思想和愛心去孕育
更優勝的存在。因為，進化既然走向思想之路，勢必繼續走向超生命；宇宙
創化了一個有人格的世界，其完成必然朝向它前面的最高意識和位格的終極
點，一個圓滿完美自立愛心的實體。〔註95〕因為，進化過程是能夠持續只在
一個不能迴轉的超越狀況中，進化是唯一脫離死亡之路。

德日進描述宇宙的演進也是愛的進化。〔註96〕在物質的裏層中原子和原
子及分子之間相互吸引與相融產生新的物質，他說：「宇宙萬物是透過尋找彼
此的元素而相遇，在相吸相融之後生成新的元素。」〔註97〕而融合的原則對
德日進而言就是愛，他說：「愛是成長中的宇宙的最深本質。」〔註98〕這樣的
想法在德日進《愛的弧線》一書中，更具體完整的說明：

> 只有愛，能夠使具有生命的多數個體如此緊緊結合，使各個體完整
> 而充實。因為，只有愛能夠掌握住他們從最深處團結起來，這乃是
> 日常經驗的事實。相愛的人們，在彼此認為自己消失在對方內的時
> 候，才達到最完全的擁有。〔註99〕

〔註95〕 *Le Phénomène humain*, p.259, 299～300 轉引自德日進著，鄭聖沖譯，《人的現
象》，34 頁。

〔註96〕 Henri de Lubac, *The Eternal Feminine*, translated by Rene Hague, New York:
Harper &Row, 1968, p.42.

〔註97〕 Teilhard de Chardin, "The Eternal Feminine", *The Prayer of the Universe*, New York:
Harper & Row, 1968, p. 143, selected from *Writings in Time of War*, translated by
Rene Hague, London: Collins and New York: Harper & Row, 1968 轉引自陸達誠，
〈德日進論「愛是能量」〉，《神學論集》138 期（2003 冬），572 頁。

〔註98〕 *The Letters of Teihard de Chardin and Lucile Swan*, edited by Thomas M. King,
S.J., & Mary Wood Gilbert, Washington, D.C.: Georgetown University Press, 1993,
p.4 以下簡稱 Letters.

〔註99〕 德日進著，鄭聖沖譯，《愛的弧線》，台中：光啟，民國 63 年，167 頁。

如此，我們能夠知道，德日進所說的，正是人類能夠持續前進回歸根源的終極原因，也就是愛。基督，是神爲了愛而降生成人，在復活後，祂進入人類和宇宙的核心引導進化，同時祂也在「宇宙球」的頂峰，以神性無限的愛吸引萬物往上奮進。宇宙的變動從「人化」（homogenesis），最後要達成「基督化」（christogenesis）。整個宇宙全體都在奧米加點（Ω）變成邁入新天新地的一個完美的生命共同體。

德日進從考古的發現出發，大膽提出關於宇宙、生物、人類乃至精神逐層進化，最後走向統一的觀點。這個統一匯合處就是奧米加點，而進化過程以基督爲核心。〔註100〕宇宙萬物的產生和物質的進化潛力都是從天主而來。物質因爲不斷的複構而得突破的能力，這現象的發展也是來自天主。

德日進從科學家的研究出發結合科學與信仰，其理論清楚說明物質和精神的一體性，無機物乃有機物的前身，生命和人的出現經由兩階段關鍵性的跳躍，〔註101〕最後邁向超生命。針對這幾個重點，有其影響方東美之處。

三、方東美與德日進的對比

在這一段中，針對德日進的創化觀點，筆者嘗試將其與方東美做對比，兩人的觀點有相同點也有殊異之處。焦點是生命的來源、過程和未來的終向。如此，能瞭解方東美生命觀受德日進的影響爲何。

1、創造和進化的發展

對德日進而言，創化是變化的活動，也是一種領導作用，使受造物成爲新的存有。這領導作用由更高的形上因素促成，使生命產生並繼續進化。而進化的主要原則，是宇宙一切事物來自永恒，以及一切事物皆努力趨向完善境界。與方東美對比的結果，可說創造是下迴向也是領導作用，吸引一切受造物藉由上迴向不斷進化。

針對創造與進化的觀點，德日進與方東美之間可有類比（analogy）〔註102〕的關係，因爲，德氏的領導作用能與方氏的下迴向相應，而事物整體趨向完

〔註100〕百度百科，「德日進」詞條。
〔註101〕輔仁神學著作編譯會，《神學辭典》，521條「進化主義」，722頁。
〔註102〕類比，analogy，源於希臘字 aná-logon。即根據某存有物與他物的關係而領會他物，也因此使某物顯示出來爲人更清楚的掌握。類比關係應有同有異，有相同而能比較，有相異所以彼此不是重複之物，而顯出新的知識。

善的進化觀，能和「上迴向」的躍進對比。

方東美以「神的精神力量進入人性」與「有創造力的創造力進入世界」兩股下迴向形容神對萬物的化育；又以「漸進的默觀天主」和「回歸原始的一」兩股上迴向說明萬物的終向；如此，清楚地指明神是造物者，神以其精神力量和創造力貫注世界、變化人性；而世界整體因此創造力所產生的變化得以層層躍升，在"原始的一"匯歸，完成創化。以上觀點呈現德、方二人有諸多的相似處。首先，方東美所說的生生不息的創造力，就是德日進的領導作用，因為兩人皆強調該創造力和領導作用對宇宙萬物的持續性和變化性。其次，萬物皆因這種不間斷的力之推動，產生了變化與進化，方東美以「精神化」（spiritualized）〔註 103〕形容，德日進以「人化」（hominization）〔註 104〕的過程來說明。第三，進化是有目的的進化，終點指向完美、至善的圓滿，方東美說是"原始的一"，德日進指明是"奧米加點"。最後，不約而同地，二人都認為，創造力或領導作用來自於神。

如同方東美說的：

　　神為原始之大有，挾其生生不息的創化力，沛然充滿一切萬有……，
　　宇宙六合之內因神聖的潛能佈護了創化的歷程。〔註105〕

德日進也曾說：

　　精神是更高層的吸引力使精神脫離物質，使生命邁向更高的境界投
　　入神。〔註106〕

當然不可否認，對同時是司鐸又是科學家的德日進而言，這個最高的意識和精神實有是天主，包含物質在內的萬物，都因為聯結融合而不斷進化。〔註107〕這融合的原則就是愛。

2、愛是成長中的宇宙之最深的本質，愛是消融

在 The Mystical Milieu 一文中，德日進形容宇宙是有生命、充滿活力以及

〔註103〕方東美，〈中國哲學對未來世界的影響〉，13～14 頁。
〔註104〕德日進《人的現象》，88～89 頁。
〔註105〕方東美，《生生之德》，337 頁。
〔註106〕德日進著，鄭聖沖譯，《人的現象》，32、35 頁。
〔註107〕德日進指出，在物質的表層之下都可覺察到原子和原子及分子之間的相互吸引永不休止，透過尋找彼此的元素而相遇，相吸相融之後又生成新的原素。沒有一處缺乏愛，愛是成長中的最深的本質。德日進著，鄭聖沖譯，《愛的弧線》，149～151 頁。陸達誠著，〈德日進論「愛是能量」（上）〉，《神學論集》137 期，572～573 頁。

人格化的宇宙。〔註 108〕而這個人格化且持續成長中的宇宙之最深的本質是愛。德日進如此形容說：愛是消融；愛是如你所是的擁抱你。〔註 109〕

比照方東美所說的：

> 人投身於宇宙進化的洪流，如同一滴雨水融入河流，即能一體俱融，共同奔進，……，這時你中有我，我中有你，猶如甜蜜的愛侶一般，……。〔註 110〕

德、方兩人都形容宇宙是充滿生命、生機和活力的。人和宇宙大自然的關係是如同愛侶般的相融成一體，也就是強調"整體性"。除了精神和物質的合一之外，神人的親密關係也是如此。德日進強調聯合（union）才能成長，〔註 111〕方東美強調上、下迴向的雙軌路徑，也是精神體和世界的親密關係。〔註 112〕

然而關係也會陷入困頓，方東美談疏離，他認為否定神是終極性的疏離，不但使人與世界歸於虛無，也將造成人與神、人與他人，甚至人與自我的全面性的疏離；〔註 113〕德日進提醒要避免孤立的死巷，演化是意識的昇華，團體的反省意識使生命躍進，經由過去引伸出來之人類的未來像是超意識（super-conscience），是人類唯一的出路。〔註 114〕然而，「愛是消融」指的是個體性消失嗎？超意識是非人格化嗎？顯然不是。針對這個主題，德日進有較多的討論和說明。

德日進說：「相愛的雙方，必須同時存在。」他也說：「為能把自己通傳給別人，『我』應該繼續存在，否則我也無以贈與了。」〔註 115〕這兩句話不但說明愛不是失去自我，更含有超意識的概念在當中。所謂超意識並不是非人格，個人和人類整體的命運都在於位格化。這個位格化不是個別意識失去他自己，也不是會合時不分彼此，而是大我完成時小我繼續存在，並且顯出小我的獨特和不可替代性。德日進再度說明：

〔註 108〕"The Mystical Milieu", *Writings in Time of War*,（London: Collins, 1968），pp.144～7.

〔註 109〕*Letters*, p.4. Ursula King, *Spirit of Fire*（Maryknoll: Orbis Books, 1996），p.174.

〔註 110〕方東美，《中國人生哲學》，95 頁。

〔註 111〕陳榆，《「成形中」的基督——德日進的進化神學》，（香港：漢語基督教文化研究所，1999）春，153 頁。

〔註 112〕方東美，〈中國哲學對未來世界的影響〉，13 頁。

〔註 113〕方東美，《生生之德》，332～333 頁。

〔註 114〕德日進著，鄭聖沖譯，《人的現象》，108 頁。

〔註 115〕同上，117～118、120 頁。

當大我完成時必須有個別的小我存在著……當每一個個別的我更接近太極（即Ω，表示完美與圓滿）時，他便更成為自己，更和別人有分別。為此，在大我中不僅保持了組成大我的元素——小我，而且這些小我因著會合而獲得昇華。……個別意識……反而顯出「我」的深度與其不可替代性。〔註116〕

德日進強調，在人和人團結時我們才能發覺自己的位格。而要使人類團結，應該從人內的愛開始，只有愛能夠使人成長為一個人。既然人必須相愛，又為何仍舊存在著排擠仇恨呢？答案是，人缺乏信任。人的不信——人對於在眼前的、具有面貌和愛心的、有位格的（主耶穌）的不信，造成人的戰爭仇恨和疏離。

方東美沒有明確指出位格神，卻相同地說過不相信神，將造成人全面的疏離。而對於德日進而言，這個位格神，是引導人和人之間彼此相愛的熱力焦點，在祂的影響下，團體中整體的位格化和各單元的位格化都將達到最高峰，那高峰是一切靈魂的靈魂，也是實際臨在的愛和超生命，因為，使「人」和那個一切之源的「完整者」完成生命的合一者，正是基督。〔註117〕

由上述對比得知，方東美沒有明確指出位格神，也就是既非受柏格森影響也不是德日進，那麼是否和懷德海有關呢？方氏曾經清楚地表明其〈繫辭〉中的「生生」與懷海德的 creativity 相等；〔註118〕到底懷德海有什麼主張？哪些觀點影響方東美？下一節將深入探討。

第四節　與懷德海創化思考的對比

懷德海是對方東美生命觀有舉足輕重影響力的另外一位哲學家。方氏與懷氏思想的直接相關在於機體主義（organicism）哲學，後者提出機體論（organic theory）啟發了前者的機體主義概念。這是本節的第一個重點。懷德海名聞遐邇的歷程神學（process theology）被認為具有「泛神論」思想，是否同時也影響了方東美對生命及其發展的看法？這是第二個重點。「意識」（consciousness）

〔註116〕德日進著，鄭聖沖譯，《人的現象》，117～118 頁。

〔註117〕同上，118～119，137 頁。

〔註118〕"In the *Book of Changes*, the expression *sheng-sheng*（生生）means literally in Chinese to beget and to beget or to create and to create. So all along I have take the Whiteheadian idiom 'creativity creativity' for its Chinese equivalent." Thomé H. Fang, *Chinese Philosophy: Its Spirit and Its Development*, p.111.

對於生命發展和意義的發現，在前兩節柏格森和德日進的介紹中，已見其不可忽視的地位，在懷德海的思考中又是如何？這是第三個重點。

本節聚焦於上述三個重點，首先由懷德海的生平背景進入其學術思想。同時對比方、懷兩人的思想，呈現出前者受到後者的影響之處。因此本節可分爲三個主題：一、懷德海的生平與著作。二、懷德海的創生概念與創化思想。三、方東美與懷德海的對比。

一、懷德海的生平與著作

本段從懷德海的生平背景出發一窺其學術著作的堂奧，藉此瞭解哲學家的思想歷程。

（一）生平背景

艾爾弗雷德・諾思・懷德海（Alfred North Whitehead 1861～1947），二十世紀活躍於英國和美國學術界，是集數學、科學、哲學和教育於一身的學者。出生在十九世紀英國維多利亞女王時的肯德郡（Kent），是典型的鄉紳家庭。自祖父湯瑪斯・懷德海獨立創建學校起，包括懷德海的父親和長輩等都在家鄉擔任神職或是教職。母親是隨軍裁縫師的女兒。懷德海是家庭中的么兒，自小身體虛弱，因此留在家中，由父親自行教導一直到十四歲。進入雪朋（Sherborne School）中學就讀後，成爲領袖人物，並負責學生課外記錄的監督工作，也成爲橄欖球和各種運動的隊長。〔註 119〕

1880 年，懷德海進入劍橋大學〔註 120〕三一學院（Trinity College, Cambridge）受教育，研究數學，因爲參加「使徒團」的聚會而開始接觸哲學，尚未畢業前已經幾乎能背誦康德的《純粹理性批判》，畢業後留校擔任數學講師。1890 和薇德女士（Marries Evelyn Willoughby Wade）結婚，後者的戲劇感和對美的要求影響懷氏的哲學。另外有個插曲是，在劍橋時期，懷德海因爲彬彬有禮的態度與令人愉悅的幽默感，而被冠以「小天使」的綽號。〔註 121〕

〔註 119〕楊士毅，《懷德海哲學入門》，（台北：楊智，2001），3 頁。

〔註 120〕劍橋大學的大學教育，每學門都重視邏輯、數學和通識教育訓練。從十七世紀的牛頓到十九世紀的達爾文人才備出，孕育多位物理學諾貝爾獎得主。文學家赫胥黎、經濟學家馬歇爾、凱恩斯和哲學家維根斯坦、羅素等都出自該校。

〔註 121〕羅素著，林衡哲譯：《羅素回憶集》，（台北：志文出版社，1967），74 頁。懷德海著，蔡坤鴻譯，《宗教的創生》，（台北：桂冠，1995），xiii 頁。

1905 年，懷德海獲得三一學院理學博士。1911 年在倫敦大學教幾何學。1916 年擔任數學協會主席並發表著名演說「教育的目的」。1914 年擔任倫敦大學帝國理工學院數學教授，後來升任院長。1918 年懷氏的么兒在第一次世界大戰中殉職，強化了懷德海追求和平的理念，也影響其哲學走向消除紛爭的圓融之境。懷德海具有自我肯定的特質，不退縮、也不好爭、待人謙恭有禮。1919～1924 年擔任倫敦哥德司密學院（Goldsmiths College）行政部主席，因其充滿善意的態度和機智的判斷，成為許多會議指定出席的科學家。

1924 年懷德海 63 歲，接受哈佛大學的邀請移居美國並擔任該校哲學教授。1931 年當選英國學術研究院（British Academy）院士。1945 年獲頒英國榮譽勳章（Order of Merit）。1947 年逝世於哈佛校園，遺囑中交代無葬禮，並委妻子焚其未出版的手稿和書信。

懷德海的一生有各種豐富的著作，透過著作可將其思想分做三期，此三期也是連續發展的歷程。懷氏一方面承接傳統，另一方面批判傳統而有所創造，呈現出新的觀念。以下說明之。

（二）學術著作與思想分期

筆者依照懷德海的著作發表之先後次序，將其思想分為三期，是為數學與邏輯時期、自然科學的哲學時期和形上學時期。〔註122〕

1、數學與邏輯時期

懷德海思想的第一期是數學與邏輯時期。1898 年，懷德海出版第一本著作《普遍代數論及其應用》（*A Treatise on Universal Algebra, with Applications*），懷氏在此書中嘗試將各種數學學科統合在普遍代數之中，並要求此一普遍科學能應用在真實的世界之中。〔註123〕1903 年被選為英國皇家學會會員，同年開始和學生羅素（Bertrand Russell）合作研究並出版《數學原理》（*Principia*

〔註122〕俞懿嫻參考勞倫斯和福特的說法，以懷氏的創化思想為主，認為其思想發展可分為四種形式、三個階段。筆者以懷德海的著作來做區分，參考沈清松從懷氏科技觀出發的觀點，因此第一階段是數學與邏輯階段。其實，兩種區分並沒有衝突，因為思想的發展是一種連續的、有相關的歷程；而且俞懿嫻也同意化解科學與人文之間的對立，正是懷德海的關懷。俞懿嫻，〈懷德海前期創生概念及其思想背景〉《輔仁大學哲學論集》38 卷，（台北縣：輔大，民國 94 年），212、226 頁。俞懿嫻，〈《易經》創化概念與懷德海歷程思想〉《哲學與文化》34 卷第 6 期，（台北縣：輔大，2007），64 頁。沈清松，〈懷德海的科技觀與形上學〉《現代哲學論衡》，（台北：黎明，民國 83 年），90～96 頁。

〔註123〕沈清松，《現代哲學論衡》，90 頁。

Mathematica），主要內容在證明數學可以從形式邏輯的前提推演而成，是懷氏在劍橋時期的代表作，此書亦是當代數學邏輯的經典。1911 年自行寫作出版《數學引論》（*An Introduction to Mathematics*），同樣是關心數學和邏輯的運用性，以及如何結合經驗科學。此為懷氏哲學思想的第一期，接著介紹第二期：自然科學的哲學時期。

2、自然科學的哲學時期

懷德海思想的第二期是自然科學的哲學時期。這一階段懷氏以知識論的方式對科學研究活動與教育中理智成熟的歷程提出反省。1916 年～1929 年之間出版了五本書。其為《思想的組織》（*The Organization of Thought*）（1916）、《自然知識原理探究》（*An Enquiry Concerning the Principles of Natural Knowledge*）（1919）、《自然的概念》（*The Concept of Nature*）（1920）、《相對性原理》（*The Principle of Relativity*）（1922）和《教育的目的》（*The Aims of Education*）（1929），這幾本著作是懷氏對知識論和教育的反省，特別是《相對性原理》的相對性觀念，針對相關性，指出一切時空結構和一切自然法則皆立基於事件與事件的意義之間內在的相關性，從一種新穎的經驗理論出發來呈現萬物彼此的內在關係，此內在關係也是不可取代的關係，因而將變遷和過渡突顯出來。〔註124〕

在這個時期，懷德海批評的是近代科學所含的科學唯物論。〔註125〕懷氏不同意科學唯物論對物質和對最終實在的看法，他另外提出「意義」理論，指出每一事件都因為和整體宇宙的內在關係而指向其他的事件，也就是每一事件都因內在關係而指向意義。這意義的活動是自然連續不斷的變遷和創造前進，而人類精神介入自然，使自然分割成為可理解的對象。這一個意義理論在其第三期的思想中，發展成為「攝受」的（prehension）理論。〔註126〕有關攝受理論在下一子題「懷德海的創化思想」當中會有進一步說明。

〔註124〕同上，92 頁。

〔註125〕科學唯物論假定有一個不可化除的原始物質做為物質世界的最終實在，此種物質以各種不同的型構及變遷沿展在空間之中。此物質本身是無感覺、無價值、無目的，只循著固定的法則發展，而這些法則都不是出自萬物的本性，而是來自外在的關係。懷氏認為此觀念絕無法解釋自然在時空中的變遷性和相關性。同上，94 頁。

〔註126〕也有學者翻譯成「攝持」，筆者以其關係性的角度，參考沈清松觀點，採用「攝受」的翻譯。

3、形上學時期

第三期是形上學的時期，也是懷德海在哈佛的時期。這段時期懷氏先後發表了《科學與現代世界》（*Science and the Modern World*）（1925）與《形成中的宗教》（*Religion in the Making*）（1926）主要針對近代科學的歷史發展和宗教經驗進行反省。而 1929 發表的《歷程與實在》（*Process and Reality*）主要是以其概念重新詮釋各種近代的哲學理論並用來分析一般經驗、廣延關係和神與世界的關係，此書後來成為現代西方機體哲學（或稱歷程哲學）的代表。1933 年出版《觀念的冒險》討論了社會性觀念、宇宙論和哲學與文化等觀念，以及這些觀念在人類歷史過程中，如何發展前進以致提升人類文明的問題。1938 出版《思想的模態》（*Modes of Thought*），主要是重新思考哲學的根源問題，懷氏認為，哲學根源於人類的經驗和創造性的生命，而人的經驗和生命也就是創造價值與文明的歷程。〔註 127〕

為何懷德海的第三時期稱為形上學時期呢？因為在這個時期懷德海提出一個關於全體經驗和全體存在的形上理論，用意是提供一個普遍概念，使其能顯示全體經驗之結構和動力以及對全體宇宙的理解，相似於一種觀念的典範，藉此打破學科之間的封限和個別經驗的差異，而能向一個全體經驗的整全架構開放。〔註 128〕懷氏批判近代以來經驗主義和理性主義之狹隘的經驗觀念，他把經驗擴充為整體創造的歷程，有物理面和心靈面，萬物也包含在不斷更新的歷程中，所以人和萬物都有經驗，連一般的經驗也是創新的歷程，如此一方面肯定和融貫所有經驗，另一方面發揮此觀念的應用性，而構成此普遍觀念體系成為其形上學。

分析懷氏的生平和著作，可知其由邏輯數學發展到形上體系，是對科技活動的客觀思考帶領其建構對象論（doctrine of objects），並使其視野轉向全體經驗，而擴充對象發展成為永恆對象。因而，懷氏對科技活動之價值的肯定自是不令人意外，他也被推舉為在科技時代中最為典型的形上學家。其形上學是以對科學經驗的哲學反省為起點，並認為後者需擴充到人類及宇宙的全體經驗中予以定位，此全體經驗，對懷氏而言即為創造的領域，亦是構成個人、社會與歷史的歷程，該歷程具有"動態與創造"的特色，也是懷氏創化思想的發展歷程。

〔註 127〕沈清松，《現代哲學論衡》，92 頁。
〔註 128〕同上，103～104 頁。

二、懷德海的創生概念與創化思想

　　爲能清楚掌握懷德海思想，首先釐清幾個相似的名詞，如「創進」、「創生」與「創化」。「創進」（creative advance）是懷氏哲學初期的構想，表達自然界是持續生成變化的想法。「創生」（creativity）屬於形上學的終極範疇，是沿著創進概念發展而成的思想。「創化」則代表懷氏整體思想的總稱。

　　在這一小節中，將深入探討懷氏的創生相關概念。首先，「創進」是什麼？其次，在創進歷程中，個體和整體的關係如何？懷氏如何解釋機體？「攝受」理論有什麼作用？最後，是永恆的對象與「創生」有何關係？

（一）創進：自然即歷程

　　方東美闡揚機體主義具有非孤立、非機械、非封閉、包容萬有、交融互通以及整全統一的特色。〔註129〕此機體主義化解二元對立所造成的疏離，幫助人認識並統合人和整體世界的關係。〔註130〕方東美並指出懷德海的「自然界之兩橛觀」（bifurcation of nature）正是說明此二元對立，而當超越機械和封閉化之後，所達到的平等與自由的境界，方氏認爲它是懷德海說的「創進」（creative advance）。〔註131〕

　　「創進」首見於懷德海《自然知識原理探究》一書中，屬於哲學初期的構想。到了形上學時期的《科學與現代世界》一書，此「創進」概念轉型成爲「機體」（organism），是爲懷氏創生思想的萌芽。「創進」指明「自然即爲歷程」（nature is a process）的歷程哲學。該思想逐漸發展，後來在《形成中的宗教》一書，懷氏正式提出「創生」一辭，代表宇宙三原素之一，具有原初性和終結性（primordial and consequent nature），奠定了歷程神學的基礎。

　　在懷德海看來，自然最顯著的特徵就是「創生」，也就是整個自然的歷程，不斷有新的事件發生並不斷地生成變化，這種創生的進程，懷氏以「創進」形容之，表示自然最普遍的特質，一言以蔽之就是「自然即歷程」。事實上，在晚期的《歷程與實在》一書，「創生」的理念就是懷氏形上學的終極範疇之一，也是歷程神學的基礎。以此「創生」爲最究極和最基本，統攝了「一」與「多」兩個相聯的觀念。

　　「一」，指的是單一性或是單一整體，「多」指的是「分散及歧異性」

〔註129〕Fang, Thomé H., *Creativity in Man and Nature*（Taipei: Linking, 1980），p. 30.
〔註130〕Ibid. , p. 65.
〔註131〕方東美，《科學哲學與人生》，125、148 頁。

（disjunctive diversity）。「創進」思想指出，這世界有各種迥異分散的東西，最後都會結合爲一（conjunctive unity），最主要的原因是「創生」。此過程中，機體結合了「多」種原來已經有的成分（antecedent factors），進而發展出嶄新的單「一」體。〔註132〕創生便是顯示「多入於一」的原理，與其「機體哲學」的演化息息相關。

（二）機體哲學：個體與整體之間動態關連

懷德海提出「機體論」以脫離唯物論和預定論的箝制，他認爲機體具有交互作用、能夠選擇目的和創造新生機，將時空合一，使自然成爲一擴張性和演化的過程，如此，事物皆處在互相關聯的體現過程中，而以「創生」（creativity）爲其終極。其形上學更以具體經驗爲基礎，提出「永恆對象」的概念，一切現實物和永恆對象都在分殊和統一的歷程中，也都將因永恆對象的引導而聚合於神的終結性之內，發展成爲歷程神學。〔註133〕懷氏由「機體論」的概念和原理而成「創化」的歷程。

歷程哲學的基本共同看法，是宇宙乃由內在互有關係的活生生的機體所構成，且持續在創造的歷程中進行演化。因爲有不同的思考論點，歷程哲學產生各種不同的派別，〔註134〕而懷德海乃是方東美特別重視的歷程哲學家，〔註135〕職是之故，針對影響方東美並與之對比兩個理由，因而本文僅以懷德海的機體實在論（organic realism）爲範圍。

懷德海認爲，自然演化的機制有兩個，一是機體適應環境，另一是機體

〔註132〕俞懿嫻，〈懷德海前期創生概念及其思想背景〉，205 頁。

〔註133〕歷程神學有廣義和狹義的兩種看法。廣義的，是指凡強調事件或是變化以及其相關性超過實體及存有的神學看法都可稱爲歷程神學。一般而言，其近代淵源有三，一是黑格爾學派的實在界動態性歷史觀。二爲近代的進化論思想。三是美國詹姆斯（W. James, 1842～1910）和杜威的經驗實用主義等。歷程神學包括下列多位學者的思想，例如：法國柏格森、德日進、英國的摩爾根（C. L. Morgan, 1894～1958），美國的懷德海以及哈特商（C. Hartshorne, 1897～）等學者的思想。狹義的方面，歷程神學是指 1930 年代以後，在芝加哥神學院所發展而以馬太（S. Mathews, 1863～1941）爲首，經哈特商等人修改的社會歷史進路的神學運動。神學辭典590條「歷程神學」，831頁。

〔註134〕有詹姆士爲主之實用主義哲學提出的「經驗形上學」、帕爾斯提出「演化之愛」、柏格森的「創生演化論」、亞歷山大的「新實在論」和懷德海的「機體實在論」。

〔註135〕Fang, Thomé H., *Chinese Philosophy: Its Spirit and Its Development*,（Taipei: Linking, 1981），p. 111.

創造環境，也就是「攝受」的活動。現實物（actual entities）經由主動攝取和被動接受的活動，使得彼此有內在的動態的關聯，因而形成有機的體系。

在《歷程與實在》一書中，懷德海說：「在機體哲學中那『終極』可名之為『創化』⋯⋯。」接著他再申明需將終極視為是歷程的。〔註136〕如此其機體哲學也成為歷程哲學。根據懷德海的想法，機體哲學的核心思考是現實物都有自行生成變化的能力，是為「自我創造」（self-creation），也就是前一段所說的"自然即歷程"的創進觀點。此創進觀指出，整個宇宙都是一種生生不息的歷程，其具體表現是宇宙中不斷產生新的現象，以及現實物不斷組成擴大為更緊密的綜合體。

筆者將藉由幾個關鍵概念的介紹，對以上的敘述進一步做說明，其為現實物、攝受、集結和永恆。

1、現實物（actual entities），是現實性的最後攜帶者，也是宇宙中的基本因素，懷德海又稱它為真實物（res verae）。如果根據現實物乃在經驗之流中一一緣現而言，此現實物也稱為現實緣現（actual occasions）。根據懷德海的理論，「現實物」不斷處於「主體消逝」（to perish subjectively）的過程，但並沒有真正消失，而是成為其他現實物的內容，持續在共生的歷程中，繼續成為另一個現實物的一部份。如此，每一現實物都有其不朽性。〔註137〕

2、攝受（prehension），是各種現實物內在最根本的活動，有主動的攝取和被動的接受兩方面。由於此攝受活動，才使得現實物彼此有內在的動態的關聯，因而形成有機的體系；也因為此攝受的動態使得現實物趨向其他現實物，進而產生有意義的活動。我們也可稱「攝受」是人的經驗之最根本的型態。

3、集結（nexus），因為有攝受活動，所以許多現實物得以集結在一起。在人的經驗中所看到的，都是現實物的集結，而不是個別的現實物，對懷德海而言，集結是為公開的事實。「攝受」是懷德海機體哲學的核心概

〔註136〕A. N. Whitehead, *Process and Reality*, Corrected Edition,（New York: Free Press, 1978），p. 7.

〔註137〕沈清松，《現代哲學論衡》，108頁。俞懿嫻，《懷德海自然哲學》，（北市：正中，民國90年），297頁。共生是指「現實物」生成的歷程，這歷程在不斷地更新之中。每一現實物都是具體存在於歷程中，聯結先前的現實物一起共同成長，再成為其他新的現實物，謂之共生。

念，最早見於其自然哲學的「意義論」。懷氏認爲人類心靈的功能有其象徵作用，當面臨某些經驗（稱知覺經驗）會聯想起過去的經驗（稱象徵經驗），同時也引起與該經驗相關的信念或情緒，於是產生意義。筆者認爲，這相似於「意識化」（concentration）的過程，意識串連經驗，在意識化的過程中，人看出事件或生命的意義。當然，並非所有的經驗都會使人領會意義，最主要是人對該經驗是否有「意識」。

4、永恆對象（eternal objects），指純粹形式或純粹潛能。永恆對象以具體顯現爲某一現實物的確定特性的方式，來參與現實物的變遷歷程。

綜合而言，各現實物在彼此相互攝受時，不斷地形成集結，而構成越來越複雜的型態。每一已經是的現實物，都因其攝受的活動，而參與它與其他現實物共同成長（growing together/ concrete togetherness）的變遷歷程；此共同成長，指原先雜多的現實物形成一個複合統一體的歷程。而歷程原理正是說明在同一歷程之中，一個現實物的潛能如何實現在另外一現實物身上的變遷歷程，以及，一個現實物構成自我之變遷歷程。

換句話說，一個現實物的存有（being）是由其變遷（becoming）所構成的。每一現實物是已經在攝受中與其他現實物共同成長的結果。由於攝受活動之力，每一現實物皆在變遷歷程之中構成其存有。但在構成自己的存有時，該現實物也進入了別的現實物的變遷歷程中。〔註138〕最後，爲了說明整合活動中的客觀結構與確定形式，因而必有一永恆的對象。

（三）永恆對象與歷程中的神

永恆對象（eternal object）由攝受對象發展而來，是懷德海形上理論的重要基礎。在《歷程與實在》一書中，懷德海稱其形上學爲思辨哲學（speculative philosophy），〔註139〕目的即是致力於構成一個圓融、邏輯和必然的普遍觀念體系，以這些普遍觀念能解釋人類經驗的一切因果。〔註140〕而所有的經驗因爲都有攝受的對象，所以都具有客觀性（objectivity），後來這個攝受的對象被懷氏發揮成爲永恆的對象，構成其形上理論的重要基礎。

〔註138〕沈清松，《哲學論衡》，111～112頁。

〔註139〕也有學者翻譯成默觀哲學，因爲默觀哲學多用來形容神秘主義者的神秘經驗，後來成爲神秘經驗的專有名詞，爲了有所區分，故本文採納思辨哲學的用法。

〔註140〕A. N. Whitehead, *Process and Reality*, Corrected Edition,（New York: Free Press, 1978），p. 3.

　　永恆對象（eternal object）代表了宇宙和經驗中的完美性，儘管如此，此永恆對象仍須在一個概念攝受的活動中顯出其根源，這涉及了懷氏所稱的動力因和目的因。現實物受之於其他現實物者稱爲歷程中的動力因；目的因則是該現實物本身的主觀目的，也就是事物根據自身的「主觀目的」，追求最終的滿足，得到自我創造與自我實現的機會。此動力因與目的因也是不斷產生新綜合的動力和歷程。

　　永恆對象是在創新歷程中，吸引創新的一個典範。在現實世界中因爲永恆對象和永恆對象的抽象層級而有創生，創生是運動——是永恆對象的分殊和現實物的統一之運動，此運動如何可能？其動力來自何處？永恆對象的分化和統一，出自神的原初性和終結性。對懷德海而言，永恆對象的分殊化運動的基礎是神，現實物的統一運動之最終的理由也是神。更清楚地說，應該是神的存在以及其攝受活動，是一切永恆對象和社會集合的最終理由。神有原初性和終結性（primordial and consequent natures），神的原初性是神以其概念來推動整個永恆對象的王國之建立，神的終結性使宇宙整體不致分散而能聚合爲一，並接受此一整體世界。

　　總之，人和神是宇宙的合作創造者。歷程神學的基本看法，是神的創造是永遠的進化過程，神是「以愛，慢慢地、靜靜地」工作著的那一位。神受世界的影響，也影響著世上發生的一切事物，祂是個「善體人意的偉大伴侶，也就是共患難者」，祂是在創造及邁向新奇事物中，與世界互動的「永恆願望的衝力」。〔註 141〕因此，神成爲新事物的基礎，人和神是宇宙的"合作創造者"（co-creator），祂不但受世界影響也影響著世界的一切，一切現實物本質上都在過程中，而在過程中的任何實在性狀態，都影響著一切未來的實在性。此實現化過程，神是持續性與秩序的確立和維護者，人則在宇宙中參與了創造的歷程。如此，似乎隱含見到與方東美相似的思想。事實上，經過方東美的詮釋，「生生」的意思儼然等同於懷德海的 creativity。〔註 142〕

三、方東美與懷德海的對比

　　方東美在 *Chinese Philosophy: Its Spirit and Its Development* 一書中表示，

〔註 141〕神學辭典 590 條「過程神學」，831～832 頁

〔註 142〕Fang, Thomé H., *Chinese Philosophy: Its Spirit and Its Development*,（Taipei: Linking, 1981），p. 111.

他認爲〈繫辭〉中的「生生」意義與懷德海的 creativity（創生）相等。而 creativity
（創生）一向是方氏偏愛運用的詞彙，「生生之德」更成爲方氏論著四十年的
學說之精神。然而，誠如項退結所言，應避免後來的創造性思想與中國傳統
哲學中的本來意義相混淆。〔註 143〕

　　因此，這一小節首先簡單回顧方東美所詮釋的「生生」，接著再釐清「生
生」在文本當中的原始義，最後，對比懷德海 creativity（創生）的意思，藉
此，凸顯出方東美受懷氏影響之處。

（一）方東美詮釋的「生生」

　　歸納方東美所詮釋的「生生」，最主要〔註 144〕是結合了《周易正義》、《易
傳》、西洋哲學家柏格森和懷德海等人的思想。其爲《周易正義》「生生不絕」
的「生生」；《易傳》〈繫辭〉（上 5）的「……繼之者善也……日新之謂盛德……
生生之謂易」和〈乾卦〉文言：「元者善之長也」；西洋哲學家柏格森「創生
的進化」（Évolution créatrice）之普遍進化論以及懷德海的向更高深度
（intensity）發展的觀點，綜合而成其獨樹一格之新的生命境界。

　　此新的生命境界具有普遍進化、創化與創生的特點，是「普遍生命流行
的境界」，在當中人與天地同參，並和宇宙生命和諧一致。在非孤立的特色上，
又稱爲「機體」，相近於先秦的「天人合德」、漢儒的「天人合一」以及宋明
清儒「天人不二」的境界。〔註 145〕

　　整體來說，方東美談生命可分爲巨觀與微觀兩個角度。巨觀的角度，宇
宙是充盈著「普遍的生命之流」的無限領域。微觀的角度，方氏引〈繫辭〉
的描述並翻譯：一陰一陽之謂道，繼之（creative process）者善也，成之（creative
process）者性也。日新之謂盛德，生生（forevermore creative）之謂易……陰
陽不測之謂神。此角度顯示方東美將〈繫辭〉的這段話詮釋爲富有創造性的，
並總結其是「普遍生命之流」。最主要，是因爲陰陽變易的道，方氏也將它等

〔註 143〕項退結，〈對方東美生命觀的一些問題〉《中國哲學之路》，（北市：東大，民
　　　　　國 80 年），45 頁。

〔註 144〕有印度的奧義書與大乘佛教，西洋新柏拉圖思想、柏羅丁、斯比諾撒的泛神
　　　　　論、黑格爾思想與歐洲中古密契主義等等。Fang, Thomé H., *Creativity in Man
　　　　　and Nature*，pp. 87～91, 94～97.

〔註 145〕Fang, Thomé H, *Chinese Philosophy: Its Spirit and Its Development*,（Taipei:
　　　　　Linking, 1981），pp. 103～112; *Creativity in Man and Nature*, p. 30; 方東美,《新
　　　　　儒家哲學十八講》，44 頁。

同於是創化的歷程（creative process），而「生生」所代表的陰陽變易，則直接
說爲是恆久不變的創造性（forevermore creative）。〔註146〕

　　綜合上述，方東美所詮釋的「生生」包含普遍進化、創化和創生的特點
如何證明此特點是兼融《易傳》文本和西方創化思想家懷德海等人的思想？
以下即進行《易傳》文本的說明。

（二）《易傳》〈繫辭〉的「生生」

　　《易經》所遺留的是一些符號，而易經注疏各家不一，流傳後代所表達
的思想也相當紛雜，包括在歷史的流變過程，符應時代的需求也會有混合、
吸收和旁通其他思想的詮釋。方東美也說：「漢易與周易不能等同」、「周易在
傳播時也參雜了神仙術數的陰陽家思想」，甚至，「周易不僅有儒家的周易，
還有道家的周易以及道教的周易」〔註147〕在此，根據方東美所詮釋的生生，
筆者整理項退結的資料，有 4 個重點做對照。〔註148〕

　　1、《易傳》中的「生」，主要意義是指萬物的生發，並不與生命有直接的
　　　　關係。

　　2、〈繫辭〉的「一陰一陽之謂道，繼之者善也，成之者性也。日新之謂
　　　　盛德，生生之謂易……陰陽不測之謂神。」當中，表達出"易"不止
　　　　息的發生與再生的歷程，在陰與陽的相繼與更替當中運作，這個歷程
　　　　持續不斷地更新事物。

　　3、「日新之謂盛德」指人本身的「苟日新，又日新」以及事物有新的錯
　　　　綜複雜的無數可能性，並不含產生新品種的進化之意。再根據〈乾卦〉
　　　　彖、象和文言，「乾」代表宇宙間陽的主動力量，與「坤」結合除了
　　　　是宇宙的根源以外，也是一切善的起源。因此，日新又新的的生發是
　　　　善的泉源，包括道德上的善。

　　4、《周易正義》的「生生」表示「生生不息」和「生生不絕」；唐朝孔穎
　　　　達認爲「生生之謂易」是說陰陽變轉，後生次於前生，是萬物恆生，
　　　　謂之易也。〔註149〕這是研究易經的學者所公認的。即使張載將「生

〔註146〕Fang, Thomé H, *Chinese Philosophy: Its Spirit and Its Development*, pp. 105～110.

〔註147〕方東美認爲原始儒家根源是《大易》，它與上古的「五行説」——五行內秉天
　　　　命、生機蓬勃、創進不息與生生不已——的精神會通。方東美，《生生之德》，
　　　　3 頁、《中國哲學精神及其發展》，142 頁、《新儒家哲學十八講》，49 頁。

〔註148〕項退結，《中國哲學之路》，42～48 頁。

〔註149〕阮元校《十三經注疏》（重刊宋本）第一冊，（台北：藝文，民國 70 年）卷七，

生」解釋為「進進」的意思，也是指變易時後浪推前浪的關係。

項退結歸納了《易傳》中含有「生」字的句子，共有四十三句，其中三十六句泛指事物而不限於人或物的發生。另外七句專指涉及人，卻都沒有顯題化的表達生命概念，也不直接和生命有關。〔註 150〕

綜合言之，「生生」所描述的僅僅只是透過"變易"，萬物不息地生發出來而已，並沒有生命的意思。然而，此種以陰陽互動而日新又新之不斷產生與不斷運作的生生之"易"卻能有比方東美認為的「創化」及「創造性」有更廣泛的應用。〔註 151〕當然，方氏多處提及懷德海，顯然對其思想非常重視。〔註 152〕

（三）懷德海的 Creativity

比較《易傳》的「生生」，懷德海的 creativity（創生）更接近生生不已的變化。因為懷氏所說的現實物，都是由其自身所創造，創造的進度（creative advance）是在於追求深度（intensity）。〔註 153〕

對懷德海而言，creativity（創生）是終極的頂峰。前文曾經介紹過懷氏的終極範疇（The category of the ultimate）有三，是「一」、「多」和「創生」，而統攝三者的是創生力，形成創生歷程。該創生觀指陳出每一現實物存在的特徵，是各自獨有的創生力以及能在社群中分享其他現實物的創生力，如此顯示出每一現實物之間的必然相關，而否定了獨立自存的第一實體之想法。最後，即使是神，也都是創生力具體化現的特例（accident），〔註 154〕不同的，神是最原始且超越時間的。〔註 155〕懷德海說：「在一切哲學中都有一終極……而機體哲學的終極是創生。」〔註 156〕他也說：創生力是超越一切的終極事實，無法藉由言語完整表達，只能依賴直觀。此直觀的把握屬於神秘經驗。

針對「生生」的意涵和相關，對比《易傳》、方東美和懷德海的思想，表格化如下：

---

13 頁。項退結《中國哲學之路》，46 頁。

〔註 150〕項退結《中國哲學之路》，46、50 頁。

〔註 151〕同上，46、49 頁。

〔註 152〕方東美，《科學哲學與人生》，125、148 頁。

〔註 153〕Alfred North Whitehead, *Process and Reality: An Essay in Cosmology*（Corrected Ed.）, New York: Free Press, 1978, pp. 25, 89, 96, 105, etc.轉引自項退結，《中國哲學之路》，49 頁。

〔註 154〕指其存在於演繹系統中具有必然性。

〔註 155〕Alfred North Whitehead, *Process and Reality*, p. 7.

〔註 156〕ibid.

表八：方東美、《易傳》和懷德海關於生命的產生與神概念的比較

理論 意義 詞義	方東美	易　　傳	懷德海
生生 creativity	普遍進化、創化、創生	萬物的生發、不止息的發生與再生，與生命無關	生生不已的變化創造、創生。
創生力	神的創造力貫注萬物使萬物有創造演化力／自本自根的力量形成創生過程	陰陽交感合德生萬物	神和祂的活動使萬物分殊和集結。
神	神秘體驗的終極根源	宇宙終點，稱太極	是原初和終結。靠直覺把握，和神秘主義有關。

　　總之，懷德海的創化思想是任何現實物都有創生力，所以創生是一種普遍概念，是終極的事實也是共相的共相，也是由多到一的集結原理（終極原理），集結又產生新穎的集結，所以創生也是一種共同成長。此共同成長使每一現實物聯合過去，朝向主觀目的更高的綜合。也因此懷德海的歷程神學宣稱神陪伴著受造物一起改變，這觀點正是懷氏影響方東美最深之處。也是引起爭議和討論的地方。

　　為什麼引起爭議呢？最主要是該論點反駁了極端派自然神論的說法，神不再是創造世界之後遠離世界的造物者，人的命運也不再是預定的不可改變。十九世紀之後的基督宗教神觀，已經逐漸異於傳統對神人關係的看法，懷德海自然地會對它有深入思考。方東美多次引述懷德海的詞彙和說法，後者對前者的影響力不可小覷。

　　另一方面，方東美也研究原始道家的老莊思想，老子《道德經》二十五章有「道」是「獨立而不改，周行而不殆」的概念，這裡的"獨立不改"和"周行不待"指出「道」是獨立不動又是運行不已。這看來矛盾的說法，有三點值得重視，第一、在道家的哲學當中呈現二元對立的思考特色，例如老子就常提出「動靜」、「有無」、「剛柔」和「清濁」〔註157〕等說法。第二、「道」一方面是獨立不動又是運轉不已，這種概念在老子哲學當中確實成為難題，直到莊子提出「道」有"回復和歸返"的概念才解決了矛盾。第三、這種對

─────────────────────────

〔註157〕老子《道德經》第 40、42、43 章等。http://www.sanching.org.tw/book/book1.htm.

立也是辯證的關係，顯示道是在動態、循環之中復歸原初的靜寂。

由以上所述可以確認，方東美受到懷德海的影響之處。

小　結

影響方東美生命觀的西方創化思想有柏格森、德日進和懷德海。

柏格森提出生命衝力、綿延和直觀方法，化解精神和物質的區隔，也表達意識連續不斷的狀態，在直觀中體驗神秘經驗成為創造和前進的動力，生命得到創新和改變。

而德日進的進化觀是宇宙有潛在能，使宇宙由「前生機」、「生命產生」到「人的精神化」還要繼續到「奧米加點」，是受終極圓滿的基督的引導。

懷德海由「機體哲學」建立的經驗形上學，其核心概念「攝受」（prehension），此概念是一種「意識化」（conscious）的過程，藉此過程人方能認出生命的意義，成為生命前進發展的理由。懷氏的永恆對象可類比為基督宗教的耶穌基督，相同的是皆具有吸引萬物創新、分殊和統一的特性，甚至，耶穌基督也是在意識化過程中逐漸認出自己的使命。

方東美認為宇宙之間充滿生生不息的創生力，人能掌握此創生力層層提昇，成為高貴人再繼續創造進化。四位哲學家的思想相似之處呼之欲出，以下簡單將上述重點表格化如下。

表七：柏格森、德日進、懷德海和方東美創化思想的對比

概念＼名稱＼人物	柏格森	德日進	懷德海	方東美
進化的動力	生命衝力	潛在能	創生力	創造力
宇宙的存在	精神與物質的聯合	物質與精神合一	有物理面和心靈面	精神與物質沒有區隔
進化的過程（意識化）	綿延的活動	創生的動態過程、人化、基督化	攝受的活動	文明精神的提昇、精神化

結合方東美自己的說法，我們可說方東美的生命觀，受到柏氏、德氏和懷氏的影響有三點，首先，宇宙整體是在創造和變化的過程中，也就是的進化。因此人的生命也能透過意識化不斷地提昇。其次，創造和變化的過程，

神和人都參與其中。最後，進化的終極目標，是整體性的歸回到神的奧秘之內。

具體而言，柏格森、德日進、懷德海和方東美在對宇宙是整體合一以及生命是進化的看法上相似。進化過程中“意識”佔有重要地位，也是四位哲人所強調的。仔細探究，方東美說世界上沒有死物，一切現象都藏著生命，這點與二位西方哲人柏格森認爲的宇宙萬物都有生命衝力，以及德日進說的物質內含有前生機相似。而柏格森的綿延概念串連精神與物質、德日進肯定物質內有潛在能與東方哲人方東美宇宙有生生不息創造力的觀點相近。

然而，是誰創造宇宙萬物？德日進的創化論指出，創化是由天主領導的創造和變化，宇宙是精神和物質的動態性整體，充滿生命與活力。生命的出現和人意識是兩個躍進的轉捩點，雖是待解之謎，卻必須承認進化是朝著更複雜、更具意識的、有目的和意義的方向前進，整個進化的過程由愛所推動，愛是迴向自身的能力，使個體在整體內保留自己也完成自己，而愛的具體化現就是位格神——耶穌基督。以悠遊於儒、道、佛各家而自詡的方東美，他並未言說創造神所指爲何，因此，無法進入信仰之內提供一具體的典範。

“愛”顯然是宇宙整體存在和成長的關鍵，愛從何而來，人的有限性如何克服物質的枷鎖躍入超生命？柏格森以直覺方法直接躍入宗教的神秘經驗中，說明其爲愛的體驗。德日進以其自身的體驗說明通過仁愛能走向終極點。儒家主張的「仁」，如果當做是上天賜予的神秘禮物，應該能做爲方東美在這點的補充。

方東美自稱的「泛神論」，卻成爲其所建立的體系當中，近年來引起最多討論的部分。懷德海的「創生」之根源是神和神的活動，而方東美推崇的「泛神論」或是「萬有在神論」，以其「關連圖」中上、下迴向的說法，最初和最後到底是什麼？對個人而言，「意向性」顯然是需要的，如此生命才能有所發展。

另一方面，方東美的「生生」既然是包含普遍進化和創生的特點。那麼它的根源是什麼？又如何可能？對比方東美的描述，感到前後不一致。因為，他在 *Creativity in Man and Nature* 寫道：「無限的神明……將其創造能力貫注於此世，……每一受造物都將在時間的歷程中達致造物者所賦予之成全。」〔註158〕

〔註158〕"The infinite divine Being... can insinuate its creative power into the world... It takes time for each created being to come up to its own perfection as inspired by

因此，可說方東美認為創造能力來自神，祂將其創造力施予萬物。而神又是什麼呢？方東美形容神是 a power, a creative force。神變成是一種創造力，又是一種精神。〔註 159〕論及神的本質又說：「神明的本質就是愛」。〔註 160〕神是創造力本身嗎？或是神有創造力？方東美的神觀如何？方東美推崇泛神論，認為它與理性精神相契。另外，方氏形容神是「超越又內在」的匯集了一切價值而成為最高價值，也成為人類生命的最高指引。〔註 161〕這個說法更加接近「萬有在神論」，是否為方東美對於人神關係的描寫？

筆者認為需要釐清的地方有三點，方東美所認為的泛神論（pantheism）是什麼？方氏後來補注說明「萬有在神論」（panentheism）應該更好，有何意義？方氏受懷德海創化思想的影響已經是顯而易見，在西方思想中是否能找到綜合上述三位創化思想家的代表和相應的觀點？以上，在下一章將有主題的探討。

the primal creator." Thomé H. Fang, *Creativity in Man and Nature*, pp. 91～92; 方東美，《生生之德》，348 頁。

〔註 159〕 "God is in no way a thing; He is a power, a creative force; He is a spirit." Thomé H. Fang, *Creativity in Man and Nature*, pp. 69～70; 方東美，《生生之德》，325～326 頁。

〔註 160〕 "… the nature of the Divine, which is love." Ibid., p. 70.

〔註 161〕 Thomé H. Fang, *Creativity in Man and Nature*, Ibid., p. 80.

第四章　方東美生命觀的反省

　　方東美兼融中、西哲學建構其思想體系，該體系的焦點是生命的發展，尤其是人存在的終極問題——"生從何來、往何處去？"涉及生命根源：神。方東美的神觀是「泛神論」或是「萬有在神內論」，曾經引起熱烈討論，與神人關係密不可分。其「關聯圖」中「上迴向」至 God 和 Godhead 的思考具有神祕思想的色彩，然而，爲何迴向是呈雙軌進行而不是單軌，這些問題在影響方氏的中西哲學中是否有脈絡可循？另外，方氏縱橫中西方並以儒道佛三家的薰陶自詡，在論及神人關係時，是否能不依賴具體的信仰而有屬於自身的靈修體驗？以上是本章的重點。

　　本章首先說明方東美哲學思想的四項特色，該特色是方氏反對區分、跨越種族、文化與宗教，多元研究哲學的成果，具體化成爲「關聯圖」，主要焦點是生命的存在和終向，揭露對神的看法。

　　其次，介紹方東美的神觀。本節除了釐清方氏的神觀以外，也分析該神觀在中西方哲學的來源，並探討其「關聯圖」的 God 和 Godhead 的意涵，筆者認爲，其爲方東美的神祕思想。最後，分析「關聯圖」中的雙軌動線是受到機體主義思考和道家《莊子》的影響。該神祕思想並具有「施與受」、「結合與共進」和「仿效與分享」的特色，是迴旋辯證的關係。

　　本章最後提出拉內人觀的核心論點做爲方東美生命觀的補充。因爲，拉內的《在世界的精神》、《聖言聆聽者》與在梵二推動普世神觀的思考，能綜合三位西方創化思想家並與方東美產生對話。方東美肯定人有能力成爲「高貴人」並上躋於神境，該理想人格如何成爲可能？生在今日世界，拉內特別重視靈修生活的體驗，該體驗必藉助對一具體信仰的皈依，在當中人得以昇

華與聖化。如此，拉內對靈修體驗的重視，補充了方東美哲學尚未說明的部份，成爲中、西方生命觀的進一步開展。

本章循著上述的重點，首先介紹方東美哲學的特色，接著由該特色導入方東美的神觀，最後，提出拉內人觀的核心論點作爲方東美思想的補充。如此，本章共有三節：第一節、方東美哲學的特色。第二節、方東美的神觀。第三節、方東美生命觀的補充。

第一節　方東美哲學的特色

方東美的哲學在中國方面採納《易經》、原始儒、道二家和佛教，在西方獲取了柏格森、德日進和懷德海三位哲學家的思想，約有下列幾項特色：一、融會中西方智慧找尋生命根源。二、化解疏離提出開展生命之道。三、肯定人的可能性。四、關注生命的終向。以下說明之。

一、融會中西方智慧，找尋生命根源

方東美認爲融匯中西方的哲學優點，能提昇人類生活，[註1] 所以，堅持從科學至上的世界潮流中尋得與人文聯繫的契機，尤其是五四運動之後，更致力於納中、西哲學之長，去其糠粕，揚棄二元對立，建構一種能相融的哲學體系。顯而易見的是爲振興中國哲學的企圖，隱微的目的是幫助和提供一種使人認識自身和根源的關係，藉之建立更穩妥的生命意義之道。

追溯到方東美年輕讀書的時候，中國正值對杜威思想非常關切的時代，也透過翻譯杜威的《實用主義》一書，闡述了人文思想和人生觀諸問題。當時學界有兩方主張，其一是尊奉科學精神，強調理性的方面。另一派是崇尚狄爾泰（Wilhelm Dilthey, 1833～1911）[註2] 的一方，此派質疑用科學主義來面對歷史文獻的妥當性；因爲人是追求意義的，人的生命是走向創造，歷史是「理解

〔註1〕　方東美，《生生之德》，157 頁。

〔註2〕　狄爾泰的哲學是生命哲學理論的淵源之一。狄氏強調人文學科研究的獨特性，反對將人文科學視爲類似自然科學的實證主義態度。他認爲生活才是哲學的出發點。而人的內在經驗才是哲學的唯一基礎。因此，通過人類思想的認識意識才能溝通主、客體，洞察事物的奧秘。狄氏進而指出，我們解釋自然，但是我們理解（verstehen）精神生活。這樣一個命題說明了自然科學方法無法應用到歷史研究中。http://www.fokas.com.tw/news/newslist.php?id=907 知識和社會廣場 20080725.

意義」，而不是著重在科學的因果關係。換句話說，人透過理解和創造來「詮釋」意義，方東美即爲推崇此派的學者。與其不同的，是方東美跳出狄氏的鴻溝論，認爲人文與科學之間有其連續性，此思考首見於《科學哲學與人生》一書，該書從物質科學、生物科學到人性，進入生命的悲劇，〔註3〕就在表達一種逐層演進的過程，是一種人文與科學的連續性理論。方東美有一段敘述：

> 太初有指，指本無名，熏生力用，顯情與理……情與理原非兩截的，宇宙自身便是情理的連續體，人生實質便是情理的集團……有「情理」，有人生，有世界，是根本不可否認的事實……情理本是不可分割的事實……生命的創進及於世界，世界的色法（現象）歸根於生命。〔註4〕

所謂「太初有指」，指是指向，即生命根源。事實上，對中國哲學關於「起源」問題的看法正是方東美的創見。因爲方氏迥異於一般的中國哲學史著作多是從老子和孔子談起的常態，挖掘更早之前的歷史所留下來的經書史料，一爲變易哲學《易經》，一爲永恆哲學《尚書·洪範》。因爲，古人處在生滅變化的世間，主要是靠這兩套哲學來安身立命，前書使人明白變化的規則，教人「窮則變，變則通，通則久」的道理，如此不致悲觀失望。後書提供一種現實生活的理想價值，要求人以絕對正義作爲目標和使命。之後的儒家、道家和先秦各學派，亦據此兩套素材應用於春秋戰國時代的亂世中，提出各自的一家之言，遂形成後續中國哲學的發展。〔註5〕而方東美在論述「起源」的問題時，同時會引述西方宗教學者和其他古文明對起源問題的研究，箇中原因，是人類面對自然界的考驗時，總會經驗到生命的卑微渺小和奧秘的不可解，該邊際經驗引人探究生命起源和終向問題，以及對永恆的渴求。

然而，宇宙的起源，生命的產生到底是怎麼回事呢？方東美如何瞭解呢？方東美認爲整個宇宙的起源是「情所生」，「情」是宇宙創造的原因，「理」是情所發顯出來，而成爲生命遵守的「法則」。情與理彼此在關係中，也是合作的一體，具有連續不斷、創進的特徵。因爲神以「生生之德」貫注於世界中，對人性則更加貫注以「神性潛能」（divine potency），〔註6〕使人有不斷向上提

〔註3〕 思考悲劇就是思考人生，就是追求幸福，將人生比喻成一齣戲，在過程中，心靈得到洗滌與淨化而得以提昇，使更加接近心靈的本質。

〔註4〕 方東美，《生生之德》，138 頁；同一作者，《科學哲學與人生》，24 頁。

〔註5〕 傅佩榮，〈回憶恩師方東美先生〉《傳記文學》，53 頁。

〔註6〕 Thomé H. Fang, *Creativity in Man and Nature*, p.81,97.

昇的能力。而人需要與神合作，便有實現神性潛能的可能性。

　　方東美重視情與理的均衡，跨越鴻溝論而強調人文、自然科學和哲學之間有連續性，以這個立場為出發觀察自然世界，推論出「宇宙是有關係的整體」。方氏將宇宙視為一個有機體，是哲學的演化論。討論演化論，即涉及生命根源的問題，對此方東美的看法是：人的生命在宇宙、在自然中，人性傾向不斷地向上提升發展，能尋求更深的意義。這也是人對永恆幸福的追求和渴望，是一種終極性的關懷。因而呼應了「情理均衡」、「顯情於理」的思考，因為，情與理的世界是源自奧秘的創造，人體驗了其中慷慨的分享，遂有持續奮進的力量，參與整體宇宙的發展。因而我們可以說它是跨越宗教的、以人為主體的問題，方東美明確地說：「哲學必須正視宇宙創生問題，以提供一個有關人類命運的遠景。」〔註7〕

　　如此，方東美的哲學主張，由科學與人文的連續性和合作中，一步步推向更廣大的人類對切身問題的探詢，即生命存在的意義。另一方面方東美也重視生命開展的法則。

二、化解疏離，提出開展生命之道

　　方東美認為生命會自我封閉而產生疏離，因此特別重視生命的開展。首先，方氏反對區分和由區分所造成之生命的解離，那是形成人內在自我矛盾的原因。〔註8〕方氏強調要關照人和世界中生命的全面，要提昇自己到更高的境界，〔註9〕以求超越分別心。而所有的對立當中，方東美認為最根本的是世界和自我的對立，他說：「……一個永遠和自己鬥爭的人，又如何與別人和平相處呢？」〔註10〕對立產生疏離，疏離使人失落生命。方東美認為：「人類含情而生，契理乃得存。」逆情悖理造成人的失落，人如果能夠擺脫罪孽將自證圓成實性，重返神明之境。〔註11〕然而如何能呢？在生活中，人是否只能依靠自己孤軍奮戰？事實上，人確實有能力重返神明之境，而這份確切的能力，不是出於人自身而是神所給予的。在方氏的「關聯圖」中就是「下迴向」

〔註7〕　方東美，《生生之德》，343 頁。
〔註8〕　指近代歐洲初性與次性、主體與客體的二元對立。方東美，《生生之德》，258、
　　　　259 頁。同一作者，《中國人生哲學》，88～91 頁。
〔註9〕　方東美，《生生之德》，257～259 頁。
〔註10〕同上，262～263 頁。
〔註11〕方東美，《生生之德》，337 頁。

主動慷慨給予，提升「上迴向」層層回歸。

　　再者，什麼是「逆情悖理」呢？在方東美的思考中常出現「情」和「理」。太初始於情，指的是太初創化萬物的動機是因爲情，而整個宇宙的動態變化是情理傳達，尋找根源的過程，所謂「道始於情」，人含情而生，契理乃存。方東美也用違離天道、人與天脫節、遠離道體及人「失去悟性正智」的作用來形容人的失落，其意所指，是爲了個人私利、表相價值與世俗虛榮而沈淪於物質享受之中，是利令智昏使人的眞性受到蒙蔽，生命無法開展。〔註12〕

　　從方東美的時代到現今的時代，人的狀況，在根本上還是信任和價值觀的問題。價值觀形成信念，信念影響行爲態度。缺乏核心價值，沒有建立足以仰望學習的典範，不信神的愛與忽視人自身的尊貴，不在乎的態度使人失落，因而人總是徬徨無助，如同歧路亡羊。

　　那麼，方東美是否提出解決之道呢？在第五屆中西哲學家會議中，方東美發表〈從宗教哲學與哲學人性論看「人的疏離」〉（The Alienation of Man in Philosophy, Religion, and Philosophical Anthropology）一文指出「人的疏離」是基於二元思考的西方哲學論點，而中國哲學採機體主義，對人、對世界和對神能達至貫通的理解，才是克服疏離之道。具體的貢獻，是方東美所構想稱爲「廣大悉備的和諧」之圖，也就是「關聯圖」。方東美強調該圖呈現的是宇宙全體一種和諧的關係，是人和世界的一切生命結成一體，並且共同享受和平安寧的妙樂。這個理想的實現是可能的，方氏認爲唯一的條件是相信人和自然都來自生元所發。〔註13〕而人在天地之間，因爲秉受「神性潛能」而體悟天地萬物同根一體的精神，所以，能夠對萬物和眾生的內在價值產生同情和肯定，協助宇宙全體回到根源。

　　這個人、神和世界的關係之橋樑，方東美認爲是宗教。人如果藉著宗教發展與神明的「內在融通」、與人類的「互愛互助」以及與世界的「參贊化育」的關係，最終能通於深微奧妙的平等境界。〔註14〕這幅「關聯圖」於《生生之德》書中有第二度的說明，是方東美在融合中西哲學的線索下，重構中國

〔註12〕同上，271～273 頁。

〔註13〕「生元」也就是具有內在活動的機體之根源，可用「觀念」或是「魂」來理解，生機論學者認爲「生元」是區別無機物和有機生命的關鍵。《西洋哲學辭典》「生元」198 條，313 頁。方東美，《生生之德》，263、291 頁。

〔註14〕Thomé H. Fang, *Creativity in Man and Nature*, pp. 67～68. 方東美，《生生之德》，323 頁。

哲學的創作，勾勒出一個生生不息旁通統貫的哲學藍圖，使人認識生命存在的各種漾態與可能性。人如何可能？也是「人是什麼？」的問題。方法上則是以中國宗教傳統儒、釋、道對人的瞭解做詮釋，三家皆肯定人在宇宙中的地位，如同「關聯圖」所繪「上迴向」可到達頂峰——「高貴人」成為聖賢和先知，方東美肯定宗教也確信人的可能性，是其哲學特色之一。

三、肯定人的可能性

人的可能性奠基於人的整體，也就是說人必須在身、心、靈全面整合的情況下，才能夠有所發展，發揮其潛力或可能性，故而方東美強調人性是精神和物質的合一，同時也強烈批評近代思潮對全世界風行草偃的影響。方東美認為科學主義否定人生命的神聖性，切斷生命和根源的連結，除了使人對傳統文化產生質疑以外，科技強調功能性的取向，也導致人的價值和尊嚴被扭曲，方氏反思此一弊端，認出了哲學家的使命，他說：

> 近代哲學的問題以認識論為中心，這種現象純是科學所引起之反響，（而）認識論的問題集中於心、物關係的解釋，（此）關係之所以成為疑問者，蓋因科學家強分……使物質與人性失卻密切的聯絡，哲學家就是要設法把這個鴻溝填起來。……（另一方面）物質科學確定物質為唯一的真際，（而）輕視人性的尊嚴與價值……

重視人性尊嚴和價值，就是肯定人是萬物冠冕的尊貴地位，人是神的肖像，能完成使命，成為理想的人。

除了中國宗教傳統以外，方東美也採納西洋創化思想家柏格森、德日進和懷德海的觀點。生命的發展或是人的可能性，都不會是一朝一夕的結果，今日所見歸因於過去的串聯，是經驗的整合，所以牽涉"時間"和"經驗"二項因素。而"發展"必然是動態前進的狀態，也包含創造性。既然是一種全面的整合和關照，故而是彼此有關係的整體。以上所述，是方東美思想當中的柏格森、德日進和懷德海元素。

另一方面，提問「生命如何可能？」打開了更大的視野，是對「生命往何處去？」——生命終向問題的探索。

四、關注生命的終向

方東美從反對二元對立出發，跨越鴻溝論強調連續性，提出克服疏離之

道，關注生命的來源與終向，重視生命和其他生命之間的關係以及生命的超越與提升。整體而言，方東美的哲學思考關注的核心是生命的發展，也就是生命如何可能、往何處去的問題。探索"如何可能"的問題落在具體的文化生活中，是中國宗教傳統對人的看法。"往何處去"的問題則是對生命根源的追尋；二者合而為一凸顯人神關係之不可忽略。然而，人神關係並非要求人離群索居，也不是以與人隔絕的方式去探索神是什麼。方東美一方面結合儒、釋、道三家的看法，另一方面藉由柏格森思想，說明宗教體驗中與神的神秘交流。〔註15〕此神秘經驗的人神翕合，同時成為人向上發展的動力和方向。

神是愛，愛的兩面是愛人和愛神，人必須走出以自我為中心邁向他者，才能成全自身的圓滿和幸福，人神或是人我關係都是開放的，才能完成生命的終極圓滿，就是所謂的完成上天託付給人的使命。

方東美引中國的古籍做為佐證，貫通《書經》的「上天給人君的使命」、《中庸》和後儒說的「盡人性」和清儒王陽明的「良知」，認為「人心可合於天心」，藉此強調生命開展的人為因素——人必須開放自我及發揮「神性潛能」的本質，臻可由「高貴人」在向上直達奧秘。

我們可說，對生命根源的肯定與人的發展息息相關，該肯定也形成宗教內對終極實在的看法。在《生生之德》一書，方先生如此書寫：

> 宗教是崇高的精神生活方式；神是充滿無限的愛之創造力；人是最高的精神存有，能夠實現神性本質；宇宙是有機的演化；萬物在生生不息的歷程中朝向神明之圓滿成全。〔註16〕

「萬物朝向神的圓滿」、「人能夠實現神性本質」以及「宇宙是有機的演化」，以上看法都可在基督宗教脈絡中找到相似的說法，以及什麼是「神性本質」？將在下一節進一步討論。

第二節　方東美的神觀

什麼是方東美的神觀？來源自何處？受到什麼影響？方氏的神觀之個人特色為何？如何形容？以上問題是本節的重點，本節以方東美的神觀為主

〔註15〕方東美，《生生之德》，324 頁。
〔註16〕同上，323、325～326、339、347～348、352 頁。

軸，釐清方氏「泛神論」的傾向和「萬有在神內論」，同時對比其神觀在中西方哲學中的來源及影響。最後對方東美的神秘思想作一嘗試性的探究。

　　方東美的神觀在學界曾引起一番討論，[註17] 主要當然是人與神的定位及其關係。本節在方法上，採用文獻分析、對比和詮釋法。首先，歸納整理方東美本人和學界對泛神論的定義和看法，以期對方氏的神觀有更清楚的理解。其次，說明方東美神觀的來源，包含在中國哲學中的內涵及西方哲學柏格森、德日進和懷德海的元素。最後，介紹方東美的「God」與「Godhead」的意涵和人神關係，並詮釋「關聯圖」上、下迴向為意識化的過程，是方東美的神秘思想，也是宗教人的靈修之路。

　　本節共分為三個子題：一、方東美的泛神傾向和萬有在神論。二、方東美神觀在中西哲學上的來源。三、方東美的神秘思想。

一、方東美的泛神傾向和萬有在神論

　　方東美在〈中國哲學對未來世界的影響〉一文中說明自己是泛神論，[註18]

[註17] 依發表的年代，約有張春申、項退結、張振東、武金正、黃克鑣和傅佩榮等。張春申，〈位際範疇的補充〉《神學論集》32 期「第六屆神學研習會專輯」，1977，313～331 頁；〈中國教會與基督論〉《神學論集》37 期，1978，435～451 頁，兩篇論文皆同名收錄於《拉內思想與中國神學》（2005）出版。項退結，〈方東美先生的生命觀及其未竟之義〉，首屆國際「方東美先生哲學研討會」(1987) 提出，後來由北市幼獅文化出版為《方東美先生的哲學》研討會紀念集（1989）；爾後，該文略修改後成為〈對方東美先生生命觀的一些問題〉，出版於項退結的專書《中國哲學之路》，（台北：東大，1991）。張振東，〈方東美的超越觀與泛神思想〉，首屆國際「方東美先生哲學研討會」發表，後來收錄於上述的《方東美先生的哲學》研討會論文集；〈方東美先生論人與神〉《二十一世紀人文精神之展望──生命、美感與創造》，「方東美先生百歲誕辰紀念學術研討會」論文集。張春申，〈一個生命的基督論〉《神學論集》112 期 1997，171～178 頁，該文亦同名收錄於《拉內思想與中國神學》（2005）出版。武金正〈拉內人學與方東美生命哲學對談〉《神學論集》123 期，2000 春，1～21 頁，該文加以擴充為〈拉內宗教交談的探究〉發表於同一作者的專書《人與神會晤》（2000），177～207 頁，後來再發揮成〈匿名基督徒的普世神觀在中國〉，收錄於《拉內思想與中國神學》，266～288 頁。黃克鑣，〈從人的超越看人與神的關係──拉內與方東美對談〉《神學論集》141～143 期，2004 秋～2005 春，該文亦同名收錄於《拉內思想與中國神學》。傅佩榮，〈方東美先生論「生生之德」〉，《「創化與歷程：中西對話國際學術研討會」論文集》，2007，該文後收錄於《哲學與文化》397，89～100 頁。

[註18] 哲學與文化月刊編輯委員會，《哲學與文化》革新號第一期，民國 63 年 3 月，2～19 頁。

也在 *Creativity in Man and Nature* 書中推崇泛神論的思想符合哲學的理性精神。
〔註 19〕其「關聯圖」有「神的精神力量進入人性」和「有創造力的創造力進入世界」兩道下迴向力量，方氏形容那是神的無窮力量的發洩，如此，神的精神便毫無分別的貫注於人性，所以人的材質（constitution of man）裡面就有神的材質（constitution of the divine）。這個描寫是方東美說自己是泛神論的根據。

　　方東美在其文章的內文中多處推崇「泛神論」，而補充「萬有在神論」事實上應該更好的說法，是出現在該文的註腳中。〔註 20〕另外，對於人和自然的關係及人的本質之描寫又顯得過於抽象。因此，筆者認為有必要針對「泛神論」的定義、方東美認為的泛神論以及「萬有在神論」做一說明。

　　本段共分為有三個重點，1、「泛神論」的定義。2、方東美認為的「泛神論」。3、「萬有在神論」。

1、泛神論的定義

　　根據西洋哲學辭典記載，泛神論（pantheism）認為只有唯一的實體（或大自然），就是一個因為自己而存在的絕對永恆（或是無限或是非位格的存有）。對於這種存有的看法，例如：柏格森的生命、史賓諾撒的不變的實體、黑格爾的抽象且沒有限定的存有、費希特的絕對自我以及史萊馬赫的盲目意志等等，都是屬於此類。另一種以神為主，世界被看做完全是神的顯示，稱為「萬有在神論」（panentheism），它包含「超越泛神論」以及「內在超越泛神論」在內，前者認為神性深藏在靈魂深處，後者認為神在事物身上實現並顯示自己。簡言之，泛神論認為包括人在內的一切事物都不是獨立實體，而只是絕對者的限定或表象，所以，人認識自己時，其實是神認識自己。以上是泛神論廣義的定義。

2、方東美認為的泛神論

　　方東美一方面同意古老的中國根據《詩》、《書》二經的記載，「一神論」信仰已然建立；〔註 21〕另一方面，方東美又以泛神論代表整個中國傳統的宗教思想；〔註 22〕二者似乎有矛盾之處。房志榮認為戰國時代兵馬空傯，道家

〔註 19〕Thomé H. Fang, *Creativity in Man and Nature*, p. 80.

〔註 20〕Ibid, p. 73, 80.

〔註 21〕Thomé H. Fang, *Chinese Philosophy: Its Spirit and Its Development*, p. 65.方東美，《中國哲學精神及其發展》上，157 頁。房志榮，〈儒家思想的天與聖經中的上帝之比較〉《神學論集》31 期，（台中：光啟，1977），16 頁。

〔註 22〕Thomé H. Fang, *Chinese Philosophy: Its Spirit and Its Development*, p. 74. 方東

的思想已有泛神色彩，顯然《易傳》已受道家影響。〔註23〕因而，將泛神論看做是儒家的特徵，也使得方氏的論點受到質疑。〔註24〕

至於方東美所認為的泛神論，可歸納出以下幾個重點：一、泛神論符合哲學的理性精神。二、神明在本質上是既超越又內在的最高價值，超越的一面是超過人的一切經驗，內在的一面是統匯一切價值成為人類生命的最高指引。三、神包舉、貫通萬物並深入整個世界的化育。四、人人皆能成為神明的化身。〔註25〕另外，方東美也認為，泛神論的神明是普遍照臨世界以及聖靈寓居人心深處。〔註26〕如果以神和經驗事物之間的關係而論，比較接近內在超越的泛神論（immanent-transcendent pantheism），如果以事物的生成而論則接近進化泛神論（evolutionist pantheism）。前者認為神在事物身上實現並顯示自己，神以外的萬物，只是神的形象或是流露，並不具有自身的存有。後者認為神透過世界的變化過程實現自己，而達到自我意識境界。

針對方東美「泛神論」的看法，神學界有一些疑點和意見。張春申在一九七七年神學研習會之後提出專論，認為應該是「一切在神內論」（panentheism）更好。〔註27〕武金正在〈拉內宗教交談的探究〉一文中提醒，雖然（根據註腳）方氏以為「萬有在神論」比「泛神論」優先，但事實上方氏並未明確地把兩者分開；而唯獨在具體的語言當中分別兩者，才能清楚方氏所提及的邏輯思考。〔註28〕黃克鑣神父亦指出方東美在文章的註腳中有表示 panentheism 比 pantheism 更好。〔註29〕

顯然如此，缺乏對泛神論的明確說明，是容易使人誤解以為神與萬物之間沒有區別。而且，方東美並沒有在其著作中對「泛神論」和「萬有在神論」兩者之間，有清楚的區別和說明其立場。職是之故，本文在此有必要特別說

美，《中國哲學精神及其發展》上，166頁、《生生之德》，353頁。

〔註23〕房志榮，〈儒家思想的天與聖經中的上帝之比較〉，16～17頁。

〔註24〕項退結，《中國哲學之路》，51頁。

〔註25〕Thomé H. Fang, *Creativity in Man and Nature*, p. 80.

〔註26〕Ibid. p. 73. 方東美，《生生之德》，329頁。

〔註27〕張春申，〈位際範疇的補充：一體範疇〉《神學論集》32，（台中：光啓，1977），315頁。Panentheism 也譯為「萬有在神論」，以下採用此譯名。

〔註28〕武金正，〈拉內宗教交談的探究〉《人與神會晤》，（北市光啓，2000），203頁。

〔註29〕Thomé H. Fang, *Creativity in Man and Nature*, p. 73. 方東美，《生生之德》，358頁，注15。黃克鑣，〈從人的超越看人與神的關係〉《神學論集》142期（2004），551頁。

明「萬有在神論」，並以之與方東美的想法相對照。

3、萬有在神論

「萬有在神論」（panentheism），一詞是由希臘文 pan（一切）、en（在）、theos（神）合成的，意思是把一切事物都看做是在神內的存有，但是並未吸收神的無限本性。世界和神的關係是世界依賴神，神也依賴世界，且把神是創造者和神是萬物的終向分別開來，世界是神的創造可能性的圓滿（fulfillment）。

「萬有在神論」將神的創造和終向分開的說法，相近於懷德海區分神的原初性和終結性。此外，具有「萬有在神論」傾向的思想家有柏拉圖、艾克哈（Master Eckhart）、黑格爾、田力克（Tillich）與德日進，〔註30〕這幾位思想家在方東美書中都曾提及。

另外，在《生生之德》一書中，方東美說自然本身是無窮無盡的生機，此生命流行的真機並不與神力衝突。〔註31〕也就是方氏肯定神寓居在宇宙大自然之內，謂之「超越形上學」（transcendental metaphysics）。該形上學的另一特點是強調事理「相待而有」──超越其相對性就能與造物者同遊，〔註32〕這是表達「和諧」和「一體」的觀念，也是「天人無間」的思想，比泛神論更加貼切的應該是「一切在神內論」。〔註33〕

總之，方東美的「泛神論」爭議已經修正為「萬有在神論」，接下來的問題是這神觀的來源是什麼？方氏建立兼綜融合中西哲學的體系，其神觀是否也如此？以下進行討論。

二、方東美神觀在中西哲學上的來源

「神觀」意謂對宇宙最高「存有」的看法，以中國語言的方式可稱為「生生之德」。〔註34〕方東美的「生生之德」一詞出自《易經》，方氏認為它能代表《易經》的基本思想，前兩項命題固然沒錯，但是，經過方東美所詮釋的

〔註30〕輔仁神學著作編譯會，《神學辭典》，585 條，825 頁。
〔註31〕方東美，《生生之德》，340 頁
〔註32〕以超越的角度看待世物，瞭解所有的矛盾和衝突都來自相對性，而轉換心境超越相對性，悠遊於天地之間就能感受其寬廣和無垠，彷彿與造物主同遊。出自《莊子》〈逍遙遊〉，描述整個道體互通為一的無限哲學。
〔註33〕胡國禎主編，《拉內思想與中國神學》，237 頁。
〔註34〕同上，297 頁。

「生生」並不只是文本的原始義，卻增加了西方創化思想的「創生」概念。此概念指涉造物者（天）和受造物（人）兩方。又因爲天人之間的「合」和「一體」是方東美描述人神關係的特點。因此本小節針對方東美神觀的來源，中國哲學方面以「天人合一」爲主，西方哲學以創化思想爲中心，作爲討論的範圍，共分爲兩個子題：（一）方東美神觀的中國哲學元素。（二）方東美神觀與西方創化思想家神觀的關係。

（一）方東美神觀的中國哲學元素

方東美神觀在中國哲學的元素，除了《易經》「生生之德」的意涵〔註35〕以外，還有「和諧」和「無間隔」兩個特點，〔註36〕那也正是傳統中國天人之間的思想。論及天人關係，方東美以元代一對夫妻的一則婚姻故事〔註37〕來比喻，有"不分"與"合一"的意涵。又上溯《易文言傳》下至《戴震原善》，證明中國人的宇宙觀就是和諧一致的「天人合一」與「天人無間」。〔註38〕

天人關係以「合一」與「無間」的表達，是中國思想的「一體範疇」，也是描述整個宇宙萬物彼此相連相依的生存，所有的一切存在與變化都是生命，是一種大化流行、生生之德的宇宙觀。當中，萬物有其自身有限的存有，人性也有自身的人格與自由，雖然神的無窮力量貫注在人性和行動上並不使之消失，如同中國的天人思想描述宇宙中的萬物和人性，縱使接受神的力量之灌注，但不失自身的人格與自由，仍然保有位格。〔註39〕

方東美的天人之間的觀點，是中國傳統思想的脈絡，也就是信仰一位尊稱爲「帝」或是「天」的至高（上）神。這個傳統，由天子代表人民祭天，而人民的使命是遵守天命，這位至高的神具有唯一、無形、無像的特質，天

〔註35〕參本論文第二章第一節。

〔註36〕方東美，《中國人生哲學》，32 頁。

〔註37〕趙孟頫（1254～1322），元代書畫家，字松雪，妻子管道昇（1262～1319），字仲姬，是以墨竹聞名的才女。趙孟頫的朋友們起閧要他納妾，年過五十的趙孟頫便開玩笑的寫了一闋詞給妻子，內容是「我爲學士，爾做夫人。豈不聞王學士有桃葉桃根，蘇學士有朝雲暮雲，我便多娶幾個吳姬越女無過份；你年紀已過四旬，只管佔住玉堂春。」妻子以下面這闋〈我儂詞〉：「你儂我儂，忒煞情多，情多處，熱如火，把一塊泥，捻一個你，塑一個我。將咱兩個，一起打破，用水調和，再捻一個你，再塑一個我，我泥中有你，你泥中有我，我與你，生同一個衾，死同一個槨。」作爲回應，趙孟頫看了以後哈哈一笑，從此不再提起納妾一事。

〔註38〕方東美，《中國人生哲學》，32 頁。胡國楨主編，《拉內思想與中國神學》，236 頁。

〔註39〕胡國楨主編，《拉內思想與中國神學》，236 頁。

人之間的關係則是包含限制和照顧人民，以及賞善罰惡。〔註 40〕中國人在這樣的傳統思想中，認為人和宇宙之間是和諧一致，毫無隔閡的，叫做天人合一說，或天人無間論。〔註 41〕根據方東美的描述：天地生生不息形成生氣盎然的宇宙，其中的生命互通感應沒有窒礙，天地和諧，處處都能體會仁愛而繼以聖善。〔註 42〕這種思想方式，是中國文化的特性，稱之為一體範疇，簡言之，就是我們生活、行動和存在都在神內。〔註 43〕「一切在神內」表達宇宙萬物皆在神聖之中，是一種神賜予其愛於萬物的內在幅度。

總之，方東美的「天人合一」思想在中國的元素有「合」「一」和「無間」等，在傳統中國思想當中稱為「一體範疇」。以下介紹方東美神觀中，來自西方創化思想的部分。

（二）方東美神觀與西方創化思想家神觀的關係

方東美的生命觀受到柏格森、德日進和懷德海的創化思想的影響，那麼其神觀在這樣的背景條件下有何特點？本段以對比和詮釋法，探討方氏神觀和西方創化思想神觀的關係。

歸納方東美的神觀，約有三點：1.宇宙的創化有變化和連續兩項特質，此創化來自神的創造力（下迴向），創化是有意義和目的的，終點是神的圓滿（上迴向）。2.神是原始的大有，灌注其生生不息的創化力於萬物，因此萬物都擁有神性潛能，能參與創化。〔註44〕3.宇宙化育過程中的生生不已，是時間在創化歷程中，時間的綿延是生成變化的持續性，時間的本質在於變易、傳遞、連續不絕和綿綿不盡，又向無窮開展，最後達到永恆。〔註 45〕這是方東美融合中西方哲學形成的神觀，本段以此對比柏格森、德日進和懷德海，以下分別介紹。

1、柏格森：由生命衝力發動創造進化到與神結合

柏格森藉「綿延」的觀點闡述永遠變易的事實，認為有真實的綿延才有

〔註40〕羅光，〈中國對帝──天的信仰〉《神學論集》33，（台中：光啟，民國 66 年），399～415 頁。

〔註41〕方東美，《中國人生哲學》，36 頁。張春申，〈位際範疇的補充──中國神學的基本商榷〉，314 頁。

〔註42〕方東美，《中國人生哲學》，37～38、42 頁。

〔註43〕張春申，〈中國教會與基督論〉《神學論集》37，（台中：光啟，1978），443 頁。

〔註44〕方東美，《生生之德》，337 頁。

〔註45〕同上，290 頁。

進化，不但物質世界，甚至是生命和意識的領域，是純粹的連續不斷。這種變遷接續的推進，在每一時期都是無法預測的新事物，置諸人類的生命歷程每一期間都是創造。而真正進化的關鍵在於精神返回自身，使人類意識與其生命來源相契，也就是與創造的力量相接。對柏氏而言，生命的進化表現正是一種意識之流的向前奮進，是為生命衝力，生命直覺的內觀和真實的綿延正是該生命衝力的作用。在直覺內觀的意識綿延中，人的神魂超拔向上發展，人意與神意結合，產生狂喜的感覺和愛的經驗，是一種超越性的精神行動，也就是神秘主義者的神秘體驗。

2、德日進與懷德海：物質內有精神，和諧的統一回到神內

德日進與懷德海都異口同聲的指出，世界上沒有無靈之物，甚至在純物之中也有其心靈的一面，稱物質的心靈（The Heart of Matter），能對其他事物有感受，也能感通天地之生的大德，以致能響應地引動著自我的生長、組織、聚合與發展，甚至能在遭受挫折後獲得復原、休養生息、新陳代謝等。在某種意義下，這是萬物對大化之生做愛與被愛的回應。換句話說，物質的最小單位也蘊含著正負兩極、陰陽兩儀的配合，由此產出創生持續和復原的能，那是一股生生不息，使萬物邁向和諧與秩序的動力。該動力有哲人稱為「愛」的動力，它存在於意識彰顯的人類之中，也蘊藏在意識不顯的物質之中。如果將宇宙生成、延長與聚合的力量稱為愛的動力，而事物對生之動力的響應稱為愛的回應，那麼宇宙內的一切，就是愛的互動與共存的和諧景象。〔註46〕

3、意識為進化的重要因素，主張萬物都在神內

「意識」是方東美、柏格森、德日進和懷德海四人的共同思考。柏格森說意識綿延即為創造。德日進由人的意識推論原始時代都有意識的微粒存在（grains de conscience），稱為先生命（pre-life/ la prévie），進化就是意識的上昇之途，就是人化（l'hominisation），人類整體的意識上昇為進化的終局。懷德海機體哲學的「攝受」概念，則是意識串連經驗產生意義的意識化（conscientization）過程。人的意識會不斷地成長擴大，結合過去、現在又再衍生出將來的存有物，成為新的創造。方東美的「上迴向」思想更是表達人受到宇宙無窮奧秘的力量貫注，意識不斷提昇與進化的過程。因此可說「意識」在四人的進化理論中皆為重要的因素。

〔註46〕關永中，〈愛的形上基礎〉《哲學雜誌》15 期 1996 年 1 月，213 頁。

另外，柏格森、德日進、懷德海和方東美四人的神觀都是「萬有在神內」。因爲柏格森以心靈和生命衝力的關係談人對神的體驗，生命衝力盈灌宇宙萬物之內，是具體推動演化的力量，而生命衝力來自神，因此萬有皆在神內。而德日進認爲精神透過物質而存於物質之中（spirit in through matter），宇宙整體進化是一種向心運動，終極點就是愛的焦點（奧米迦點），使宇宙以及人類有新的決定性衝力，毫無疑問是「萬有在神內」。另外有懷德海，懷氏提出神的原初性和終結性，後者使宇宙整體聚合爲一，並保持其內在價值成爲不朽，神與世界有著既超越又內在的關係，即爲萬有在神論。最後是方東美，方氏認爲隱藏的神或是至高無上的神，將其生生不息的創造力傾注萬物，使萬物同樣的享有創造力，而層層奮進上溯到奧秘，也是爲萬有在神內論。

綜合而言，方東美的神觀因其融匯中西哲學之故，所以，在中國哲學包含傳統「天人合一」的思想，而在西方則深受柏格森、德日進和懷德海影響，皆爲「萬有在神內論」。另外，由方東美強調人與神是「合」與「一體」的神觀中，實則含有深邃的神秘思想。

三、方東美的神秘思想

神秘思想的中心，是神主動引發的神秘經驗，因而與神的本質有關。神秘經驗不可缺乏對人與神契合過程的描述。而在神秘經驗之後，人經由意識化覺察到自己的使命，學習讓生活的整體更趨向美善，如此驗證出該神秘經驗確實來自神。本小節以方東美的神秘思想爲核心，分爲三個主題：（一）方東美神秘思想中神的本質。（二）方東美神秘思想中的人神契合。（三）方東美神秘思想中意識化的地位。

（一）方東美神秘思想中神的本質

方東美的「關聯圖」，由塔頂的 homo nobilis 上溯後進入 Divinity，之後又再進入 Deus absconditus。而 God 與 Godhead 正在其中。我們可藉由「God」與「Godhead」說明神的本質。God 和 Godhead 這兩個詞彙本身即含有奧秘的一面，是人無法言詮的，只能藉諸於類比的方式，另一方面，該詞彙又有其在西方神秘主義脈絡中的意義。

根據「關聯圖」，Divinity（神性）包含 the really real reality 、God 和 Deus。Deus absconditus（神境）則等同 Godhead、God the most high 和 the mysteriously mysterious mystery。本段將藉著此相等的關係，說明方東美所認為的「Godhead」與「God」的內涵。

1、Godhead 的意義

在神秘主義中，Godhead 翻譯做「神原」，是指神秘的、無法言詮的總根基，包含了根源（Gottheit）和根層（Gottes Grund），也就是指「源頭」和「支撐的本質」兩種意義。

根源（Gottheit），是德文中對女性的稱謂，用來凸顯一種靜態、陰柔與絕對本體的自本自根，永恆不變的意涵，強調「神原」或神的源頭是沒有作為的無為。「無為」，指神被萬物稱名和認識之前的源頭，是「不可名之名」（nomen innominabile），是神的本質自身，在名號後隱藏的、絕對超越的統一（unity）。〔註47〕Grund 也解做「本根」，原來只是普通名詞，中世紀神學家艾克哈以之為隱喻，反映一種新的神秘主義，神人根根相應的新講法。

另外，方東美的「生生之德」出自《易經》，他認為講「易」要有「三易」——即「連山」、「歸藏」與「周易」。「歸藏」是守「坤」，也就是在古代社會裡面母系的社會，〔註48〕而《繫辭大傳》指出「坤」是陰氣，代表「柔」；這是儒家哲學方面。方氏也根據道家的哲學系統歸納「道」有四種基本概念，其中之一就是「道」為大象或玄牝。「玄牝」在道家有神氣之根，虛無之谷的說法，表示天地的根源，有綿綿若存、無所不容，無微不入，抱萬物而畜養之，如慈母對嬰兒一樣。

將上述說法彼此對照，共同點是「女性」、「陰柔」和「萬物的源頭」。

在「關聯圖」中，Godhead 與 God the most high 以及 the mysteriously mysterious mystery 相等，合起來以 Deus absconditus 為代表。Deus absconditus 為拉丁語，原意是「隱密的神」，是近代西方神秘主義的用語，指不可思議，無法用語言表詮，含有「神秘莫測」、「隱藏」、「隱密」與「奧秘」的意思，代表最高的精神實有，也表示人對神的一種無法言詮的體驗；方東美認為其與「皇矣上帝」或「玄之又玄的奧秘」相同。

「皇矣上帝」或「玄之又玄」代表儒家和道家的思想，方東美也說，在繪製該「關聯圖」是以儒、道兩家的思想為根據。〔註49〕方氏認為兩家皆保

〔註47〕陳德光，《艾克哈研究》，（台北縣：輔大，民國95年），142～143 頁。
〔註48〕方東美，《新儒學十八講》，60 頁。
〔註49〕同上，237 頁。

留了宗教上的神祕經驗（mystic religious experience）。「玄之又玄」（the mysteriously mysterious mystery），是形容永遠識不透的祕密，無以名之，是道家的「道」。〔註50〕在中國周朝，將此神祕經驗轉化為宗教禮節和道德規範，成為《尚書》「洪範九疇」的思想，也是儒家思想的一個重要的傳統，特別是「皇極」和「五行」。〔註51〕漢儒解釋「皇極」為「大中」或「大中至正」，是屬於世界遠古宗教的神祕經驗。「皇」為「大」，「極」為「脊」或「屋脊」，因為「脊」是保留宗教神祕經驗的中心，〔註52〕周人以其表示宇宙永恆的真相、最高的價值以及「靜止的永恆」（static eternity）。〔註53〕

　　Godhead 也就是神源，具有靜止、永恆、神祕、源頭、女性、自本自根與陰柔等特色。另外，從字面上看來，也推想得知與 God 有密切關係。

2、God

　　根據方東美所繪「關聯圖」，「God」等於 the really real reality 和 Deus，以 divinity（神性）為代表。方氏以其表示世界最高的主體，稱為「最真實的實體」或「神」，是神性的顯相。方氏對於「神」的描述，大多藉著神性來詮釋。對方東美而言，神在萬事萬物之中，神是既超越又內在的（God is transcendent and immanent）。人性源於神性，在人內「神性」是在發展的過程。

　　方東美使用 transcendent 表示其形上學的超越屬性。一方面，神（God）因其無限，所以超越一切，同時神也是無所不在地內在於世界，所以，在人身上，神也是既超越又內在的。另一方面，新儒者方東美也嘗試連貫人與神來談人的神性發展。

　　方東美認為大中就是心，人可以掌握自己（主體挺立），透過道德實踐能向上發展以至於天，所謂「人心可上躋天道」。人心合於天心，天心也下降於人，〔註54〕這是人靈成為萬物冠冕的獨特之處，神內在於萬物，但唯有人能接觸終極實在。然而，終極實在並非終極他者，奧祕有人無法參透的一面，

〔註50〕同上，58 頁。

〔註51〕同上，56～58 頁。

〔註52〕方東美認為，屋脊就前後而言可謂之「中」，除此另有更深刻的原因形成此解釋。他藉比較宗教學以依里亞德的研究找出「極」釋為「脊」，在建築原理上一面是完全理性的一清二楚，一面是保留宗教上的玄祕經驗的中心，故合而觀之，屋脊可解釋為「大中」。方東美，《新儒學十八講》，56～57、105、187 頁。

〔註53〕同上，56～57、159 頁。

〔註54〕方東美說「人心」就是「得天心以為心」，也說「太極」才是天心。方東美，《新儒家哲學十八講》，252、258 頁。

所以，在 God 之上另有 Godhead。由於天心的引導，宇宙整體返回存在的根源，就是「太極」，也是天心。對方氏來說，人和天心都是動態變化的，能上升而至太極。

人上升至太極的的比喻，就是方東美神秘思想中對人、神本質上的推理。接著人、神關係會有什麼發展？於此我們進入下一子題。

（二）方東美神秘思想中的人神契合

方東美神秘思想的人神契合，可說是「關聯圖」上、下迴向的雙軌動向並具有歷程中的特色。因為，上和下都同時為雙軌進行，是受到機體演化論和《莊子》思想的影響。而人與神契合的歷程，在交叉迴旋的動向之間呈現立體的宇宙圖，具有「施與受」、「聯合與共進」及「仿效和分享」三階段的特色。以下說明之。

1、雙軌動向的兩個意涵

方東美曾經說：「宇宙是有機的演化，萬物在生生不息的歷程中朝向神明之圓滿成全。」〔註55〕這裡的「有機」和「演化」是上、下迴向的理論來源。所謂「有機」，是指機體主義的「統攝萬有，包舉萬象，而一以貫之」，〔註56〕其中的「包舉萬象，一以貫之」也就是「包而覆之，以舉升天」的意思，比喻天從上而下將萬物包裹覆蓋起來，再上舉達於天。而「演化」則表示生命往更高層次的改變。

我們將這個觀念放到「關聯圖」說明：左、右兩邊「下迴向」貫注精神與創造力給世界，將整個宇宙世界包裹在神力之內，舉而升天成為人神共進的兩道「上迴向」力量，就是機體主義「有機演化」〔註57〕的情況。這個概念所形成的動作，以基督宗教立場看來，如同人子基督由天父走出，以雙手朝向世界，將一切萬物包裹覆蓋，再高舉它呈獻給天父。如此的理解，神確實和世界一起回到終向，神同時是永恆也是變化。

這個雙軌迴旋的概念也受到《莊子》的影響。莊子調和了老子將「道」解釋成「有與無」、「變與常」直線生發對反的困難，而將「道」比喻是萬物的本源和終向，宇宙萬物都不受限制的重複往返，形成一雙迴向式的無窮序

〔註55〕方東美，《生生之德》，284、347 頁。
〔註56〕同上，283～284 頁。
〔註57〕方東美說：「宇宙是有機的演化，萬物在生生不息的歷程中朝向神明之圓滿成全。」

列。〔註58〕而這個上、下迴旋另有其歷程和特色。

2、迴旋的辯證關係和特色

本段首先說明人神契合迴旋和辯證的關係，之後解釋其特色。

人神契合首先是神主動引發，而人被動接受。而人雖是被動的接受卻需要隨時準備好，因此有被動的主動面，所以具有辯證的關係。另外，迴旋的形成，是因爲當人受到神的引發，在人內與神相通的靈根便產生回應，所以，一方面是神向下的"包而覆之以舉升天"，另一方面是受造物產生創造性，向上演化，朝向圓滿。

上迴向的力量是「漸進的默觀天主」和「回歸入原始的一」。人有能力"默觀"和"回歸"天主，是天主先以其創造力賜予人能力，再以其精神力提昇人。該思考表達在「關聯圖」中是「下迴向」的兩道力量：「神的精神力量進入人性」和「有創造力的創造力進入世界」，正是神對世界的施予和提攜，因此具有「施與受」和「結合與共進」兩個特色。

方東美認爲中國哲學中的人性是源於神性，在人身上這「神性」是在發展的過程中。〔註59〕他說：

> 祂（神）也是生生之德的根源，挾其生生不息的創化力，沛然充滿
>
> 一切萬有，宇宙內因此神聖潛能而開展創化的歷程。〔註60〕

這句話揭露神對萬物有"生育與引導"的關係，而"參與"則使萬物協同神一起展開創造和變化，因此，人神關係也是在動態的變化過程。而"自由"是關鍵因素。神不拘任何形式、自由地普遍臨於各文化的每個人，人以其自由選擇如何回應神的引導而發展其生命歷程。人神的契合，方東美也用「如一棵小水滴融入汪洋大海之中」來形容。

人性源於神性，神性是無窮的創造力，是生生不息的創生力量，也就是天。而從生養萬物，被人所稟受看來，是道；而以其充滿生命賦予萬物精神看來，是性；而性就是自然。所以，我們可以說，對方東美而言，「天」、「道」、「性」和「自然」就像大化的流衍一樣，也是一體的。簡言之，天是無窮生力，道是發揮這種生力的途徑，性則是不同事物的潛能，可以創造價值，而

〔註58〕方東美，《原始儒家和道家哲學》，244 頁。Thomé H. Fang, *Chinese Philosophy: Its Spirit and Its Development*, p.129.

〔註59〕輔神編輯室，《神學論集》142（2004 冬），554 頁。

〔註60〕方東美，《生生之德》，337 頁。

人稟受神性，所以能參贊天地，體驗瞭解其奧秘，〔註61〕這是方氏肯定人的「神性潛能」（divine potency）使人參與宇宙的創造。〔註62〕

方東美在 The Alienation of Man in Religion, Philosophy and Philosophical Anthropology 中表示，宗教能幫助人發展與神明、與人類以及與世界三方面的關係，其為「內在融通」、「互愛互助」和「參贊化育」。〔註63〕如果將這三方面的關係比喻成「關聯圖」之「上下迴向」的人神契合三階段的歷程，則有「施與受」、「聯合和共進」及「仿效和分享」的特色。第三階段是"迴旋式的下迴向"描述人的參贊化育是因為體驗到神的愛，人仿效神也對世界分享神的慷慨。但是人的有限性使人容易枯竭，人仍須保持回到根源汲取能量，才能持續愛和分享，因此，這三階段是一再迴旋的歷程。

神的主動施予，需要人的準備、開放和配合，也就是意志性的保持渴望態度，又在神內跳出小我意志與神結合。在「結合」中體會與神契合的狂喜，人格也在當中得到昇華和聖化。從與神契合到仿效神，是使命感的催促，而使命感來自意識化的過程。

3、方東美神秘思想中意識化的地位

從 Godhead（神源）往下是 God（神），神和人的交會處是 homo nobilis（高貴的人）。這個立於塔頂的 homo nobilis（高貴的人）是由 homo religiosus（宗教的人）發展而來，是意識發展（conscious development）的結果。〔註64〕也是靈修的歷程。

歸納方東美所說 homo religiosus（宗教的人）和 homo nobilis（高貴的人），有下列幾個特點：

（1）homo religiosus（宗教的人），可說是全人，與 God-man 和 co-creator with the divine（參與神的創造）相通，也就是 to be human is to be divine（真正的人性就是神性的體現），由此表明方氏將「人化」（hominization）的過程等同於「神化」（divinization）的過程，是人而接近神，並非人成為神。

〔註61〕 Thomé H. Fang, *Creativity in Man and Nature*, pp. 16～17.

〔註62〕 Thomé H. Fang, *Creativity in Man and Nature*.p.81,97.方東美，《生生之德》，337、352～353 頁。

〔註63〕 Thomé H. Fang, *Creativity in Man and Nature*, pp. 67～68. 方東美，《生生之德》，323 頁。

〔註64〕 方東美，〈中國哲學對未來世界的影響〉，11～12 頁。

（2）人而接近神，也就是儒家說的「我性即天，天即我」，表示創造力和人的關係，「即」字表示「關係」。

（3）homo nobilis（高貴的人），是由高貴的人性所形成的人格，以 Heaven comes in universe and into my personality 和 the Divine element enters into the Consoitional personality 來形容，是人發揮創造力的貫注所成就的最完美和神聖的人格。〔註65〕homo nobilis（高貴的人）站在塔頂上面，可以藉「聖人」、「至人」和「覺者」來表述，也是眾人都可以達到的境界，是理想人格的體現，是人類的最高理想，〔註66〕是孟子說：「所過者化，所存者神，上下與天地同流」的「君子」（supreme man）。

簡言之，homo nobilis（高貴的人）就是與天地生生不息的精神相通而生活的人。〔註67〕然而，如何可能呢？古今有例可循嗎？有學者指出，這個塔頂的 homo nobilis（高貴的人）便是耶穌基督，而 homo religiosus（宗教的人）或 God-man 或是 co-creator with the divine 並非就是基督，〔註68〕又該如何理解呢？

筆者認為，homo religiosus（宗教的人）是尚在「意識化」（consciousness）和「進化」的過程中，即使是耶穌也需要藉著外在的環境，通過與別人的往來接觸、透過四周發生的事情，以及在聖經的指引下反省學習，以便更了解及更清楚表達自己的身份和使命。換句話說，耶穌到基督，是一種意識的漸趨明朗化。耶穌自孩童時代，開始有自我意識時，便基本上意識到自己與天主的唯一無二的關係（降生奧跡）；另一方面，祂也和常人一般，身體與智能會逐漸成長，同時，也得從四周的一切學習與反省；並在古經的光照下，獨特關係的意識才逐漸明朗化，成為子及默西亞的意識（直接神視）。〔註69〕甚

〔註65〕方東美，《新儒家哲學十八講》，236～238 頁。

〔註66〕方東美，〈中國哲學對未來世界的影響〉，12 頁。

〔註67〕方東美，《新儒家哲學十八講》，157～158 頁。傅佩榮，《方東美先生論「生生之德」》，99 頁。

〔註68〕張春申，〈位際範疇的補充——中國神學的基本商榷〉，247 頁、〈中國教會與基督論〉，297 頁；此處的頁數是《拉內思想與中國神學》一書，而非《神學論集》32 或 37。

〔註69〕「直接神視」與「降生奧跡」是同一事實的兩個幅度。聖言與人性的結合（Hypostatic union）是降生奧跡的存有幅度（Ontological dimension），直接神視是奧跡的認知幅度（Epistemological dimension），兩者有其一致性。拉內主張一切事物都朝著意識境界前進，趨向於自反（Reditio in se）的能力，事物必須通過認識及愛才能返回自己，臨在於自己（Self-presence），此乃事物存有程度的指標。黃克鑣，〈卡‧拉內論基督的意識〉《神學年刊》，頁 7～9。

至，持續在生活中探索，不斷向天父開放、信賴和交託，以此更具體地了解默西亞的使命要如何完成，最後，在十字架上耶穌成爲基督，神的力量透過復活之後的基督貫注一切萬物。

如此，塔頂的 homo nobilis（高貴的人）是耶穌基督，而 homo religiosus（宗教的人）則是尚在意識化過程中，致力於人類美善生活的個人或團體。由高貴的人向下貫注，帶領宇宙萬物歸根返本。方東美正是如此認爲，人的活動在萬物中最有精神性，人是宇宙的中心，人分享了宇宙創造力量之後，就協力推動其他萬物的發展與創造，最後返回大道或太極。太極就是先天之心，就是天心。太極是無窮性完滿自足的統一的存在。宇宙的傾向是以創造超昇的動態發展日趨於美滿。〔註70〕這個觀點等同於柏格森的生命衝力，提昇物質層面到有意識的人，直到超越的最高峰神秘經驗，體驗神的親臨，吸引人與之結合；也是德日進的人化到基督化的過程，宇宙最後在奧米加點聚合。懷德海的觀點說神的原初性使宇宙分殊和創新，神的終結性使宇宙整體聚合爲一。

綜合而言，方東美的神觀由模糊的「泛神論」，經過學界熱烈討論後拍板定案是爲「萬有在神內論」，主要是與對神的解釋息息相關。神的本質在方東美引用的 God（神）與 Godhead（神源）的意涵當中窺見一二。God（神）是超越又內在於人的，是尚在發展的過程中，在 Godhead（神源）的引導下逐漸發展，因此是變動的，最終會與之結合。而 Godhead（神源）有自本自根和陰柔的特色，是靜止的永恆源頭。

人神契合的過程有「施與受」和「聯合與共進」的特色，是方東美形容的「與神的內在融通」。神秘經驗有其驗證的基礎，是人在生活當中，內外在的改變，一種愛神、愛自己和愛世界的標記，具有「仿效和分享」的特色，是方東美所說的「與人類和世界的互愛互助和參贊化育」。另外，神秘體驗也是人神契合的歷程，使人格淨化、昇華和聖化，人因而從 homo nobilis（高貴人）到 God（神）和 Godhead（神源），是人的意識化過程，也是靈修之路。

人在與他人的關係上表達愛，就是人活出其對愛的體驗。要如此活的前提是必須有體驗，而且是愛的體驗。如何肯定是愛？檢驗的標準是那體驗是否帶來希望（hope）。〔註71〕然而，愛的體驗非得來自宗教嗎？事實上，只有

〔註70〕方東美，《生生之德》，258～259 頁。
〔註71〕布赫說：「何處有希望，何處就有宗教」、「希望的情感讓我們涉入最廣闊、最光明的境域中。」轉引自胡國楨編、陳文團著，〈拉內對馬克思主義的批判〉

在信仰內的愛使人永遠不失望。再者，愛的體驗是否可能恆常持續？抑或是如曇花一現？不可免地，需要信仰者在其宗教內不斷地皈依和深化，也正是在信仰內的回歸過程。

因此，可以確定，人無法在沒有皈依信仰的情況下，而會有靈修上的體驗。拉內神父重視對奧秘的體驗，筆者認為其觀點能外推促成中西方生命關懷的進一步開展。

第三節　方東美生命觀的補充

方東美的生命觀受到西方「創化」思想的影響，肯定人是神所創造，人也持續在宇宙之間成為神的「合作創造者」（co-creator），人在 homo nobilis（高貴的人）之引導和「意識化」（consciousness）過程中，建立與 God（神）和 God-head（神源）的神秘關係。此神秘關係是信仰者在其信仰內的靈修體驗，對此，方東美沒有進一步說明，突顯出與柏格森、德日進及懷德海三人之論點能有所輝映，又謙遜地歸功於其信仰的靈修方法之拉內，其理論更具體而可實踐。

以拉內思想作為方東美生命觀的補充，原因有三點：1、拉內的生命觀肯定人及其超越導向，確立人神之間有深的內在聯繫，打破了方東美所批評的西方的鴻溝論。2、拉內對基督徒的勸說，所展現的對於全體人類詢問生存意義的重視和肯定，能與兼綜融合中西哲學導向的方東美展開對話。3、拉內受之於士林哲學的薰陶及在天主教的脈絡中開展普世性的神哲學思考，並且浸染於依納爵的靈修，提醒人在奧秘內有所體驗才是真正的信徒。

拉內的「匿名基督徒」（anonymous Christians）也許引起若干評議，[註72]然而，拉內視每一位善心人士為兄弟姊妹並關心人類全體的發展，足以證明其對人的幸福之重視是超越宗教的。[註73]於此，拉內肯定人並重新定位神，

《拉內思想與中國神學》，218～219 頁。

[註72] 「匿名基督徒」其實主要是提醒基督徒們應該準備好自己，因為基督的救恩普遍的臨於所有人，而不是部分的人，基督徒應該致力發掘天主的旨意，以作為共同交談的基礎，也要求彼此尊重，相互聆聽，甚至懷抱批判性的態度。拉內並且開放地接受任何人以其他更合適的字眼代替。Karl Rahner, "The Universality of Salvation", *in Theological Investigations*（London: Darton, Longman & Todd），Vol. 16, p. 219.轉引自武金正著，《人與神會晤：拉內的神學人觀》，183 頁。

[註73] 武金正，〈拉內的人類學與身心靈的治療〉《輔仁宗教研究》（14 期，2007），14 頁。

為了呈顯神的真實面目以及找回人的「主體性」（subjectivity），以開顯啟示的真實意涵並建立起神與人之間的動態關係。〔註74〕然而，討論「人是什麼」的問題，它不但是以人類學為出發點，並且，涵攝了「人能知道什麼？」、「人該做什麼？」以及「人能希望什麼？」諸問題。到底人是什麼？生命果真是一個啞謎嗎？人能期待成就什麼？意義又在何方？

拉內肯定人的超越導向與無限者之間有深的內在聯繫，人神並不是完全的斷層，其「人內神聖」的觀點是否能與方東美的「人心合於天心」展開對話？本段藉由拉內《在世界中的精神》（*spirit in the world*）與《聖言的聆聽者》（*Hearers of the Word*）二書說明拉內對人、世界、奧秘以及彼此關係的看法。

本節以詮釋和對比法，共分為三個主題，一、《在世界的精神》。二、《聖言的聆聽者》。三、中西方哲學的對話與開展。

一、《在世界的精神》

拉內的《在世界的精神》，一字以蔽之，就是「人」。人是什麼？對拉內而言，人是生在世界而趨向於無限的有限精神。從有限到無限包含著一種超越性。該超越性何時發生？如何引發？本小節以《在世界的精神》為根據，探討拉內的論點，共分為兩個子題：（一）人是能超越的有限精神。（二）人的超越是受神的引導。

（一）人是能超越的有限精神

《在世界的精神》是拉內人學的核心，該書指出，是人存在於絕對者的存在當中。人存在，是「成為人」（Menschwerden）的基礎和條件，而人的經驗是肯定並認識自己的起點。

認識什麼？認識人在宇宙的存在、認識人自身生命經驗的整體。人是一個整體──是物質又是精神、是肉身與靈魂、是主體與客體、個人和社會的、自由與不自由等種種和諧的對立。從任何人的體驗出發都能發現其合一的根源：人即精神在世界中。〔註75〕

在世界的精神，「精神」指的是「超越」（transzendental），也就是一種嚮

〔註74〕蔡淑麗，〈卡爾‧拉內對神的定位〉《拉內思想與中國神學》，（北市：光啟，2005），152～153頁。

〔註75〕武金正，〈拉內的人類學與身心靈的治療〉，頁17。

往比自己更大、更廣的領域，並爲此目標而活動的一種力量。〔註76〕換句話說，經驗生活，使人能從此存（Dasein）爲出發點發現存有者；在經驗中人體會到生活的一切都是奧秘，人在開放中超越自己並會晤奧秘（mystery）。

（二）人的超越是受神的引導

拉內將人視爲受著無限者的默默吸引而引發其超越導向的在世界上的精神。而人何時被引發？神如何引發？本段說明之。

1、神藉著自我通傳將自己啟示給人

人 的 自 我 超 越 （ self-transcendence ） 需 要 依 賴 天 主 的 自 我 通 傳（self-communication），才能獲得滿全。神如何啟示？人如何領受？

啟示進行的媒介有兩個：聖言和聖神。聖言是透過在歷史中啟示眞理的方式實現。聖神的自我通傳主要在人心中進行，使人認識和接納聖言啟示的眞理，並做出愛的回應。〔註77〕

依照拉內的觀點，人是佇立在人類自身歷史當中，能發問、能聆聽的奧秘者。對拉內而言，人是天生的宗教人，他肯定人會尋求答案——人是會發問的存有（being）而且是必須問的，每一個發問都是指向神（Being），因爲，受造的物質世界的有限性不能滿足人，使得問題最終停止之處是至眞、至善、至美的源頭。換句話說，神在造人之初就賦予人有這種能力，能發問與聆聽天主在歷史當中發出的啟示。

另一方面，《在世界中的精神》強調人的詢問不是任何具體的問題，而是人發問的能力本身，它是人的超驗條件。易言之，人的發問使人超越有限去追求無限。爲什麼呢？因爲每個問題都包含已知和未知兩部分，如果只有已知就不必問，如果未知則無從問起，而人的提問必然是在已經有的基礎上提出想要瞭解的面向，如此，人從顯題（thematic）擴展到隱題（un-thematic），期盼在詢問中視域（horizon）越來越伸展寬廣。〔註78〕

如何解釋更深廣的發展？對拉內而言，人的超越趨向，是精神體的最基

〔註76〕 Karl Rahner, Geist in *Welt: Zur Metaphysik der endlichen Erkenntnis bei Thomas von Aquina.*（Im Auftrag des Verfassers überarbeitet und ergänzt von J.B. Metz）,（München, 1957）; ibid., *Spirit in the World,*（New York: Seabury Press, 1968） see also K. Rahner, "The Concept of Existential Philosophy in Heidegger", *in Philosophy Today* 13（1969）: 126～137. 轉引自武金正,〈拉內的人類學與身心靈的治療〉,頁 15。

〔註77〕 Karl Rahner, *The Trinity*,（London: Burns & Oates, 1970）, pp. 87～103.

〔註78〕 武金正,〈啟示與醒悟的奧秘之道〉,63 頁。

本特性，因為人體驗到生活中各方面的有限性，因而，人向著更大的視野，尋求更穩妥的意義。人能夠而且需要如此。拉內認為，在整個受造界，由於造物主賦予的潛能，物質和精神之間並沒有不能跨越的鴻溝，物質具有潛力不斷趨向精神，但物質本身的意識只是尚在發展中的可能，它存有的程度是微弱而貧乏的。而人是有形世界的顛峰，他的存有高於一切物質之上。不但物質界不停的朝向精神，就是人本身也不斷地成長與實現中。人之所以為精神體，因為人對神無止境的開放（Potentia oboedientialis），因為這個因素，神的臨在與佔有不但不減損人的價值，反而把人提升到更完滿的境界。

人的自我超越是由天主的自我通傳所引發，因為前者是對後者的回應，是一種天人交往的過程，這關係是開放的，天主是終極圓滿的奧秘，祂下迴向地通傳自己，引導人能上迴向地回應天主。

然而，從神的通傳到人的回應中間，人該有所準備。

2、人的誠心是準備好的態度

在人與神的關係上，拉內的思考以「超越者」為中心並以較被動的態度出發。因為主動理智有成為合理化"工具性理性"的危險，人如果再將自己絕對化，心中無神的結果，將導致虛無主義，所以拉內主張思考的誠心（the piety of thinking）。真理是自我啟示，人思考真理就是等待真理，如此，當真理顯現時就能認出來，具備這樣的思考，就是人已經準備好自己的態度。〔註79〕

拉內談人神關係時，提到「順服潛能」。「順服」表示聽從天主的自由決策，「潛能」表示人心的傾向，〔註80〕整體而言，「順服潛能」是對人心傾向的委順謙卑。什麼是人心的傾向？人心傾向正是一種潛能，趨向平安的潛能。生活中的世界有各種選擇，選擇有其標準，好或不好，善或不善（不善正是善的缺乏）。人必須有所選擇，不可能選擇全部。而順服的態度使人能聆聽天主的啟示，而有好的選擇。如此，對拉內而言，人不僅只是在世界的精神，人同時也是聖言的聆聽者。

二、《聖言的聆聽者》

《聖言的聆聽者》討論人和神以及兩者之間互為主體（位際性）的來往。神是奧秘，人也是奧秘，該來往允許人完全自由地參與。

〔註79〕武金正，〈啟示與醒悟的奧秘之道〉，64頁。
〔註80〕拉內著，朱雁冰譯，《聖言的傾聽者》，162～167頁

1、選擇的自由

人有自由意志能做選擇，以愛的態度生活，保持開放的態度，如此，傾聽天主的奧秘成為可能。人的存在，由下而上，他在自由的愛中佇立於一個可能發出啟示的天主（絕對存有）面前。〔註81〕

對拉內而言，天主是絕對者也是奧秘。天主在歷史中，對人通傳和啟示天主自己，天主是奧秘，天主的自由是絕對自由，天主發出的啟示在人的歷史中，以言說或是沈默，人選擇開放（或否），決定人的狀態和能否聆聽。

人的開放性，在團體方面，人需要在人類的全體當中才能成為真實歷史性的存在。在個別的人方面，靈魂（精神）必須與物質結合，才是真正的存在，才能開展生命的意義。〔註82〕換句話說，人是精神，但精神成為精神，顯現在具體的「物質」——也就是在人類之中、在世界之中，才能被認識以及自我認識。而絕對化使開放變成封閉。唯有走向他者才能完成主體，人先接受了他者的慷慨給予，因此人學習相似地朝向他者，並不斷透過自覺和反省返回自我，建構更豐盈的意義。

人也是奧秘，在人內有接受並服從啟示的潛能，神與人之間能有位際性的來往，是互動、開放和動態的來往。人的精神是天主給予的恩寵，也是天主愛的分享，因此人擁有絕對超驗性的精神，那是「被照亮的狀態」。〔註83〕換句話說，人的精神本身就是開放的狀態，但人選擇犯罪（將自己絕對化時是其一）時，人封閉自己而隔離天主。

拉內自稱《聖言的聆聽者》是對天主自由啟示順服的能力的本體論，人是開放的，是聖言的聆聽者，人能透過天主啟示來啟示人，先決條件是認識神。

2、開放和參與

拉內解釋在認識任何事物時，人還隱含地意識到一個更大的視野，這不斷伸展的視野，最後是天主自己，是一種無名的奧秘，祂沉默無言，卻不斷邀請人朝向更大的真善美提昇，超越自我邁向無限，是一種內在的動力，漸趨明朗化。拉內強調人是對存有開放的聆聽者。天主是隱藏的微弱的聖言，是 unknown God。當神決定啟示自己時，人就已經準備好了，聖言（logic）創

〔註81〕拉內發揮聖多瑪斯的意見，主張一切事物都朝著意識境界前進，趨向於自反的能力（reditio in se），事物必須通過認識及愛才能返回自己，臨在於自己（self-presence），其為事物存有程度的指標。

〔註82〕拉內著，朱雁冰譯，《聖言的傾聽者》，（北京：三聯，1994），160～161 頁。

〔註83〕同上，40 頁。

造宇宙、創造全人類，每個人都不同程度參與了 logic。

　　人參與神的 logic，也可說其為「人內神聖」的概念。肯定「人是在世界中的精神。」也肯定物質和精神，為了強調生命的重要性，因為精神體必須有具體的人形，才能展現生命。靈魂（精神）沒有結合身體（物質）無法成為人。拉內既談人學，首先已經肯定生命以及生命存在的種種。「人內神聖」的概念即人是在世界的精神，所以有不斷超越，朝向永恆至善至美至真的傾向。人也因這種精神的開放性，所以能聆聽歷史當中天主發生的啟示，啟示的方式可能以言，也可能是沈默，而人能聆聽。人的「順服潛能」（potentia oboedientialis）則是趨向平安的內在能力，也就是人有能力透過意識和反省分辨啟示，以行動回應天主的啟示。綜合而言，是肯定人的能力，這能力來自天主，如果用「門」當作這能力的象徵，也就是天主敲門，人有所回應，就能收到聖神的光照，是一份禮物。筆者嘗試整合拉內的存有學思想，繪圖如下：

　　圖　拉內的存有學思想圖

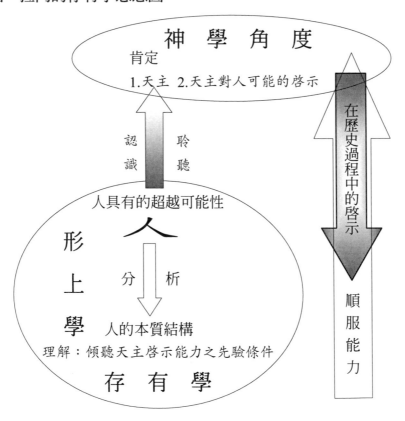

　　拉內以其存有學爲基礎，由下往上發展其形上學。也就是一方面從神學角度肯定天主以及天主對人可能的啓示；另一方面，藉由分析人存有的本質結構（認識行爲和認識的先驗條件，也就是人如何認識和爲什麼能認識的問題），以理解人傾聽天主啓示能力的先驗條件，其結論是人具有超越的可能性。人的超越性使人能認識並聆聽天主的啓示。該啓示在人的歷史中，由上往下，天主以聖言通傳自己，也具體地讓自己成爲人：耶穌給予世人，正是天主絕對自由與毫無條件的愛。人在其自由當中選擇和回應天主，生命意義是否彰顯，生活是否平安，在於人是否決定順服心的潛能，該潛能即是朝向平安的趨向。

　　結合拉內的《世界中的精神》和《聖言的傾聽者》，人是「在此」的精神，表示有「固定」的出發點和「開放」的可能性，這「固定」和「開放」的活動限度，建立在「發問」上。〔註84〕也因爲發問，有限精神（人）得以不斷趨向無限。而人也是能聆聽天主在歷史當中可能發出啓示的存有者，人的順服潛能，決定了人是否與神會晤，因爲光照恆在，而人在移動其腳步時，卻不一定選擇走在光中。牧者拉內對於罪的問題有其見地，將合併於下一節說明。

三、中西方哲學的對話與開展

　　提出拉內做爲西方創化思想的綜合，並補充方東美生命觀的理由，是拉內認爲"人是在世界自然而然地趨向無限的有限精神"，"人也是在歷史中能聆聽、能反省，在開放中會晤神的神聖者"，上述兩個觀點，同時收納與開展基督宗教傳統對神與人的看法。也正是在士林哲學發展的脈絡當中與方東美相呼應。

　　另外，所有的對話都是爲了人對幸福的尋覓，因而勢必落在具體生活當中，環顧今日社會，罪的問題是不能忽視的課題。於此，本段首先歸納拉內思想重視的幾個幅度：歷史、自由、動態、宗教經驗和生活體驗。〔註85〕其次，以拉內和方東美做對比。最後，提出拉內和方東美對於罪的看法。

（一）拉內重視的幅度

1、歷史性，拉內強調以人們生活的時空特質爲內容，包含在各歷史文化中人的具體生活，人反省和意識到人存在的基本狀況是超性，也就是

〔註84〕武金正，〈還原和進化的奧秘之道〉《神學論集》138 期，556 頁。
〔註85〕吳伯仁編譯，〈在拉內靈修神學中反省依納爵經驗〉《拉內思想與中國神學》，48～60 頁。

人調整其生活，在與同伴的共融中實行愛天主及愛人的行動，如此每一個本性上的好行為也都是超性的提昇。

2、自由，是指天主不拘任何方式地臨於每一個人，每一位獨一無二的男女，必須在一個適合他自己的方式找到他（她）邁向天主的途徑。

3、動態，人的歷史、自由、宗教、生活各層面都是在動態的過程中。

4、生活體驗和宗教經驗，是每個人按照他自己的環境，在生活中保持和天主的交談，聆聽天主的召喚和迅速慷慨的回應。而所有努力改善世界的人都是朝聖者，我們存在的真正中心是超越這個必死的生命，透過個人的神秘經驗，瞭解人和天主的關係。

（二）拉內和方東美的對比

在進入與方東美的對比之前，綜合整理拉內對人的看法，如下：

1、生命的意義可看做是有限和無限的合一。

2、人的生存和其生活的力量，都是天主賜予的恩寵的禮物。

3、人的存在，是在世界的精神之存在，代表人在宇宙中的地位。

4、恩寵的禮物使人能認出人內的可能性，是人尋找神以及在人生活的具體環境中發掘與神會晤的普遍可能性。

5、人的智慧是參與了天主的智慧，人最後的使命是跟隨聖神引導參與天主的創造。〔註86〕

對比方東美和拉內的思考，有其共同點也有其相異之處。

共同點約有三點：

1、生命是物質與精神，亦即有限與無限合一的整體。

2、人仰賴神的恩賜，在具體的歷史文化中生活與創造。

3、人的生命是朝聖的生命，透過與身邊環境中的愛與共融，人體驗愛也體驗神。

相異之處，有兩點：

1、拉內「順命潛能」的「順」，那是人對天主恩寵的回應，是接受天主給予的一切。人是趨向無限的有限精神，人立於宇宙間能了悟自己的偉大和渺小，不應妄自菲薄，卻也必須小心因為心中沒有他者，而導致狂妄自大。拉內強調「順」，是天主恩寵的一面，人只能有所準備而

〔註86〕武金正，〈匿名基督徒的普世神觀〉《拉內思想與中國神學》，270～271 頁。

等待聆聽。

2、方東美的「神性潛能」在肯定人性，強調人的主體與主動性，而人對
於神的給予，所抱持的態度和其間的關連性較少著墨。

雖然，方東美的「關聯圖」保留著「奧秘」終極他者的位置，但就人的
態度和人神相遇之可能性兩者的關係上，拉內的「順服潛能」比方氏的「神
性潛能」更顯出信仰者眞誠、謙遜的一面，而唯獨人是眞誠的，他才能幫助
人，也只有以謙遜的態度，人才能忠實地談論神。

方東美和拉內的對比結果，如下表。

表九：方東美和拉內生命觀的對比

人 內 容 對比	拉　　內	方　東　美
同	1、人性是尙待完成的過程，是動態的。 2、人平等地面對奧秘，不同的歷史文化可藉由其具體的環境，在生活中與神會晤。 3、宗教家或是明日基督徒都應在信仰內有所體驗。 4、人需保持開放的人我關係，才能實現創造的生命。 5、神是既超越又內在於人和世界之中的。 6、神的本質是愛，神是人的終向和來源。	
不同	1、超驗人學：由超驗分析爲起點，說明人與神的內在聯繫。 2、人內神聖與順服潛能：以人爲出發，強調神自由給予的恩寵，人順服地接受。 3、基督的萬有在神內：人化是基督化，人非神，唯一的「神人」是基督，保留奧秘的不可理解性。 4、生命的終點是永恆的救恩境界，末日是生命圓滿的完成。	1、超越形上學：重視直覺體驗。 2、人心合於天心與天人合德：以人爲中心，強調人的神性潛能，重視人主體性的昂揚。 3、泛神的萬有在神論：人化也是神化，「神人」之說未明。 4、人的生命終點與死後境界不清。

（三）罪的問題

「罪」是與生命切身相關的議題。方東美否認人有罪性，肯定人會有疏
離，而人的疏離源自人的自我否定和妄自菲薄，[註87] 他提出「良知」可作

〔註87〕方東美，《生生之德》，333、356 頁。

為人與神、與他人、與世界以及自己疏離關係的救援。

　　良知固然是人內在的自然法則，可以成為人修身處世，甚至成為聖賢的憑藉。然而，面對今日社會中，受到精神困擾的人們以及自殺事件層出不窮，我們無法否認確實存在著戕害生命的社會問題，更不能簡化潛藏著的「結構性的罪」。〔註88〕

　　罪惡存在乃是不爭的事實，罪（sin）的基本義是射不中（chata），根本性的方向錯誤，也就是偏離軌道，由罪引入惡（evil）帶來痛苦。很多人質疑，神不是全知全善的大能者嗎？為何讓罪惡存在，而不直接消滅罪惡？對此，拉內認為，神的作為對於人而言，是不可理解的奧秘，人無從向更高的權威申訴。另一方面，如果人能運用其自由而避免罪惡，誰能質問是天主准許罪惡進入世界？因此我們可說，天主的律令是軌道也是人的良心，人如果選擇罪便是引入惡，也是投入不可測的深淵，因此，在質問神為何讓罪惡進入世界之前，人也許應該自問：人的責任在哪裡？顯然天主給人絕對的自由，使人可以藉之避免罪惡，自由也是一份至高的恩賜，是面對罪的盾牌，神肯定人有能力做判斷選擇，人配得以其自由權，活出"人是神的肖像"之意義。

　　人是神的肖像，拉內以其「人內神聖」的思考說明之。「人內神聖」顯然比方東美的「人心可上躋於天心」更加肯定人的神性，前者重視神恩寵的一面，後者強調人的努力作為。「人內神聖」同時也提醒人應以謙卑的態度面對神。而身在今日世界，多元的宗教之間，不得不重視人對和平與幸福的渴求，因此，無法迴避彼此間的對話，而宗教對話的普遍基礎，是對靈修體驗的分享，職是之故，筆者認為，拉內思想能作為方東美生命觀和西方創化思想的綜合與補充。

小　結

　　方東美結合《易經》和柏格森、德日進與懷德海的創化思想所形成的生命觀，歸納有以下特點：1.生命本身同時是精神和物質的整體。2.宇宙、自然

〔註88〕結構性的罪（structural sin）指的是罪的結構面或社會面。因為人類在行善或作惡上互相影響。舊約強調以色列子民的悔改和革新，特別是改善社會政治制度，注意對貧窮者的正義。新約強調個人內心的皈依(metanoia)。原則上個人在心神上徹底無保留的皈依，就是建立正義與公道社會結構的大道。換言之，要建立沒有結構性的罪的新境界，基本條件是個人和社會團體的心靈革新與改善。http://www.ccccn.org/book/html/131/7681.html，2008 年 5 月 6 日。

與人都因奧秘者慷慨的愛，而能生生不息的創造與進化。3.進化的高峰是人，人有能力並負有使命引導宇宙全體回歸奧秘。以上三點皆能在拉內的生命觀找到相同的看法。

拉內認為，人是時間的動物，人在過去、現在和未來連貫的歷史過程中，意識到自己的存在和生命的意義，是邁向永恆的碎片也是整體；〔註89〕在此，我們讀到能呼應柏格森的拉內。拉氏也認為人是肉身和靈魂合一的整體。身體是自然的恩寵，心則是超然的恩寵，而靈是人所領受到的無條件恩寵，也是天主的肖像與無窮的活力。人的合體是在進化的宇宙中形成，是自然的一部份，所以，宇宙先於人而存有，人在宇宙之後將帶領宇宙走向圓滿；〔註90〕這是拉內思想中與德日進之進化論的關連。而對拉內而言，人在世界的生活更是與聖神的合作，體驗深度的生命意義，在多元文化的脈絡中，人皆能體驗到普遍神的臨在；我們可稱此乃拉氏與懷德海的相關。整體而言，拉內思想呼應柏格森、德日進和懷德海，而與方東美展開對話。

在方東美的時代，中國學界的聲浪是重振中國的「主體性」，新儒家主張人的主體挺立，透過道德實踐，人能合於天，所謂「人心可上躋天道」。如此一來，人的主體性直接等同於人的道德良心，似乎，「人是什麼的問題」，決定權在於人自己，是人的「主動性」。然而，真的是人自發的嗎？或是受到奧秘臨在的誘發？也就是因他者的喚醒而誘發人主體的行動。〔註 91〕如同拉內所肯定的，人的「順服潛能」是天主自我通傳的接受與回應，前提已經包含方東美所說的「神性潛能」，這也是拉內的生命觀能外推促使中、西方生命觀進一步開展的原因。

〔註89〕 武金正，〈拉內的人類學與身心靈的治療〉《輔仁宗教研究 14──宗教與身心靈治療》，18 頁。

〔註90〕 同上，17 頁。

〔註91〕 武金正，〈啟示與醒悟的奧秘之道〉《輔仁宗教研究 7──神秘主義》，（北縣：輔大，2003），61 頁。

結　論

　　方東美的生命觀強調生命具有動態、進化、整合和超越的向度，其思考以《易經》的「生生之德」爲基礎，兼納柏格森、德日進和懷德海等人的創化思想建構而成。

　　柏格森的意識綿延，使人認識生命的本質是動態與進化。德日進的「人化」與「基督化」思想說明人能是什麼。該進化理論是走向意識的上昇過程，也就是自我反省的能力，由於自我反省，人始終能永無休止地超越自己。柏、德二人的共同點是「意識」，意識因其連續性，而顯出它是全面整體的匯歸與綜合而成新的創造，再繼續不間斷地前進；因爲上述特色，使柏、德二人與懷德海相近。懷德海的創生思想是「多入於一」的機體哲學演化原理，藉由其核心概念——「攝受」活動，說明人類心靈對個體經驗的串連與綜合，意識到其中的意義，遂得以肯定生命價值。

　　三位哲學家不約而同地都重視歷史性——亦即在反省中，串連生命的經驗，看出其中的深意並了悟其與生命根源的關係，也就是生命的各種可能性來自神的創造與給予，其爲一份愛的禮物。對愛的嚮往是人的趨向，人渴望圓滿的幸福，那也正是有限精神對無限者——神的追尋。然而，尋覓神必須透過日常生活，〔註1〕因爲，在朝向他人的愛德中才能找到神，生命的意義在人的生活當中。如此，拉內思想成爲上述觀點的總結。

〔註1〕 在日常生活中，人能體會智慧的種子，因爲任何的小事和人類整體的圓滿幸
　　　　福都息息相關，神賦予人恆心地作好人，對信望愛的成全負責，小事皆爲大
　　　　事的許諾，刹那的時間將形成永恆。所以，靈修生活即是日常生活。Karl Rahner,
　　　　Alltägliche Dinge,（Einsiedeln: Benziger, 1980），p. 7.轉引自武金正，《人與神
　　　　會晤—拉內的神學人觀》，99 頁。

　　拉內認爲人需要開放、回歸和反省，這也是人爲精神的特點。除了與方東美和西方創化思想的生命觀有所相應以外，拉內也強調對奧秘的體驗。該體驗有主動和被動兩面，主動方面，奧秘透過「聖言」和「自我通傳」在人類歷史過程將自己啓示給人；被動的一面，是人受到該奧秘的啓發遂引動深蘊於人內的潛能而做出接納與回應，此即爲人的「順服潛能」。順服潛能也有其被動的主動面，因爲此潛能來自神的贈與，卻依賴人在生活中隨時準備自己等待與靜聽，也需要人以其完全的自由做出回應。故而，「自由」的議題是拉內面對當今世界牧靈工作的現況，所做出的反省和回應：如果，人能以其自由選擇善行，誰能歸咎其責，認爲是神允許惡進入世界？

　　筆者這份論文是從對「人」這個生命體的可能性出發，特別側重於對終極問題的探討和現實生活痛苦的解答。所謂「終極問題」（ultimate），就是生命的存在，從何而來、往何處去的問題，在各宗教內大致都有一套神話，提供安身立命的基礎。

　　對基督宗教而言，神爲了愛而創造了宇宙、萬物和人類，關係上，神是父，也是朋友，更是伴侶，祂有慈愛、正義、忠誠和信實、柔情的一面，慷慨的與人分享祂不可言喻的愛情（創世紀三：2、歐瑟亞先知書二 16、十一 1，3～4）。

　　對於痛苦，依照拉內的觀點，一方面是肉身的限度使人終究會面對疾病、衰弱與終結，卻能在信仰中懷抱希望，學習跨越有限，因此，軟弱之際也是剛強之時。另一方面，痛苦也來自關係的出軌和身份的逾越，人如果選擇與神愛的誡命相違，或是，習慣以無所謂的態度忽視道德良知的渴求，必然也將切斷人與各種關係的聯繫。關係的斷裂產生疏離，疏離是窮途末路的一片荒蕪，是熱絡人情中的舉目無親。於是，人需要依靠無限力量的助祐，悔改、皈依與被寬恕和治療。

　　方東美和拉內皆一致同意：神的本質是愛。愛乃是生命的希望。或者說，是愛使生命產生希望，鼓舞生命面對陰霾之時仍能肯定陽光。在此，筆者引用關永中老師對馬賽爾之「愛」與「希望」的分析做說明。首先說明愛，眞正的愛，是與被愛者共同參與的「奧秘」，以及，以「是」的心態來與被愛者共存共融。〔註2〕簡單地說，是「我」純粹無條件地愛獨一無二的「妳」，是互爲主體關係的融通、參與及直覺體驗，包含有「自由」、「祝福」、「奉獻」

〔註2〕關永中，《愛、恨與死亡：一個現代哲學的探索》，（台北：台灣商務，1997），
　　　　60 頁。

和「結合」四重特性，其爲：給被愛者完全地自由與尊重、願被愛者幸福、願爲被愛者奉獻自己，以及，渴望與被愛者結合。〔註3〕其次，說明希望，「希望」表示人缺乏希望而渴望擁有希望，也表示人不在希望之中而企盼進入希望。所以，希望同時有"肯定"和"否定"的兩面，是"缺乏"與"擁有"、"不在"和"進入"，因此，我們可以說，越是缺乏希望，越要堅持希望。希望也蘊含著意志上的堅忍，是一股精神力量，是自我向大我本源的投奔，這種開放的態度，使人與超越又內在的力量感通，產生更堅定的意志力，創造自己。〔註4〕這也正是馬賽爾所說的：在希望中，就是積極地轉向那尚未展露的光芒。〔註5〕「積極地轉向」正是一種肯定、否定以外的超越。

不管是對馬賽爾或是對拉內，「超越」都是不圓滿而渴求圓滿，等同於人對神的迫切嚮往。因爲沒有任何東西能滿足人，只有絕對圓滿的神作爲萬善之源，才可徹底滿全人的嚮往。〔註6〕聖奧古斯丁（St. Augustine）也曾經這樣說過：「除非在祢內，我的靈魂得不到安息。」（For Thou hast made us for Thyself and our hearts are restless till they rest in Thee）因此，超越的對象就是神，神是奧秘，人的希望就是由陰森幽谷中積極轉向，等待尚未展露的光明，也是將自己投入奧秘之中。因而，希望確實是一種冒險，人使自己以「投入者」（involver）的心態活於「奧秘」，人只能期待而無法控制，重要的是，希望卻能克勝絕望〔註7〕的心態，爲生命保留一線生機。對馬賽爾而言，希望是一種美德，包含著呼喚和回應──神的呼喚與人的回應。希望，是神的完美與愛呼喚著我的回歸，是我的嚮往與渴慕在回應神的呼召。對此，馬賽爾說：希望眞正是「我爲我們而寄望於祢」（I hope in Thee for us.）。〔註8〕

神是奧秘，神是愛的來源，神是絕對的希望，絕對希望使生命有所堅持，方能活出意義的人生，因此，生命永不絕望。〔註9〕

〔註3〕關永中，《愛、恨與死亡：一個現代哲學的探索》，43～60頁。

〔註4〕同上，437～439頁。

〔註5〕"the soul always turns towards a light which it does not yet perceive, a light yet to be born", Gabriel Marcel, *Homo Viator: Introduction to a Metaphysic of Hope*, trans. by Emma Crauford,（New York: Harper Torchbook, 1962），p. 31.

〔註6〕關永中，《愛、恨與死亡：一個現代哲學的探索》，345頁。

〔註7〕對馬賽爾而言，絕望的心態主要有三：1.把逆境永恆化，誤以爲逆境永無改善的可能。2.自我封閉和自暴自棄。3.接受逆境是一種事實，合理化的逆來順受。同上，447頁。

〔註8〕同上，440、460～461頁。

〔註9〕人無法對「絕對希望」失望（disappointed），因爲「絕對希望」所指的遠境尚

　　關於罪，罪引來惡，而惡又是善的缺乏，因此，無庸置疑，罪並非不存在，而是人選擇錯誤。

　　另一方面，對於現實生活所呈現的諸多難題，我們自然會納悶不解：「到底是爲什麼……？」然而，天主確實是不可理解的一位，人只能以堅決的希望去相信，相信痛苦最後是有意義的。接受天主就是天主，以"希望"和"愛情"承認天主是不可理解的奧秘，這樣的選擇，使得受苦的不可理解性得以放射光明，獲得救援。〔註10〕

　　這份論文目的在於期待對生命教育有所貢獻，生命是什麼？生命原來是動態前進，創化不已的「人化」與精神化的過程。在生活中開放與人來往，在信仰中體驗奧秘，由信仰帶給生命的體驗是愛，成爲生命成長與創造的永恆支持。其中，馬賽爾以愛作爲形上學的出發點，進而建構其希望形上學，筆者以爲其與拉內的"Saying Yes to God with Hope and Love"的觀點，似乎有多處相似處，是筆者希望未來能再進一步探索發展的主題。

　　　未實現，他尚未體驗所希望的最終目標之不實現。關永中，《愛、恨與死亡：一個現代哲學的探索》，463 頁。

〔註10〕Karl Rahner, "Saying Yes to God with Hope and Love", *The Universe*, 20 April, 1984.

參考書目

一、專　書

（一）外　文（依字母先後排列）

1. Fang, Thomé H., *Chinese Philosophy: Its Spirit and Its Development* Taipei: Linking, 1981.

2. Fang, Thomé H., *Creativity in Man and Nature*, Taipei: Linking, 1980.

3. Fang, Thomé H., *The Chinese Way of Life*, Taipei: Linking, 1980.

4. Gilson, Étienne, *La Philosophie au Moyen Age*, Paris: Payot, 1947

5. Ancelet, Hustache J., *Henri Bergson* ，Paris: Foyer Notre-Dame，1954.

6. Lennan, Richard, *The Ecclessiology of Rahner,* Oxford: Clarendon Press, 1997.

7. Rahner, Karl, "The Church as the subject of the sending of the Spirit", in *Theological Investigations VII.*

8. Rahner, Karl, *Hearer of the Word,* New York: Continuum, 1994.

9. Rahner, Karl, "Guilt, Responsibility, Punishment", in *Theological Investigations I.*

10. Whitehead, Alfred North, *Religion in the Making* ，New York: Macmillan, 1960.

11. Whitehead, Alfred North, *Process and Reality* ，New York: Free Press, 1978.

（二）中　文（依筆畫序由少到多）

1. 中國廣播電視出版社，《生命理想與文化類型——方東美新儒學論著 2 要》，中國：北京，1992 年。

2. 方東美，《中國人生哲學》，台北：黎明，1980 年。

3. 方東美，《中國哲學精神及其發展——上》，台北：成均，1984 年。

4. 方東美，《生生之德》，台北：黎明，1979 年。

5. 方東美，《科學哲學與人生》，台北：黎明，1978 年。

6. 方東美，《原始儒家道家哲學》，台北：黎明，1987 年。

7. 方東美，孫智燊譯，《中國哲學之精神及其發展》，台北：黎明，2004 年。

8. 王國良，《明清時期儒學核心價值的轉換》，合肥：安徽大學，2002 年。

9. 田中裕著，包國光譯，《懷特海——有機哲學》，石家莊：河北教育出版社，2001 年。

10. 吳伯仁，《拉內神學的靈修觀》，台北：光啓，2007 年。

11. 吳康，《柏格森哲學》，台北：商務出版，1966 年。

12. 沈清松等著《中國歷代思想家——馮友蘭方東美唐君毅牟宗三》，台北：台灣商務，1976 年。

13. 尚新建，《重新發現直覺主義》，北京：北京大學，2000 年。

14. 拉·科拉柯夫斯基（Leszek Kolakowski）著，牟斌譯，《柏格森》，北京：中國社會科學出版社出版，1992 年。

15. 拉內·卡爾（K.Rahner）著，朱雁冰譯，《聖言的聆聽者》，北京：三聯書店，1994 年。

16. 武金正，《人與神會晤：拉內的神學人觀》，台北：光啓，2000 年。

17. 柏格森（Bergson, Henri Louis）著，張君譯，《物質與記憶》，台北縣：先知，1976 年。

18. 柏格森（Bergson, Henri Louis）著，張君譯，《創化論》，台北縣：先知，1976 年。

19. 柏格森（Bergson, Henri Louis）著，陳聖生譯，《生命與記憶》，北京：經濟日報，2001 年。

20. 柏格森（Bergson, Henri Louis）著，潘梓年譯，《時間與意志自由》，台北縣：先知，1976 年。

21. 柏格森（Bergson, Henri Louis）著，瞿世英著，《柏格森形上學與進化哲學》，台北縣：正文，1971 年。

22. 安斯列·胡斯塔（Ancelet, Hustache Jeanne）著，顧保鵠譯，《二十世紀皈依天主的名人列傳 10——柏格森》，台北：光啓，1956 年。

23. 胡國楨編，《拉內的基督論及神學人觀》，台北：光啓，2004 年。

24. 胡國楨編，《拉內思想與中國神學》，台北：光啓，2005 年。

25. 國際方東美哲學研討會執行委員會，《方東美先生的哲學》，台北：幼獅，1879 年。

26. 莫詒謀，《柏格森的理智與直覺》，台北：水牛，2001 年。

27. 陳奎德，《懷特海哲學演化概論》，上海：人民，1988 年。

28. 陳奎德，《懷德海》，台北：東大，1994 年。

29. 陳榆，《「成形中」的基督——德日進的進化神學》，香港：漢語基督教文化研究所，1999 春。

30. 陳聖生，《生命與記憶——柏格森書信選》，北京：經濟日報，2001 年。

31. 菲利浦・羅斯（Philip Rose）著，李超杰譯，《懷德海》，北京：中華書局，2002 年。

32. 楊士毅，《懷德海哲學入門——超越現代與後現代》，台北：揚智，2001 年。

33. 德日進著，鄭聖沖譯，《人的現象》，台北：先知光啓聯合出版，1972 年。

34. 德日進著，鄭聖沖譯，《神的氛圍》，台北：光啓，1973 年。

35. 德日進著，鄭聖沖譯，《愛的弧線》，台北：光啓，1974 年。

36. 潘梓年，《時間與意志自由》，台北縣：先知，1976 年。

37. 懷德海（A.N.Whitehead）著，周邦憲譯，《觀念的冒險》，貴州市：貴州人民，2000 年。

38. 懷德海（A.N.Whitehead）著，傅佩榮譯，《科學與現代世界》，台北：黎明，1987 年。

39. 懷德海（A.N.Whitehead）著，楊富斌譯《過程與實在》，北京：中國城市，2003 年。

40. 懷德海（A.N.Whitehead）著，蔡坤鴻譯，《宗教的創生》，台北：桂冠，1995 年。

二、一般中文書

1. Lelotte 主編，顧保鵠譯《二十世紀皈依天主的名人列傳》第二冊，台中：光啓，1956 年。

2. 王敬弘，《痛苦與超越》，台北：光啓，1992 年。

3. 弗蘭克（Viktor E.Frankl）著，趙可式、沈錦惠合譯，《活出意義來》，台北：光啓，2003 年。

4. 余英時，《中國思想傳統的現代詮釋》，台北：聯經，1987 年。

5. 吳怡，《中國哲學的生命和方法》，台北：東大，1981 年。

6. 李安德，《超個人心理學》，台北縣：桂冠，1992 年。

7. 沈清松，《時代心靈之鑰》，台北：正中，1990 年。

8. 沈清松，《現代哲學論衡》，台北：黎明，1994 年。

9. 谷寒松，《神學中的人學》，台北：光啓，1988 年。

10. 袁廷棟，《哲學心理學》，台北縣新莊：輔大出版社，2006 年。

11. 馬斯洛（Maslow,A.H.）弗洛姆（Fromn,E）等著，孫大川審譯，《人的潛能和價值》，台北：結構群，1990 年。

12. 陳德光，《艾克哈研究》，台北縣新莊：輔大出版社，2006 年。

13. 陸達誠，《存有的光環》，台北縣新莊：輔大出版社，2002 年。

14. 陸達誠，《馬賽爾》，台北：東大，1992 年。

15. 傅偉勳，《西洋哲學史》，台北：三民，2005 年。

16. 項退結，《中國人的路》，台北：東大，1988 年。

17. 項退結，《中國哲學之路》，台北：東大，1991 年。

18. 項退結，《現代中國與形上學》，台北縣新莊：輔大出版社，2004 年。

19. 項退結，《邁向未來的哲學思考》，台北：東大，1988 年。

20. 奧斯定（Augustinus）著，吳應楓譯，《懺悔錄》，上海：土山灣，1950 年。

21. 鄔昆如，《人生哲學》，台北：五南，1989 年。

22. 鄔昆如，《西洋哲學史》，台北：正中，1971 年。

23. 遠藤周作著，林水福譯，《深河》，台北縣：立緒，1999 年。

24. 劉仲容、尤煌傑、武金正《西洋哲學史》，台北縣：空大，2000 年。

25. 潘能伯格（Pannenberg, Wolfgang），李秋零、田薇譯，《人是什麼》，香港：道風，1994 年。

26. 羅光，《生命哲學再續篇》，台北：台灣學生書局，1994 年。

27. 關永中，《知識論（二）——近世思潮》，台北：五南，2000 年。

28. 關永中，《愛、恨與死亡：一個現代哲學的探索》，台北：台灣商務，1997 年。

三、期　刊

1. 中國哲學會、哲學與文化月刊社主辦，「方東美先生百歲誕辰紀念學術研討會」論文集，1999 年。

2. 方東美，〈中國哲學對未來世界的影響〉《現代學苑》，第十一卷第三期（1974，3 月），《哲學與文化月刊》革新號第一期，1974 年 3 月

3. 沈清松〈哲學在台灣之發展〉《中國論壇》，21 卷 241 期，1985 年 10 月。

4. 武金正，〈拉內人學與方東美生命哲學對談〉《神學論集》123 期，2000 春。

5. 武金正，〈拉內的人類學與身心靈的治療〉《輔仁宗教研究》，14 期，（2006

冬）：13～32。

6. 武金正，〈還原和進化的奧秘之道—拉內和德日進的基督論〉,《神學論集》138、139 期，（2003 冬～2004 春）：552～569、59～76。

7. 黃克鑣,〈「道成人身」的意義〉《神思》，7 期（1990）：1～17。

8. 黃克鑣,〈卡·拉內論基督的意識〉《神學年刊》7 期，（1983）：3～20。

9. 黃克鑣,〈從人的超越看人與神的關係—拉內與方東美對談：上、中、下〉《神學論集》141～143 期，2004 秋～2005 春。

10. 黃雪霞主編,《哲學與文化：法國哲學：柏格森專題》372 期，2005 年 5 月。

11. 黃藿主編,《哲學與文化：人之哲學——項退結紀念專輯》376 期，2005 年 9 月。

12. 俞懿嫻主編,《哲學與文化——創化與歷程專題》397 期，2007。

13. 俞懿嫻主編,〈懷德海前期創生概念及其思想背景〉《輔仁大學哲學論集》30 卷，2005，7 月。

14. 雷煥章,〈有神論與無神論〉,《現代學苑》第十卷，第一期。

15. 張春申,〈一個生命的基督論〉《神學論集》112 期，1997 年 7 月。

16. 張春申,〈位際範疇的補充〉《神學論集》32 期，1977 年 7 月。

17. 張春申,〈中國教會與基督論〉《神學論集》37 期，1978 年 10 月。

18. 潘永達,〈拉內的超驗基督論〉《神學論集》，79 期 1989 年春。

19. 蔡淑麗,〈卡爾·拉內之《聖言的傾聽者》探微〉《哲學與文化》23 卷第 3 期，1996 年 3 年。

20. 蔡淑麗,〈卡爾·拉內如何定位人與神之間的關係〉《哲學與文化》27 卷第 8 期，2000 年 8 年。

21. 蔡淑麗,〈卡爾·拉內對神的定位—從宗教哲學的角度評析〉《神學論集》140 期，2004 夏。

22. 關永中,〈希望形上學導論——馬賽爾《旅途之人》釋義〉《哲學與文化》，18 卷 1991 年 2 月。

四、未出版論文

1. 林豐田,《德日進的思想對今日人類的影響》，輔大宗研所，1997 年。

五、工具書

1. 布魯格編著,項退結編譯,《西洋哲學辭典》，台北：華香園出版社，1989 年。

2. 輔仁神學著作編譯會，《神學辭典》，台北：光啓，1998 年。

六、網路資訊（引用時間自 2007 年 6 月 24 日～2007 年 9 月 30 日）

1. http://baike.baidu.com/view/190732.htm。

2. http://baike.baidu.com/view/8712.htm

3. http://www.dinosaur.net.cn/_Dinosaur_History/history_024.htm。

4. http://zh.wikipedia.org/wiki/。

5. www.chinalane.org/hist010/index.html、baike.baidu.com/view/14478.htm，
   http://www.cdd.org.tw/costantinian/528/52808.htm

6. http://philosophy.cass.cn/facu/xiedikun/lunwen/06.htm。

7. www.100k.net.cn/rwbaike/bk4596384.html-28k；
   www.zhishie.com/baike/renwu/44/246748.htm

從方東美的「機體主義」論
《莊子》「道」之兩重意涵

林修德　著

作者簡介

林修德，1983 年生，台北板橋人。喜愛探討生命的價值與意義，相信在不斷思考與實踐的歷程當中，得以體現生命的奧妙。東吳大學哲學學士、碩士，現就讀於東華大學中國語文學系博士班，同時擔任東華大學通識中心兼任講師。大學時代曾經歷轉系、休學、肄業、轉學等人生轉折，不斷來回遊走於哲學系與中文系的世界，至今亦仍是如此。著有〈墨莊認知模式的異同〉、〈論上博簡《民之父母》中的「五至」是「道德修養」還是「治民之方」〉、〈《莊子》工夫論之研究方法省思〉等篇學術論文著作。

提　　要

　　實然範疇與應然範疇的斷然二分，促使《莊子》之「道」必須面臨其存在與價值之兩重意涵割裂的詮釋難題。然而《莊子》之「道」在方東美「機體主義」的詮釋下，其關乎存在方面的「本體」、「超本體」、「一切活動的規律」等意涵，以及其屬於價值方面的「終極價值」之意涵，便能基於其中最主要的「統合一切」意涵而得以相互結合。

　　最關鍵的理由則是在於，若從「道」之整體的「宇宙大生命」來說，一切意涵其實都只是存在性的；但若從「道」之於個體的「人」來說，則其便賦予「人」擁有價值性的意涵。因此《莊子》之「道」中的存在意涵與價值意涵，在方東美「機體主義」的詮釋下，就只是同一概念中的一體之兩面，因而得以相互結合。此外，《太一生水》更能夠在理論證成的角度之外，提供《莊子》「道」之「機體主義」得以結合兩重意涵的一種經驗性具體例證。

目次

第一章　緒　論

　　在本章「緒論」當中，將會對於本論文的「研究動機」與「研究目的」，以及「研究的範圍與限制」，最後則是「研究的方法與步驟」做進一步的探索與說明。以下將分別說明之。

第一節　研究動機與目的

一、研究動機

　　歷來學者對於老莊「道」概念的見解往往存在著些許差異，有些學者重視其「自然規律」的面向，因而強調其「存在」方面的概念意涵；有些學者則主張其「人生價值」的面向，因而強調其「價值」方面的概念意涵。但是從傳統以來，絕大多數的學者則認為，「道」的概念意涵是同時包含上述二者的，所以視其為同時跨越「存在」與「價值」兩方面的思想概念。然而「存在」方面的概念，是指對於「道」之存在面向上的事實性描述，所以是與「實然」範疇相關的；而「價值」方面的概念，則是指「道」之價值面向上的規範性行為指導，所以是與「應然」範疇相關的。更直接地說，「道」的存在意涵是屬於「實然」的範疇；而「道」的價值意涵是屬於「應然」的範疇，那麼在「實然」與「應然」兩者不同概念範疇而似乎無法跨越的前提之下，「道」的概念如何得以跨越「存在」與「價值」二者的界限呢？再者，如果真的得以跨越，那麼其中的合理性基礎又何在呢？關於這些問題確實是有必要進一步深入思考。

　　然而不置可否的，如果老莊的「道」概念只是單屬於「存在」方面的意

涵，或是只單屬於「價值」方面的意涵，那麼便沒有上述所謂「如何跨越『存在』與『價值』二者界限的合理性問題」。但是若真的是這樣，也就表示我們傳統以來對於老莊「道」概念的理解是錯誤的！然而我們卻無法忽視在一般學者的理解中，《莊子》的人生價值理想是必須從其「道」的概念中引發出來。因此如果《莊子》的「道」概念只隸屬於「存在」方面的範疇，那麼其「人生價值」方面的思想則必須要從哪裡確立起？而又若《莊子》的「道」概念只隸屬於「價值」方面的範疇，那麼其「人生價值」方面的思想則必然與「存在」方面的「自然規律」思想全然無關。所以上述的兩種說法都似乎是不合於《莊子》思想的，而只有當《莊子》的「道」概念是得以跨越「存在」與「價值」的界限時，那麼其「人生價值」方面的思想，才能必然與「存在」方面的「自然規律」思想緊密結合，如此也就能夠符合一般學者對於《莊子》之「道」的理解，同時也才能夠說明學者們所採取的這種理解的合理性所在。

　　總而言之，當我們會宣稱老莊的「道」概念只是單屬於「存在」或是只單屬於「價值」方面的意涵時，其實最主要的原因仍是基於「存在」範疇與「價值」範疇二者的不可跨越性，然而從傳統至今，我們果真無法在現有的理論資源中，說明「道」概念得以成功跨越「存在」與「價值」二者的可能性嗎？筆者認為方東美所理解的《莊子》之「道」，或許足以解決此問題，因為方東美視《莊子》之「道」為一種「機體主義」，而「機體主義」的理論特色即在於「旁通統貫」的精神，因而反對各種封閉性與孤立性的限制，因此筆者認為方東美所提出的「機體主義」，極有可能得以做為《莊子》之「道」可以跨越「存在」與「價值」的合理性基礎。

　　最後還需要補充的是，關於《莊子》之「道」能否結合兩重意涵的這些問題，都是基於我們所身處的現代場域，是不斷地承繼著哲學發展中的持續推衍與一再反省，同時又在中西文化的交流互動之間，轉換了我們原本在研究經典時的合理性標準，因而引發出這些關於《莊子》「道」概念之合理性的新問題。所以總結來說，這些新問題都是具有當代意義的重要哲學問題，而應該成為今日我們研究道家思想者，尤其是《莊子》思想，所必須關切的重要議題。

二、研究目的

　　基於上述所論及的研究動機，因此本論文的研究目的則將集中在於《莊

子》的「道」概念之上，而將開展出一個最主要的研究目的。

也就是必須說明方東美所提出的「機體主義」，如何成為《莊子》之「道」得以結合「存在」與「價值」意涵的合理性基礎。而在此目的之中，又可分成兩個方面。

其一方面是必須說明方東美如何以「機體主義」來詮釋《莊子》之道；而另一個方面則是必須在方東美「機體主義」的詮釋下，說明在《莊子》的「道」概念中，如何從其「存在」方面的意涵得以推衍出「價值」方面的意涵，以健全地呈現出《莊子》之「道」，得以跨越「存在」之「實然」範疇與「價值」之「應然」範疇的合理性所在。

第二節　研究範圍

首先《莊子》文本是本論文所要研究的主要對象，而有關在《莊子》文獻的處理上，本論文無意涉及關於莊子其人其書的歷史考據，而以《莊子》書中所具有一致性的思想做為研究對象，因此在文獻使用的範圍上，便以《莊子》一書的文本內容做為主要的研究範圍。另外，關於解讀《莊子》的註解本，則以參考由清人郭慶藩所編輯，再透過王孝魚所重新整理的《莊子集釋》〔註1〕為主，另外則以王叔岷的《莊子校詮》〔註2〕與陳鼓應註譯的《莊子今註今譯》〔註3〕做為輔助的參考資料。

再者，因為歷來學者對於《莊子》思想的理解仍存在著些許歧異，而本論文為了採取方東美「旁通統貫」的「機體主義」觀點，以證成《莊子》「道」概念得以結合「存在」與「價值」的合理性基礎，因此更進一步地說，本論文將以方東美所詮釋的《莊子》做為最主要的研究對象。

另外其它將會涉獵到的文獻資料，則包括有先前學者對於老莊「道」之兩重意涵，即「存在」與「價值」意涵的研究成果。以及先前學者們，對於方東美「機體主義」的相關研究文獻。最後則將涉獵到湖北荊門郭店所出土，一號戰國楚墓中的竹簡文獻《太一生水》，而對於諸多《太一生水》在學術史

〔註1〕郭慶藩輯〔清〕，王孝魚整理。《莊子集釋》（台北：華正書局有限公司，2004年7月初版）。

〔註2〕王叔岷（2007）。《莊子校詮》。北京：中華書局（6月初版）。

〔註3〕陳鼓應註譯（2007）。《莊子今註今譯》。台北：台灣商務印書館（10月修訂版六刷）。

上的爭論，本論文則亦將採取中立的學術立場，以避免涉入其確切的學派歸屬、作者、年代、字句考證……等深入的文獻考據問題，而僅以其中所記載之可以對應到方東美的「機體主義」思想者，來做為說明《莊子》「道」概念得以結合兩重意涵的輔助文獻。

第三節　研究方法與步驟

　　關於本論文的研究方法，主要將會採用傅偉勳（1994：228～240）的「創造的詮釋學」中，「蘊謂」與「當謂」兩個層次的研究方法，以及李賢中（2003：31～32）所提出的「架構對比法」，最後則試圖在「結論」的論述方式上，採取一種暫時取名為「文學輔助論述法」〔註4〕的表述方法。那麼接下來，除了第一章「緒論」之外，將按照本論文的分章結構，來詳細地說明各章將如何運用所將採取的研究方法，以及在本論文的整體內容中，所將進行的研究步驟。

　　首先是第二章「當代學者對於老莊之『道』的研究成果──關於存在與價值的兩重意涵問題」，以及第三章「方東美對於《莊子》之『道』的理解──包含『道』概念中的兩重意涵分析」。此兩章的研究方法主要是依據傅偉勳「創造的詮釋學」中「蘊謂」層次的研究方法，即是指詮釋者必須呈現出，被詮釋對象中所可能蘊涵的某種深層性思想。關於「道」之兩重意涵的提出，是當代學者對於道家研究，尤其是對於老子研究所關注的重要問題之一，而此深層性的思想之所以具有提出的可能性，則是基於現代哲學發展的過程中，對於實然範疇與應然範疇之不可跨越性的直接呼應，因而意識到有釐清老莊「道」概念中，關於兩重意涵之內涵與關係的必要性。而筆者在此也體認到這個議題的重要性，所以此兩章亦是持續著前人對於此議題的研究，因而同樣是採用「蘊謂」層次的研究方法。至於在研究的步驟上，首先第二章的部分，將先呈現出老莊的「道」概念，在結合兩重意涵上的困難所在，接著則將陳述與評論先前學者對於此議題的研究成果，而後則進入到第三章的部分，首先將依循著方東美的詮釋進路，以釐清其對於《莊子》之「道」的理解，接著則試圖分析出其中所具有的兩重意涵之內容。

　　接著是第四章「《莊子》之『道』結合兩重意涵的合理性──以方東美的機體主義為其依據」。本章的研究方法主要是依據李賢中所提出的「架構對比

〔註4〕此關於論述上的研究方法，將在稍後有明確的說明。

法」，即是指將研究對象對應到某個思想理論的系統架構中，並依此特定的理論架構來呈現原本研究對象內部的理論系統；另一方面，也將同時運用傅偉勳「創造的詮釋學」中的「當謂」層次之方法，即是指詮釋者必須對被詮釋對象進行某種批判性的考察，而試圖在現今的時代環境因素中，重新反省被詮釋對象中的思想內容，以呈現出其思想在今日所應當表述出來的當代性內涵。在前一章中已經論述了方東美對於《莊子》「道」之兩重意涵的理解，而本章則是試圖以方東美自己所提出的「機體主義」，來做為《莊子》之「道」結合兩重意涵的合理性基礎，也就是以「機體主義」的理論架構做為研究《莊子》「道」概念的參照系統，進而試圖解釋《莊子》「道」之結合兩重意涵，在今日「實然」與「應然」範疇之不可跨越的理論背景下，所應當呈顯出來的合理性所在，因此即是透過「架構對比法」的研究方法，來進行本章節的研究與論述，而此同時也是透過「創造的詮釋學」中的「當謂」層次之方法，用以反省《莊子》「道」概念在現代哲學理論思潮中，所應當呈顯出來的當代性。另外需要補充說明的是，方東美所提出的「機體主義」並不是一套全然與《莊子》思想無關的理論系統，而是方東美針對中國哲學整體之研究，所提出的一套後設性理論，以傅偉勳「創造的詮釋學」的分層結構來說，即是指方東美對於中國哲學整體所提出的一種「創謂」層次的詮釋，因此以「機體主義」來論述和解釋《莊子》思想的合理性本身，則確實具有研究方法上的正當性與適宜性，而不至於產生理論詮釋上的衝突情況。至於在本章的研究步驟上，首先將論述方東美「機體主義」的思想內涵，接著則將以其理論架構來說明《莊子》「道」概念得以結合兩重意涵的合理性，最後則是試圖在抽象地理論證成的策略之外，從荊門郭店出土竹簡《太一生水》的思想當中，提出「機體主義」得以結合兩重意涵的一種經驗性具體例證，以加強《莊子》之「道」得以結合兩重意涵的合理性論述。

最後是第五章「結論」。本章則試圖總結上述第二章以至於第四章的內容，並且將對於其中所蘊涵的思想做一整體性的說明。然而在論述層面的研究方法上，則試圖採取一種新的論述形式，暫且稱其為「文學輔助論述法」，而此研究方法旨在以文學式的描述筆法來輔助純粹理論式的論文寫作形式，因為純粹理論式的論述形式，即使能夠把《莊子》思想的內涵清楚而完整地呈現出來，卻總是將《莊子》思想放置在「對象化」的位置狀態中，因而總是主客分離的，如此一來《莊子》思想所強調的主客合一精神，或是內在化

的體悟作用……等等，則似乎無法有更直接的方式而能被呈現出來。因此有鑒於一般理論式的論述形式，對於呈現《莊子》思想上的侷限性，所以筆者在本章「結論」的論述形式上，則將採用「文學輔助論述法」來避免以上所論及的弊病，也就是試圖在理論式的論述之外，同時輔以文學式的描述筆法，以試圖更綜合而直接地呈現本論文所要表達的思想精神。

第二章 當代學者對於老莊之「道」的研究成果——關於存在與價值的兩重意涵問題

　　一般來說，老莊之「道」是具有多種涵義的，而其中包含有「存在」方面的意涵，即是指對於「道」之存在面向上的事實性描述，所以是屬於「實然」的範疇；而同時也包含有「價值」方面的意涵，即是指「道」之價值面向上的規範性行為指導，所以是屬於「應然」的範疇。因此在老莊的「道」概念中，即具有上述的兩重意涵。

　　然而老子和《莊子》的「道」概念則又略有差異，如徐復觀（2003：387）即認為「莊子主要的思想，將老子的客觀的道，內在化而為人生的境界。」因此《莊子》的「道」相較於老子，則更注重於「人」之主體性的層面，因而更具有價值、境界……等方面的意涵。而朱曉燕（2005：16）則更直接表示「老子言『道』是一個不可究詰的宇宙本體概念，側重於形而上理論思辯的層面；莊子之『道』則是直接關係現實人生的，重心在人的主體個體的精神存在上。」另外，楊國強（1998：15）也認為「道在老子那裡是一種客體的存在，更具客觀規定性；而在莊子那裡既是道的客體的存在，又是道的存在者——天地、萬物與人主體的存在。」所以《莊子》的「道」比起老子，則確實又更強調於「主客合一」的概念內涵，也因此能彰顯出「道通為一」的互動性與一體性。若藉由圖示來區分的話，則可在賴錫三（2004：173）文中，找到更清楚的呈現：

圖 1

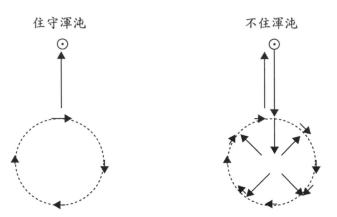

住守渾沌　　　　　　　　　　　不住渾沌

回歸渾沌的道家基本教義派（老子）　不住渾沌的道家式圓教（莊子）

　　至於在本章的論述結構上，首先將呈現老莊之「道」結合兩重意涵的困難所在，以便呈現在老莊「道」概念中，關於存在與價值「爲何二分？」而又「爲何不能二分？」的問題意識。接著則將個別陳述，先前學者對於老子與《莊子》「道」之兩重意涵的研究成果，並試圖進一步予以評價與反思。

第一節　存在與價值的割裂是老莊之「道」結合兩重意涵的問題所在

　　在老莊的「道」概念中，存在與價值之所以有割裂的情況，即是對於實然與應然問題中的直接呼應。從休姆（David Hume）以來，學者們對於實然範疇與應然範疇之間，已經提出許多相關的問題與討論，甚至學者們對於休姆關於這個方面的理解與說法也有許多不同，〔註1〕然而在應然與實然的問題中，最一般性的看法即在於：

> 一般道德哲學家都認爲從實然推論不出應然，描述的陳述跟規約的
> 或規範的（normative）或倫理的陳述之間，存有一道不可跨越的鴻
> 溝，換言之，兩者之間不可能有邏輯上的『導出』或『涵蘊』

〔註 1〕 休姆（David Hume）對於應然與實然問題的主張，其實在多位學者的理解下，已呈顯出許多不同的見解。關於這方面的資料，在黃慶明所著作的《實然應然問題探微》中已有所說明，而因爲此方面並非是本論所要探討的對象，故在此將不再深入說明。

（entailment）的關係。（黃慶明，1993：1）

因此在老莊的「道」概念之中，屬於應然範疇的價值意涵，便似乎無法從屬於實然範疇的存在意涵中推導出來，進而應然性的價值意涵也就似乎無法與實然性的存在意涵相互結合。那麼這樣的情況，也就因此為道家思想帶來許多理論詮釋上的難題。

更進一步來說明，西方傳統的實然與應然問題的提出，是從證明上帝存在的論證中所反省出來的。因為在傳統的上帝存在的論證中，其思路是認為「只要我們可以證明出上帝是存在的，那麼就等同於證明出我們必然應該服從於上帝。」然而哲學家們卻發現，即使我們能證明出上帝是存在的，我們卻仍然還是必須要問「那為什麼我們就應該要服從上帝呢？」也就是說，即使我們能證明出實然性的「上帝存在」，卻也仍然無法必然推衍出應然性的「我們應該要服從於上帝」。因此實然範疇與應然範疇的劃分，及其各種相關的議題，便因而漸漸地被哲學家們所重視與討論。

那麼將道家思想投入這個實然與應然的問題脈絡中，卻可以發現到道家思想也必須面對到類似的問題。因為在「人法地，地法天，天法道，道法自然。」（《老子・第二十五章》）的道家核心思想中，「法」字即是指「應該效法」，〔註2〕因而「道」的概念便確實具有某種規範人的應然性的價值意涵；而最後的「道法自然」卻是指「『道』只是依循著本身的規律來作為」，〔註3〕因而「道」本身也就只是一個不斷彰顯自我的存在，所以「道」也同時蘊含有某種實然性的存在意涵。那麼如此一來，老莊的「道」概念也就類似於西方的上帝存在論證一樣，必須面臨對實然與應然之二分的問題，因為即使我們可以確認『道』是確實存在的」，卻也無法從這樣的實然性存在意涵中，推衍出「我們應該依循『道』來作為」的應然性價值意涵。更明確的問題是，在一個共同的「道」概念之中，從宇宙論面向的實然性存在之「道」，似乎無法推衍出具有某種應然性思想的價值之「道」。舉例來說，「道」之實然性的自然無為之存在狀態，要如何過渡到人之應然性的應該自然無為之價值思想？

〔註2〕關於「人法地」，陳鼓應（1995：116）解釋為「人效法地」，而基於「人」是有自由意志而擁有價值選擇能力的存在者，因此在這裡的「法」可以更進一步理解為「應該效法」。

〔註3〕關於「道法自然」，陳鼓應（1995：116）解釋為「『道』純任自然，自己如此。」也就等同於這裡所說的「『道』只是依循著本身的規律來作為」，因而是屬於實然範疇的一種存在性意涵。

　　然而不可否認的是，在功夫實踐的面向上，老莊的「道」概念則又確實不會面臨到存在與價值割裂的兩重意涵問題。然而我們卻還是必須反思，在功夫與實踐的可行性背後，其理論面向上的合理性何在？因此我們還是必須在理論的層面上，試圖說明老莊的「道」概念要如何結合存在與價值的兩重意涵，因為當老莊之「道」得以結合兩重意涵，那麼便可以說明「道」的概念，為何能夠從其宇宙論面向的存在意涵推衍出其價值意涵，而不會產生任何理論上的思想跳躍與不合理之處。

　　因此總結來說，從實然與應然問題中所衍生出的存在與價值的割裂情況，確實是老莊之「道」在結合存在與價值之兩重意涵上的困難所在，但此問題卻又是道家思想在當代思潮中，所必須面對與解決的一個重大問題。

第二節　當代學者對於老子「道」之兩重意涵的研究成果

　　當代學者對於老子「道」概念的研究已是不可勝數，然而在本節中，將只涉及到四位有意識到老子「道」之兩重意涵問題的學者，並且將以他們的見解，做為當代學者對於老子「道」之兩重意涵研究成果的代表。以下將個別呈現與評論之。

　　關於「道」之兩重意涵的差異性，其實陳康（1962：161）早已指出「道有總義二焉：一為存有之原理，一為規範性之原理。規範性之原理可從可違；向背任人自擇。物則不能如是，唯受制於存有原理而已。於是人物之別以明。中國哲學中人之發現，自此始矣。」也就是說，「道」之存在意涵對於「物」的作用是必然的，因而「物」不可能有所違背；至於「道」之價值意涵則對於「人」的作用是沒有必然性的，因而「人」對其可違可從。

　　這是陳康對於老子之「道」的概念分析，然而若進入到《莊子》的思想來說，則在《莊子》「道通為一」的思想裡，「人」、「物」二者就不應該被斷然二分，甚至可以發現到「人」也是「物」的一部分，因此也同時被「道」的存在意涵所必然地決定。如此一來，「人」似乎被「道」所必然決定，卻又基於「道」而有自主選擇的自由性，那麼「人」之於「道」是如何可能既被決定而又擁有自由呢？甚至是擁有至高為上的「終極自由」？〔註4〕而造成此

〔註4〕因為終極的自由精神，也屬於《莊子》「道」之價值意涵中的一部分。此部分

衝突的問題根源則在於「道」是何以同時具備此兩重意涵呢？也就是說「道」
的存在意涵是實然性的，所以「人」被其所必然決定；至於「道」的價值意
涵則是應然性的，所以人擁有自由選擇的能力。然而在實然範疇與應然範疇
二者，看似絕對二分而無法跨越的情況下，「道」的思想概念究竟能否同時結
合此兩重意涵呢？

　　在承認此實然範疇與應然範疇不可相互跨越的理論架構下，袁保新
（1997：109）試圖提出解決的方法：

> 老子基於價值的關懷，在對存在界所呈顯之價值理序有了根源性地
> 把握之後，所展開的一套有關宇宙人生的價值意義之說明。換言之，
> 我們認為老子形上思想的核心概念——道，既不宜視作無限實體、
> 第一因，也不宜視作自然律則，而應該理解作規範著存在界中一切
> 人物的地位與關係的形上基礎，或價值根源。

所以袁保新主張「道」的概念只有價值意涵而沒有存在意涵，因此可以避免
「道」涉及到實然範疇與應然範疇之間的跨越問題。然而這樣的理解即使對
於老子的「道」概念是適合的，但確實是不適用於一般學者對於《莊子》之
「道」的理解，例如以方東美所理解的《莊子》之「道」來說，則不可能只
蘊含有價值意涵而沒有存在意涵。〔註5〕因此若為了避免實然範疇與應然範疇
之間的跨越問題，而以這樣的理解方式來說明《莊子》的「道」，似乎並不是
一個最恰當的方式。

　　另外，杜保瑞（2006：71）也在實然範疇與應然範疇不可相互推求的理
論架構下，提出另一種解決的方式：

> 純粹存有論義的思辨進路的說無之說可以與價值義不相干，此間可
> 以沒有思辨推求之關係……因此，說主體的工夫與境界之諸說只能
> 與說本體的價值義是為同義格式，純粹說道體的存有論特徵的種種
> 說法可以另開一思路而互不相干。

也就是說，杜保瑞認為老子的「道」可以具有此兩重意涵，但是屬於存在意
涵的思想和屬於價值意涵的思想，是存在於不同形式而互不相干的理論系統
中，因此既避免了實然範疇與應然範疇不可相互跨越的問題，也同時保全了

在之後會有更詳細的說明。

〔註5〕關於方東美對於《莊子》之「道」的理解，將在於下一章中，有更詳細的探
　　　討與說明。

「道」的兩重意涵。然而這樣的詮釋，是透過純粹思辯的「存有義」與功夫境界的「價值義」二者不同問題意識之間的相互釐清，進而基於問題意識的不同，才使得「道」的概念能同時並存於存在與價值二者不同而互不相干的理論系統之中。但是這樣的詮釋方式或許可以適用於老子的思想架構，卻未必能夠呈顯《莊子》「道」概念中，方東美最爲強調的「道通爲一」之思想精神，因爲在《莊子》的思想中，正是有了否定任何對立性的「道通爲一」，所以其「道」之思想就可能得以跨越存在與價值之二分而用不著將「道」的理論系統一分爲二。因此若以這種詮釋方式來理解《莊子》之「道」，也並非是一種最恰當的方式，甚至更可能因此抹殺了《莊子》「道通爲一」的思想精華。

再者，杜方立（2007：23）也試圖保全「道」的兩重意涵，而提出了以下的另一種見解：

> 以道爲主客合一的實存，實足以回答道之存有原理、應然原理，及
> 存有原理及應然原理間的關係的問題……就存有原理及應然原理間
> 的關係而言，存有原理屬於經驗層次，適用於經驗自然的領域，應
> 然原理屬於超驗層次，適用於超驗自然領域，兩者爲不同層次、領
> 域的原理，自無所謂衝突的問題。

在此，杜方立認爲老子的「道」是「主客合一的實存」，而這種詮釋似乎與方東美對於《莊子》之「道」的理解最爲相近，[註6]然而杜方立對於「道」之「存有原理」與「應然原理」所做的層次之二分，則似乎又與杜保瑞將「道」的理論系統一分爲二的詮釋進路頗爲相近，因此這樣的理解方式，也將仍然無法對於強調「道通爲一」的《莊子》之「道」，給予最直接而恰當的說明與詮釋。

第三節　當代學者對於《莊子》「道」之兩重意涵的研究成果

當代學者對於《莊子》「道」概念的研究同樣也是相當的多，但是直接涉及到「道」之兩重意涵的研究者，卻明顯比老子在這方面的研究來得更少。所以在本節中，也將只能引述到四位有觸及《莊子》「道」之兩重意涵問題的學者，並且將以他們的意見做爲當代學者對於《莊子》「道」之兩重意涵研究

〔註 6〕此處即是指方東美以「機體主義」來理解《莊子》之「道」。關於此點，將是
　　　　下一章的討論重心。

成果的代表。以下將個別呈現與評論之。

　　首先陶君（2004：19）即認為《莊子》之「道」的核心意涵在於規律性，進而對於《莊子》之「道」的內涵提出以下幾個重點：

> 《莊子》所論述的規律性的「道」，其基本特性大致表現在以下幾個方面：一、道是超越感官的，但是不依賴於人的意識而客觀存在的。二、道支配著一切事物的產生和發展，它決定著事物產生和發展的必然趨勢，具有客觀必然性。三、道不是獨立於事物之外去推動事物的發展，而是存在於一切事物之中，是一切事物本身所固有的。人們不能根據自己的意志來創造道，也不能改變和消滅道。不僅如此，道並不因某種具體事物的始終而始終，它並不隨著某種具體事物的消失而消失。四、道之支配萬物，並非根據自己的意志，違反事物的意願而加以強制性的主宰，而是萬物一任其自然而然。由於道對於萬物無所偏私，無所干涉，從而使萬物各依其自身的特性必然而自然地發展或呈現出某種特徵和面貌。

在上述四點對於《莊子》之「道」的理解中，很顯然前三者都是對於「道」之實然性存在面向的描述，因而提到了「客觀存在」、「客觀必然性」、「存在於一切事物之中」……等關於存在方面的意涵，並且在第三點中，提到了「人們不能根據自己的意志來創造道，也不能改變和消滅道。」而將此內涵與前兩點的說明相互結合，則不難看出其便彰顯出「道」之存在意涵對於人的必然性情況。然而到了第四點卻提到「萬物一任其自然而然」，因而也就可以合理地引申出，「道」對於人也授予其自然無為的應然性價值思想，那麼也就顯示出，《莊子》之「道」確實也同時具有存在與價值的兩重意涵，並且其中也蘊藏了存在意涵對於人的「必然決定」，以及價值意涵對於人的「自由選擇」之間的衝突性問題。

　　至於韓京憙（2008：38）則在對於《莊子》的天道研究中，更直接而明確地提出了「道」概念的兩重性意涵：

> 筆者認為，莊子思想中所謂的「道」含有兩種意思：一是宇宙運轉變化的最高法則，二是人應有的作為方式與規則。

在上述兩種「道」的意涵中，前者「宇宙運轉變化的最高法則」明顯是一種實然面向上的存在性描述，所以即是指向「道」的存在性意涵；而後者「人應有的作為方式與規則」則明顯是一種應然面向上的價值性規範，所以即是

指向「道」的價值性意涵。因而在此同樣揭露了《莊子》「道」概念中，所共同具有的兩重性意涵，並且其中也同樣隱藏了「如何從『道』的存在意涵過渡到其價值意涵」的一種理論層面上的難題。

接下來于桂鳳（2008：27）也對於《莊子》之「道」做了兩種層面的區分：

> 「道」字在《莊子》一書中，其涵義是多方面的……如果對這些不同的「道」進一步化約，最終可歸結為所謂的「客觀之道」和「主觀之道」兩個方面。「客觀之道」指向「道」的客觀自在性，這個意義上的「道」是一切存在者之存在的本體基礎。因而「客觀之道」承載著本體的意義，可稱為「本體之道」；「主觀之道」則指向人確信有「道」的一種實實在在的心理事實。這一心理事實是主體對「道」的感悟與體驗，上升到極致就內化為人生所達到的最高境界。因而「主觀之道」承載著境界的意義，故可稱為「境界之道」。

在上述對於《莊子》之「道」的劃分中，「本體之道」做為「一切存在者之存在的本體基礎」，因而也就彰顯出《莊子》之「道」中的「存在意涵」；至於「境界之道」則是能夠「內化為人生所達到的最高境界」，因而在這樣的「最高境界」中，也必然蘊含有某種《莊子》之「道」的「價值意涵」。所以至此也同樣顯示出，《莊子》之「道」中確實具有存在與價值的兩重性意涵。然而所不同的是，在上述的論述中，提到了「境界之道」是「主體對『道』的感悟與體驗，上升到極致就內化為人生所達到的最高境界。」而這裡的「道」除了是價值面向的「境界之道」之外，應該也同時指涉到所謂存在面向的「本體之道」，因此即是主張透過「感悟與體驗」的實踐功夫，便可以結合《莊子》之「道」中的存在意涵與價值意涵，而不會面臨到存在與價值二者的割裂情況。然而儘管如此，我們在老莊的「道」概念中所需要面對的共同問題仍是，即使在功夫實踐的層面上，存在與價值二者可以自然地融合在一起，但是我們仍然必須要釐清，在理論的層面上，存在與價值如何得以相互結合，而不至於只是理論思路中的一種跳躍。

再者，楊國榮（2006：48）則在《莊子》之「道」的存在形態中，提出了有關於存在與價值二者的見解：

> 對《莊子》而言，似乎有兩種存在形態：其一為未始有物或未始有封的本然形態，其二則是分化的世界。未分的世界作為原始之「在」，

　　本來具有已然的性質，但在《莊子》那裡，它同時又被賦予應然的
　　形態，從而表現爲理想的存在規定；分化的世界不合乎本體論的理
　　想，但它又同時表現爲實然（現實的存在）。

而在這裡的論述中則是已明確地指出，無論是在「本然」或是「分化」的存
在形態中，實然性的存在意涵確實也總是與應然性的價值意涵相互結合，因
此其中才會提到「又被賦予應然的形態」，以及「又同時表現爲實然（現實的
存在）」的說法。那麼以這樣的思想再進一步推衍，或許楊國榮也會主張《莊
子》之「道」的存在意涵，也確實能夠與其價值意涵相互結合，而不至於在
理論層面上產生任何的衝突。只是我們仍然有必要將其中細部的理論內涵與
基礎，予以清楚而明確地呈現。

第三章　方東美對於《莊子》之「道」的理解——包含「道」概念中的兩重意涵分析

　　在呈現了先前學者對於老莊「道」之兩重意涵的研究成果後，接下來筆者爲了透過方東美「旁通統貫」的「機體主義」觀點，以證成《莊子》之「道」得以結合兩重意涵的合理性，所以必須重新釐清方東美對於《莊子》之「道」的理解。

　　再者，雖然金小方與李春娟（2006：66）已認爲「方東美揭示了老子之『道』價值論與本體論的雙重屬性，並進而闡明了老子哲學價值學與本體論高度融合的特徵。」也就是說在方東美的詮釋下，老子「道」中的存在意涵與價值意涵已是得以相互結合，但是在本論文中，筆者則是以《莊子》之「道」做爲本論文研究的主要對象，而其理由在於老子和《莊子》的「道」，在內涵上仍然有些許差異，就如同前一章中所顯示的，然而張鴻愷（2006：8）則更進一步補充「《老子》重『道』之本根意義，《莊子》則重視闡發『道』之生化作用，儘管二者之側重點不同，然《莊子》生化之道實建立於《老子》本根之道之基礎上。」所以從這樣的立場來論，《莊子》之「道」則確實蘊涵了老子之「道」的思想內涵，並且進而更加開展之，因而比起老子之「道」，《莊子》之「道」則確實具有更豐富的理論內涵，尤其是在前一章中所提到的「道通爲一」的互動一體性，因而更能符合方東美所提出的「機體主義」思想，〔註1〕所以也就更能夠解釋「道」

〔註 1〕 至於爲何《莊子》之「道通爲一」的互動一體性，能夠更符何方東美所提出的「機體主義」思想，則將在下一章中有更詳細地闡述。

概念如何得以結合兩重意涵的合理性問題，也因此方東美（1993：241）即認為「老子哲學系統中之種種疑難困惑，至莊子（紀元前三六九年生），一掃而空。」

而在本章的論述結構上，首先將依循方東美在理解《莊子》之「道」時所採取的詮釋進路，以確實呈現方東美對於《莊子》之「道」的理解，進而則試圖從上述的理解中，分析其中所各別具有的存在意涵與價值意涵。

第一節　方東美理解《莊子》之「道」所採取的詮釋進路

從方東美的大作《原始儒家道家哲學》中，其實不難發現到方東美在對於老子與《莊子》的思想進行闡述時，幾乎是視其為一個「原始道家」的整體來加以詮釋，尤其在對於「道」概念的解說上則更是如此。因此在本節中，將依循方東美對於「道」之詮解的四個面向，即「道體」、「道用」、「道相」、「道徵」，以及其對於《莊子》「超脫解放」精神所提出的三大原則，即「個體化與價值原則」、「超脫原則」、「自發的自由原則」，共以上七個方東美在理解《莊子》之「道」時所採取的詮釋進路，來呈現並整理方東美對於《莊子》之「道」的理解，以下將分別論述之。

首先關於第一個部分「道體」。〔註2〕方東美對此的說明如下：

就「道體」而言，道乃是無限的真實存在實體（真幾或本體）。老子曾經以多種不同的方式來形容。例如：

（1）道為「萬物之宗」，淵深不可測，其存在乃上帝之先。

（2）道為「天地根」，其性無窮，其用無盡，視之不可見，萬物之所由生。

（3）道為元一，為天地萬物一切之所同具。

（4）道為一切活動之唯一範型或法式。

（5）道為大象或玄牝，抱萬物而蓄養之，如慈母之於嬰兒，太和、無殃。

（6）道為命運最後歸趨，萬物一切的創造活動在精力發揮殆盡之後，無不復歸於道，藉得安息，以涵泳於永恆之法相中，成就

〔註2〕方東美對於「道體」的內涵有更詳細的說明，以下僅節錄其中的要點。此部分的引文摘自（方東美，1993：210～219）。

於不朽之精神內。

以上所說，是指老子本體論之「有」，超本體論之「無」，以及有與
無一個大的結合。這個大的結合是哲學最高的智慧，精神上面的統
一，以它為歸宿。

那麼再進一步對於方東美所言的「道體」進行整理，則可以發現到其旨在本
體論的脈絡中，論「道」的存在本身。而其主要內涵如下：

一、無限而永恆存在，故存在於一切萬物之先。

二、不具形象卻真實存在。

三、創生一切萬物。

四、一切萬物所共同具有。

五、一切萬物活動的共同規律。

六、一切萬物生長變化的助力，有如父母之於兒女。

七、一切萬物生長變化的最終歸趨。

八、其變化與作用沒有極限，因而無窮無盡。

因而「道」在本體界中，是什麼都還不是卻充滿無限潛能的「無」，故可
以稱其為「超本體」；然而其又做為現象界中，一切萬物創生根源的「有」，
故又可以稱其為「本體」。因此「道」乃是跨越本體界與現象界，進而融合二
者的終極實體。

而方東美對於「道體」層面的詮釋，也確實可以在《莊子》的文本中，
發現其對應之處，如：

> 故聖人將遊於物之所不得遯而皆存。善夭善老，善始善終，人猶效
> 之，又況萬物之所係，而一化之所待乎！夫道，有情有信，無為無
> 形；可傳而不可受，可得而不可見。自本自根，未有天地，自古以
> 固存；神鬼神帝，生天生地；在太極之先而不為高，在六極之下而
> 不為深，先天地生而不為久，長於上古而不為老。（〈大宗師〉）

此中的「萬物之所係」與「一化之所待」皆是指「道」，而「善夭善老，善始
善終」也暗指為「道」所具有的某種作用，因此在這段文字中便說明了「道」
的許多特質。其中「自本自根，未有天地，自古以固存。」與「在太極之先
而不為高，在六極之下而不為深，先天地生而不為久，長於上古而不為老。」
即說明了「道」的存在是無限而永恆的，且是存在於一切萬物之先。再者「有
情有信，無為無形；可傳而不可受，可得而不可見。」則說明了「道」的存

在雖然不具有具體的形象，但其存在卻是真實無偽的。而後「神鬼神帝，生天生地。」則說明了「道」的存在本身，具有創生一切萬物的作用與能力。至於「萬物之所係」則說明了「道」的存在，是一切萬物所共同具有的。而「一化之所待」則又說明了「道」的存在，即是做為一切萬物活動的共同規律。最後「善夭善老」與「善始善終」則說明了「道」的存在本身，也同時是一切萬物生長變化的助力，而有如父母之於兒女般的細心呵護。

另外在《莊子・天地》篇中，也有一些關於「道」之「道體」層面的說明：

> 夫道，淵乎其居也，漻乎其清也……故其與萬物接也，至無而供其求，時騁而要其宿。（〈天地〉）

其中「時騁而要其宿」的「時騁」即是指「道時出不窮」（陳鼓應，2007：316），也就是說明了「道」的變化與作用是沒有極限的，因而得以展現出無窮無盡的存在狀態。至於「要其宿」則猶言「會其歸」，〔註3〕則是指「道」的存在本身，又得以做為一切萬物生長變化的最終歸趨。

緊接關於第二個部分「道用」。〔註4〕方東美則對此有以下的說明：

> 就「道用」而言。無限偉大之「道」，即是周溥萬物，遍在一切之「用（或功能）」，而取之不盡，用之不竭者。

> 這個第二部分的問題，不是本體論與超本體論，而是宇宙發生論，或是宇宙論的問題。

> 現在最重要的，是要看這個流露出來的現象界，同原來的本體界中間，有什麼樣的關係……現象是從本體裏面展開出來的秘密，就彷彿是子女，天真可愛，都是從母體裏產生出來的，由母體流露出來的精神。

> 所以說，這個大道流行的時候，有兩種路徑：「順之，則道之本無，始生萬有；逆之，則當下萬有，仰資於無，以各盡其用。」也就是說，這個大道向上發展是一條路，向下流注是第二條路。大道的作

〔註3〕王叔岷在此指出：「錢《纂箋》引陸長庚曰：『逝曰遠，遠曰反。』（本《老子》二十五章）案『要其宿，』猶『會其歸。』」也就是說，王叔岷也同意「要其宿」即等同於「會其歸」之萬物共同依歸的意思。關於此部分，請參照（王叔岷，2007：421）。

〔註4〕方東美對於「道用」亦有更詳細的說明，在此僅節錄其中的要點。此部分的引文摘自（方東美，1993：169）以及（方東美，1993：220～224）。

用顯現在本體界與現象界之間，形成了雙軌運動。向下面流注的時
候，總是宇宙的力量逐漸廢棄，逐漸衰竭。一衰竭之後，再憑藉著
「反者道之動」的上迴向作用，回到萬有的根源上面，重新向它稱
貸，而取得新生的力量。取得新生的力量之後，再第二度從本體界
向現象界發揮它的作用。

至於進一步對於方東美所言的「道用」進行整理，則可以發現到其旨在宇宙
論的脈絡中，論「道」之於本體界與現象界之間的關係與作用。

首先這個作用是遍及一切萬物，且是無窮無盡的。再者這個作用可以分
成兩個部分，其一是指從本體界向下注流於現象界，所以「道」能夠創生一
切萬有；其二則是指從現象界向上回歸於本體界，所以「道」也能做為一切
萬物生長變化的最終歸趨。因此可以說「道」的作用是呈現「雙迴向」的，
而又基於此「雙迴向」的原理，所以「道用」便在此兩種運作中不斷循環反
復，而成為一切萬物活動中的共同規律。

而方東美對於「道用」層面的理解，也確實可以在《莊子》的文本中，
找到能對應的地方，例如：

以本為精，以物為粗，以有積為不足，澹然獨與神明居，古之道術
有在於是者。關尹、老聃聞其風而悅之，建之以常無有，主之以太
一，以濡弱謙下為表，以空虛不毀萬物為實。（〈天下〉）

其中方東美認為「建之以常無有，主之以太一。」即清楚地說明了「道用」
的原理與內涵。關於此點，方東美（1993：219）有更進一步地說明：

可以把一切生滅變化都落到永恆不變的「常」。這就是所謂的「知常
曰明」，這也是老子一句很重要的話；以後莊子在天下篇論老子的精
神時，就是不僅僅從「無」這一方面看，也不僅從「有」這一方面
看，而更從「有」與「無」兼綜的統一性來看。像莊子可說最能夠
瞭解老子的本體論與超本體論這兩方面的結合。所以說「建之以常、
無、有，主之以太一」。

也就是說方東美認為可以被稱作「太一」的「道」，其內涵除了有本體論面向
的「有」，因而可以開展本體界向下注流於現象界的「創生作用」，以及超本
體論面向的「無」，因而可以運作現象界向上返回於本體界的「回歸作用」之
外，尚有能夠統一此兩種作用的「常」，即是指得以統合「創生作用」與「回
歸作用」的「雙迴向」之「道用」。因此「道用」基於在「雙迴向」的不斷運

作中，即成爲一個無窮無盡而遍及一切萬物的永恆作用，也同時成爲一切萬物活動中的共同規律。

再來關於第三個部分「道相」。〔註5〕方東美則對此提出如下的解說：

就「道相」而言，道之屬性與涵德，可分兩類，屬於天然者，與屬於人爲者。

所謂「相」者，就是要看道體與道用裏面，所涵藏的性質。

大道裏面所涵藏的性質，可以劃分成爲兩項。一項是大道本身所涵藏的本性。第二方面是大道顯現出來之後，透過人的委婉曲折的瞭解，然後加給它一種屬性……我們可以發現以下幾點，是大道的本性。

（1）道徧在一切：道之全體大用，在無界中，即用顯體；在有界中，即體顯用。大道始終是個統一，始終是個整體。這個整體包括兩方面：道體與道用。道體就是超本體論裏面所講的無；道用就是從本體論裏面看見萬有存在……大道是兼綜有無，涵蓋本體與現象界，而形成的統一。

（2）就是平常所謂「無爲而無不爲」……現象界「有」的活動，同本體界「無」的根源，結合起來主之以太一……在現象界裏表現「無不爲」，而在本體界表現「無爲」。兩方面合起來，就是「無爲而無不爲」，這是兼綜本體與現象而言的。

（3）叫作「生而不有，爲而不恃，長而不宰」……宇宙的現象從它的本體流露出來之後，就完全讓它自由自在的發洩其妙用，不加以鉗制，不加以束縛，不加以控制。大道是代表眞正高超的自由精神。

其次，就道的「屬性」來說，這是不就大道本身著想，而就人類外在的觀察去瞭解大道是什麼。

老子認爲道之本身是「眞而又眞之眞實」，唯上聖者足以識之。一般人只能由人爲的屬性來妄加臆測，像大、奧、獨立、空虛、希聲、無形、無名、無狀、不可測等等。

如果是透過語言文字來瞭解大道，因爲語言文字本身有許多缺陷，

〔註 5〕 方東美對於「道用」亦有更詳細的說明，在此仍僅節錄其中的要點。此部分的引文摘自（方東美，1993：169）以及（方東美，1993：224～228）。

結果大道的真相不但不能顯現出來，反而會引起誤解。

那麼進一步整理方東美對於「道相」的說明，則可以發覺其旨在探討「道體」與「道用」的性質，並且此性質在以上的論述中，可以分成兩類。

其一是指「道」的「本性」。其二則是指「道」的「屬性」，即是透過人為的語言文字來瞭解的「道」，而因為語言文字的有限性，所以未必能完整而準確地呈現出「道」的本質。又或者是說，如果只掌握了「道」的「屬性」，那就只是知其然而不知其所以然。

更詳細地說，關於「道」的「本性」，其內涵包括以下三點：

一、「遍在一切」：其兼綜「本體界」之「無」與「現象界」之「萬有」，而為統合體用的一個整體。

二、「無為而無不為」：其作用結合了「本體界」之「無」的「無為」作用，而能使「萬有」回歸，以及「現象界」之「有」〔註6〕的「無不為」作用而能夠創生「萬有」，因而便成為一切萬物的終極規律。

三、「生而不有，為而不恃，長而不宰」：「道」即是絕對的自由精神，因而其所創生的萬物也能體現出其絕對的自由精神。

再者，關於「道」的「屬性」，則包括大、奧、獨立、空虛、希聲、無形、無名、無狀、不可測……等特質，而皆是基於語言文字本身的有限，因而無法完整而全面地呈現出「道」真正的本質。

在此可以再對於「道相」中的「本性」與「屬性」之區別稍加補充說明。「道」之「屬性」是指基於語言文字本身的有限性，因而無法真正呈現出「道」的本質，然而「道」之「本性」卻也同樣必須透過語言文字來論述「道」的內涵，但是「本性」所有別於「屬性」的是，「本性」是特指由「體道者」，如《莊子》文本中的聖人、至人、真人、神人……等在體悟「道」後的語言展現，所以不同於「屬性」只是一般人透過語言文字而對於「道」之本質的臆測。

而同樣地，方東美對於「道相」層面的說明，也確實能夠在《莊子》的文本中，找到得以對應的地方。例如關於「道相」之「本性」中的第一點「遍在一切」：

> 以指喻指之非指，不若以非指喻指之非指也；以馬喻馬之非馬，不若以非馬喻馬之非馬也。天地一指也，萬物一馬也。（〈齊物論〉）

〔註6〕此處的「有」並非是指「本體」之「有」，而是指「得以創生萬有」的「有」之能力。

> 物固有所然，物固有所可。無物不然，無物不可。故爲是舉莛與楹，
> 厲與西施，恢詭憰怪，道通爲一。其分也，成也；其成也，毀也。
> 凡物無成與毀，復通爲一。（〈齊物論〉）

在此兩段文字中，前者的「天地一指」與「萬物一馬」，以及後者的「道通爲
一」都展現出「道」之「遍在一切」的特性。前者「天地一指」與「萬物一
馬」是在強調現象界中的萬有，都在各自的殊異當中有其共通的內在本質，
而此得以共通萬物的內在本質，即是「遍在一切」的「道」，可見在《莊子》
的思想中即主張「道」能貫通一切而遍及萬有。至於後者「道通爲一」，則更
直接地點出「道」的整體性與共通性，因而使得殊異的萬有能夠超越各自的
差異以「復通爲一」。這些正是「道」之「遍在一切」的特性展現。

至於有關「道相」之「本性」中的第二點「無爲而無不爲」，也同樣可以
在《莊子》的文本中找到對應之處：

> 殺生者不死，生生者不生。其爲物，無不將也，無不迎也；無不毀
> 也，無不成也。（〈大宗師〉）

此「殺生者不死，生生者不生」正說明了「道」之「無爲而無不爲」的特性。
其中的「殺生者」與「生生者」即是指「道」，因而說明了「道」具有創生萬
物，以及使萬物消亡的能力，而此即是指「道」在「現象界」中「無不爲」
的「有」之作用，所以其後也才接著說「其爲物，無不將也，無不迎也；無
不毀也，無不成也。」至於另一方面的「不死」與「不生」，也同樣是對於「道」
的描述，而此指出「道」雖然可以創生萬物，也可以使萬物的生命消亡，但
是其自身的狀態卻是不死不生的，因而此即是說明了「道」在「本體界」中
「無爲」的「無」之作用。所以結合此二種作用的「道」，便得以呈現出「無
爲而無不爲」的作用特質，也成爲萬物一切活動中的根本規律。

再者，關於「道相」之「本性」中的第三點「生而不有，爲而不恃，長
而不宰」，也同樣地可以在《莊子》的文本中找到相合之處：

> 子獨不聞夫至人之自行邪？忘其肝膽，遺其耳目，芒然彷徨乎塵垢之
> 外，逍遙乎無事之業，是謂爲而不恃，長而不宰。（〈達生〉）〔註7〕

〔註7〕關於這段文字，雖然陳鼓應（2007：513～515）認爲其不屬於〈達生〉篇的
內容，而應予以刪除，但若是不去細究此段文字應坐落何處，而只將此段文
字視爲《莊子》思想的一部分，大體應該是可以接受的，所以筆者仍然保留
此段文字，在此特做說明。

此段文字中的「爲而不恃，長而不宰。」即體現了「道」之「生而不有，爲而
不恃，長而不宰」的自由精神。在《莊子》的文本中，「至人」即是指能夠體現
「道」之本眞的修行者，因而其後所陳述的，則都是在對於體「道」後的精神
展現所做的說明，而其中的「爲而不恃，長而不宰。」則正好呈現了「道」的
自由精神。其一方面是指「道」之本質上的絕對自由性，另一方面則是針對於
「道」所創造的萬物，而因爲「道」本身也內在於所創造物之中，因此由「道」
所創造的萬物，就如同由「道」所創生的「至人」一樣，也自然能夠體現出「道」
的絕對自由精神。所以無論是「道」本身，或是萬有的存在者，則都確實潛藏
著「道」之「生而不有，爲而不恃，長而不宰」的自由精神。

　　最後關於「道相」中的「屬性」，也同樣可以在《莊子》文本中，找到可
對應之處：

> 夫大道不稱，大辯不言，大仁不仁，大廉不嗛，大勇不忮。道昭而
> 不道，言辯而不及，仁常而不成，廉清而不信，勇忮而不成。五者
> 圓而幾向方矣。（〈齊物論〉）

其中的「大道不稱」以及「道昭而不道」，皆是在說明若只試圖用語言文字來
說明「道」，則會因爲語言文字本身的有限性，而將無法完整地呈現出「玄之
又玄」的「道」。因此在這段文字中，便顯示出「道」除了有其「本性」之外，
另外尚有因爲透過語言文字指稱，因而無法完整呈現出其本質的「屬性」層
面。

　　接下來就進入到第四個部分「道徵」。〔註8〕方東美則對此提出了以下的
詮解：

> 就「道徵」而言，凡此種高明至德，顯發之而爲天德，原屬道。而
> 聖人者，道之具體而微者也，乃道體之當下呈現，是謂「道身肉成」。
>
> 聖人在老莊的哲學裏面，可以說是既富有理想，又富有熱情，尤其
> 是有高尚的動機。他能夠衝破鄙陋世界上面，一切偏狹鄙陋的心理，
> 而在精神上面開出一個解放的大路。他生命精神，一天一天向外面
> 發展，向上面提昇，然後拿這一種精神感染了、感召了世界，再使
> 這個世界上面一切鄙陋的人忘掉他自己的鄙陋，也朝精神解放之路

〔註8〕　方東美對於「道徵」同樣也有更詳細的說明，而在此仍僅節錄其中的要點。
　　　　此部分的引文，前一段摘自（方東美，1993：170）；後一段則摘自（方東美，
　　　　1993：229）。

向前生活。

那麼同樣再進一步對於方東美所言的「道徵」進行整理，則可以發現到其旨在詮釋得以當下呈現「道體」的「聖人」。「聖人」的生命歷程，能夠在精神上不斷超脫解放，因而得以體現出「道」的絕對自由精神，進而更能夠引導萬物，也使萬物得以體現出「道」的自由精神。

而關於方東美對於「道徵」的說明，也同樣能夠在《莊子》文本中，發現到得以對應的地方：

> 夫明白於天地之德者，此之謂大本大宗，與天和者也；所以均調天
> 下，與人和者也。與人和者，謂之人樂；與天和者，謂之天樂。莊
> 子曰：「吾師乎，吾師乎！虀萬物而不爲戾，澤及萬世而不爲仁，長
> 於上古而不爲壽，覆載天地、刻雕眾形而不爲巧。」此之謂天樂。
> 故曰：『知天樂者，其生也天行，其死也物化。靜而與陰同德，動而
> 與陽同波。』故知天樂者，無天怨，無人非，無物累，無鬼責。故
> 曰：『其動也天，其靜也地，一心定而王天下；其鬼不祟，其魂不疲，
> 一心定而萬物服。』言以虛靜推於天地，通於萬物，此之謂天樂。
> 天樂者，聖人之心，以畜天下也。」（〈天道〉）

在此段文字中，一開始便提及「明白於天地之德者，此之謂大本大宗，與天和者也。」接著又說「與天和者，謂之天樂。」最後又言「天樂者，聖人之心，以畜天下也。」因此在這裡便說明了「聖人」得以順隨自然而達到與「道體」相合的境界，亦即是所謂「天樂」的展現，因而能夠「無天怨，無人非，無物累，無鬼責。」即是在精神上不斷超脫解放，一方面能夠不被外在的世俗限制所拘束，二方面更得以超越天人之分以「通於萬物」，而最終能夠體現出「道」的絕對自由精神。而在另一個層面，「聖人」除了自己得以展現「道」的自由精神之外，也同時能夠使他人，甚至是萬物也體現出其自身內在的自由精神，也就是本段文字最終所要強調的「聖人之心，以畜天下也。」

接下來則進入到第五部分，即是方東美對於《莊子》「超脫解放」精神所提出之三大原則中的「個體化與價值原則」。〔註 9〕而關於此點，方東美則提出以下的解說：

> 這一個原則表面上已經由郭象、向秀表達出來了，也就是「萬物各

〔註 9〕方東美對於「個體化與價值原則」同樣也提出了更詳細的說明，而在此仍僅
節錄其中的要點。以下的引文是摘自（方東美，1993：254～255）。

安其分」。萬物在各自的性分上面，能夠得其所得，適其所適，獲得
一種存在的滿足，一種價值享受……在這個世界上，每一種存在都
不是泛泛的存在，都有一個存在的中心；這個中心都是從他內在生
命的活力上，表現了一種生命的情操；而在那個內在的生命情操裏
面，又貫注著一個內在的價值。這個內在價值若是不超出他的有效
範圍，則任何別的立場都不能夠否定他的價值。

至於再試圖更深入地對於方東美所言的「個體化與價值原則」進行整理，則
可以發現到其旨在認同一切萬物所各自具有的內在價值。因此其主張，對於
各種不同的存在者與其價值觀，皆應予以適度的尊重和包容。

　　而在《莊子》的文本中，可以對應到「個體化與價值原則」的思想之處
非常地多，以下則僅舉一例來做為其中的代表：

> 物固有所然，物固有所可。無物不然，無物不可……勞神明為一而
> 不知其同也，謂之朝三。何謂朝三？狙公賦芧，曰：「朝三而暮四。」
> 眾狙皆怒。曰：「然則朝四而暮三。」眾狙皆悅。名實未虧而喜怒為
> 用，亦因是也。是以聖人和之以是非而休乎天鈞，是之謂兩行。（〈齊
> 物論〉）

其中的「物固有所然，物固有所可。無物不然，無物不可。」即準確地說明了
「道」的「個體化與價值原則」，亦即是尊重一切萬物的內在價值，而主張應該
對於各種不同的價值觀予以包容。這樣的論點在此「狙公賦芧」的故事中便有
相當具體的說明，因此無論是早上先給猴子三升栗子然後晚上再給四升，或是
順隨猴子的價值觀早上先給四升而後晚上再給三升，對於養猴子的人來說都是
一樣的，但是能夠尊重與包容猴子的價值觀即是一種「道」之「個體化與價值
原則」的展現，也同時印證了「聖人和之以是非而休乎天鈞」的主張，因而「聖
人」得以超越是非對錯的爭執，而體現自然和諧的「兩行」狀態。另外，方東
美（1996：276）對於「兩行」的概念則有更深入的說明，他認為「『兩行』就
是把一切對於真理的陳述，落到無窮的相對系統裏面去。然後，在這個無窮的
相對系統裏，每一個理論都有他獨特的觀點，每一個理論都有他成立的理由。」
而此即是「道」之「個體化與價值原則」的精神要旨所在。

　　那麼再來就進入到第六部分，即「超脫解放」三大原則中的「超脫原則」。
〔註10〕而關於所謂的「超脫原則」，方東美則有如下的說明：

〔註10〕方東美對於「超脫原則」也同樣提出了更多詳盡的說明，而在此仍僅節錄其

> 如果他的生命中心只陷在他狹小的觀點裡面，他就不能把握也不能控
> 制他生命所必須憑藉的外在條件……他的生命存在要依賴外在的條
> 件，而他又不能控制這些外在條件時，他就會變成外在力量的奴隸。
>
> 針對這個現象，我們所要做的，就是要求超脫解放。
>
> 也就是精神上面，從「有待」再擴大他的生存的領域，把一切外在
> 的條件，都收到生命本位上面來，變做其內在的條件；經後自己拿
> 一個解放的精神，又可以第二度做個精神主宰。

進而對於東方美所言的「超脫原則」進行整理，則可以發現到其旨在超越一切人為的世俗價值，且試圖將價值回歸於天然的生命本真。因此其主張人們應從一切的世俗價值中超脫解放，進而體悟到世俗之中，沒有任何一種價值觀是足以被視為優於一切的終極價值，如此也才能夠在這樣的自覺中，重新體現真正的生命意義以及內在價值。

至於在《莊子》的文本中，可以與「超脫原則」呼應之處相當多，而以下僅舉一例來做為其中的代表：

> 若夫乘天地之正，而御六氣之辯，以遊無窮者，彼且惡乎待哉！故
> 曰：至人無己，神人無功，聖人無名。（〈逍遙遊〉）

「乘天地之正」與「御六氣之辯」都是形容「人」體悟「道」之後的表現，而「天地之正」也似乎是指向「道」的運作規律，關於此點陳鼓應（2007：20）亦認為「『正』亦猶今所謂規律、法則。」至於「無己」、「無功」、「無名」的「無」即是指向某種「超越」的意涵，也就是要人超越對於小我、成就、名聲……等，對於世俗價值的執著，進而就能夠使人重新反思生命當中的真正意義與價值。因此在這裡便說明了「道」的內涵具有所謂的「超脫原則」，同時也指出「人」具有展現此「超脫原則」的可能性。

最後就進入到第七部分，即「超脫解放」三大原則中的「自發的自由原則」。〔註11〕而關於此「自發的自由原則」，方東美則提出以下的解說：

> 一個人要真正獲得精神自由，必須「無待」。
>
> 所謂「天地與我並生」，是說一個人同廣大宇宙的「敵意」化除掉了。
>
> 在哲學上面就是說這個人有一種同宇宙相契合的能力。把個體的精

中的要點。此部分的引文是摘自（方東美，1993：255～257）。

〔註11〕方東美對於「自發的自由原則」之思想，同樣也點出了更多的內涵，而在此仍僅節錄其中的要點。此部分的引文是摘自（方東美，1993：257～260）。

神可以化除掉，而投入宇宙裏面的造物主。然後每個人在精神上變
做造物主的化身。這樣一來，就成了莊子所謂的「眞君」、「眞宰」，
在精神上取得自做主宰的精神自由！這個就是第三種精神的轉
變……莊子所謂的精神轉變，不是一個人轉變，而是整個世界的轉
變，是整個世界裏面共同生活的人做共同的精神轉變。

所以他個人的生活，就是指整個宇宙的精神生活，亦即與宇宙一同
波動。因此，在這種境界，只有平等感而沒有優越感。

那麼同樣地對於方東美所提出的「自發的自由原則」進行整理，則可以發現
到其旨在呈顯天人合一的生命境界，進而能夠以此體現「道」的絕對自由精
神。即是說在體現眞正的生命意義之後，人便能將自我的精神投入「道」中，
進而順隨著「道」的創化歷程，而在「不斷解放一切價值以追求終極價值」
的生命歷程中，自然而自發地體現出「道」的終極自由精神，也同時體現了
得以轉化世界的最大自由。

而關於「道」的「自發的自由原則」，即與上述「道徵」的「聖人」思想
內涵息息相關，同樣是強調人透過對於「道」的修行與體悟，而最終能夠體
現出「道」的絕對自由精神，也同時得以展現出「道」的「自發的自由原則」，
亦即是指「齊物論」中所主張「天地與我並生，而萬物與我爲一」的生命境
界，所以在此將不再引用《莊子》文本中的原文，來證明方東美此種詮釋的
適宜性。只是要補充說明的是，這樣的生命境界並非是永恆不變的靜止狀態，
而是必須順隨著「道」的創化歷程，以不斷將自我的精神生命超脫解放，如
此才能眞正體現「道」之「自發的自由原則」的終極意涵。

此外，在下面的這一段《莊子》文本中，則更能直接道盡「道」之「超
脫解放」三大原則中，關於「個體化與價值原則」，以至於「超脫原則」，而
終於「自發的自由原則」的歷程展現：

物無非彼，物無非是。自彼則不見，自知則知之。故曰彼出於是，
是亦因彼。彼是方生之說也，雖然，方生方死，方死方生；方可方
不可，方不可方可；因是因非，因非因是。是以聖人不由，而照之
於天，亦因是也。是亦彼也，彼亦是也。彼亦一是非，此亦一是非。
果且有彼是乎哉？果且無彼是乎哉？彼是莫得其偶，謂之道樞。樞
始得其環中，以應無窮。是亦一無窮。非亦一無窮也，故曰莫若以
明。（〈齊物論〉）

前面的「物無非彼」以至於「因非因是」，即是對於價值觀的無窮相對系統所做的一個具體論述，因此接著提出「是以聖人不由，而照之於天，亦因是也。」的主張，也就是主張人應該順隨著「道」的創化歷程，而才能夠展現出自然和諧的本然狀態。至於其後的「彼亦一是非，此亦一是非。」則是主張要我們尊重彼此不同的是非價值判斷，因而即是「道」之「個體化與價值原則」的展現；而後的「果且有彼是乎哉？果且無彼是乎哉？」則試圖要我們重新反省生命的意義以超脫世俗間的各種價值判準，因而即是「道」之「超脫原則」的展現；最後的「彼是莫得其偶，謂之道樞。樞始得其環中，以應無窮。是亦一無窮。非亦一無窮也，故曰莫若以明。」則是強調人應該順隨著「道」的自然創化，而生生不息地在生命精神上不斷超脫解放，因而也就是「道」之「自發的自由原則」的展現。所以在此段文本中，也就一舉道盡了「道」之「超脫解放」歷程中的三個重要階段。

第二節　方東美對於《莊子》之「道」的理解

在釐清方東美理解《莊子》之「道」所採取的詮釋進路以後，接下來在本節當中，將試圖進一步對於方東美所理解的《莊子》之「道」進行歸納與整理。

首先在「道體」、「道用」、「道相」、「道徵」的四個面向中，俞懿嫻（2005：330）曾對此歸結出七個原理：

> 因此可以說「道」既是先乎存在的「超本體原理」，也是存在的「本體原理」。其性質是超乎感覺的、抽象的、普遍的、永恆的、既超越又內在的。其次，道是作用無窮的功能原理……其三，「道」是先乎一切萬有而存在的宇宙創生原理……其四，「道」是自然無為、淡泊無私的精神原理……其五，「道」是為政者應當遵守的無為的政治原理……最後，「道」是最高的思辯原理，可以超越並統合所有對立相反的概念。

再明確地說，俞懿嫻即對於「道」概念歸結出七種意涵，即是：一、「超本體」的意涵；二、「本體」的意涵；三、「作用無窮的功能」意涵；四、「萬有的宇宙創生」意涵；五、「自然無為、淡泊無私的精神」意涵；六、「無為的政治主張」意涵；七、做為「最高的思辯原理」而能統合一切的意涵。

那麼如此此一來,「道」就不僅具有「本體」的意涵,同時也具有「超本體」的意涵。所以李安澤(2007:279)也認為「方東美討論老子哲學主要是從兩方面而言之,即一方面是以『有』為對象的本體論,一方面是以『無』為對象的超本體論。」因此若從「道體」的角度來論,「道」便是無限的、永恆的、真實的,也同時是原初根源的與最終目的的。

而如果要從「道用」的面向來探討,則其重點便在於「道」具有「雙迴向」的「規律」意涵,就如同方東美(1993:238)所說的「宇宙的演變是『雙軌的』程序。一方面要自無而至有,這是宇宙的開展;第二方面,要歸根復命,返於自然,這是自有而至無。這兩方面都要把當作永恆的行進,永恆的程序。」所以俞懿嫻也才會從中歸結出「作用無窮的功能」,以及「萬有的宇宙創生」的兩個「道」之意涵。因此我們便可以發現,「道」之作用即具有創生萬物的功能,也同時是萬物生成變化的最終目的,所以其作用是必然的、普遍的、無限的,同時也是循環的。

然而「道」除了具有上述的體用層面,亦即是「道相」層面所要說明的特徵之外,還可以從其對「人」的關係與互動中,開展出某些價值性的意涵,就如同方東美(1993:210)所提到的「所謂道體、道用、道相、道徵,可以說是一貫的哲學態度。哲學家在宇宙的價值上面發覺理想之後,能夠找著價值學最高的統一,然後把最高的價值理想轉為人生的理想,使它在宇宙裏面能夠允現。」而此亦即是「道徵」層面中所要強調的,也就是主張人應從各種世俗的限制中,透過超脫解放的精神作用,而能夠體現出「體、用、相」三個層面中所意指的本然之「道」,進而得以成就「道成肉身」的聖人境界。因此在「道」的內涵中,也確實蘊含有某種人生修養的價值原則,就如同俞懿嫻所歸結出的「自然無為、淡泊無私的精神」,以及「無為的政治主張」的兩個價值意涵。

再者,方東美(2005b:252)則認為《莊子》的思想,是在老子「道」之體用相徵的基礎上加以擴展,因而提出了以下的見解:

> 莊子誠不愧老子此位道家前輩之精神後裔,能將道之空靈超化活動歷程推至「重玄」(玄之又玄)……將整個宇宙大全化成一「彼是相因」、「交融互攝」之無限有機整體。《莊子》最後一章〈天下篇〉更扼要點出老子思想之精義在於:「建之以常、無、有,主之以太一,……以空虛不毀萬物為實。」同理、以同法處之,則時間與永恆二界

之「變常對反」，亦於焉消弭。「萬物無成與毀，道通為一。」因此《莊子》即是承繼了老子思想中，最核心的「道」概念，進而在其「道用」的「雙迴向」中，更引出其無窮循環而無始無終的永恆意涵，所以能引發出「道」之「道通為一」的終極思想，因而不但擴展了老子「道」中，關於體用相徵的思想內涵，也同時更展現出《莊子》「道」之「統合一切」的終極思想。而此也同樣可以對應到，俞懿嫻在「道」概念中，所歸結出的「最高的思辯原理」之意涵。

另一方面，《莊子》在繼承老子之「道」的思想後，更進而把「道」的精華，集中在於人生理想價值的體現之上。關於此點，即是方東美（1993：242）所認為的「莊子之形上學，將『道』投射到無窮之時空範疇，俾其作用發揮淋漓盡致，成為精神生命之極詣。」也因此，方東美便特別注重於《莊子》「道」之「超脫解放」三大原則的闡明，而此三個原則也可以做為《莊子》「道」之價值思想中的三個階段。其一即是旨在成全每個個體的特殊性，所以任何一種觀點的價值觀都有其存在的意義，而都得以被接受與包容。其二即是以「道」的根本性與原初性做為人們得以共通而共在的基底，而使得每個個體生命都能對於自我的存在，進行一種最深層性的根本反省，進而從世俗的自我中解脫，而體現出「道」在每個個體生命核心中的根本價值。其三則是主張現象界中的任何個體，都能將其有限的價值觀通過上述的超越作用，以回歸於本體界中的無限狀態，所以也就能夠體現出普遍而絕對的終極價值，亦即是指個體得以與「道」合而為一，而消除個體當中的自我意志性，因此無論是與任何存在者，或是與任何價值觀共存共在，我們都得以逍遙於其中，而能夠自然地體現出平等而自由的精神境界。更簡要地說，即是葉海煙（2002：137）所提到的「由個體之肯定與價值之實現，進於自我之超越，再進於自發性之自由境界。」

如此一來，在《莊子》「道」之「超脫解放」三大原則中，「道」的價值意涵便因而可以更進一步地涵蓋更多的概念內涵，就如同葉海煙（2002：137）所提到的：

> 顯然，方東美心目中的莊子不僅是道的形上學的思索者，而且是生命美學或生活美學的實踐者……唯有「無限」（無始無終，無邊無際）能開發出真實之自由；也唯有自由（思想自由、靈性自由以迄全生命之大自由）能保證「無限」作為吾人生活之終極目的之價值……

　　而莊子所謂的「自然」便不能不在自由與無限的合一性中，自實然
　　的存在狀態向美善的境界（亦可以說是境界意義的美善）作無窮的
　　提升與轉化。

因此關於「道」的價值意涵便至少蘊含以下幾種面向，即它是平等的、無限
的、自由的、自然而無爲的、美善而和諧的，以及是終極而絕對的，同時也
是不斷自我提升超越而創化無窮的。

　　那麼總結來說，依循方東美所採取的詮釋進路，則可以發覺到其對於《莊
子》之「道」的理解，大抵能夠歸結出以下五種意涵：

一、本　體

　　「道」是一種形而上的概念，它既能創生萬物同時又內在於萬物之中，
故能承載萬物而使萬物得以存在，同時也做爲萬物生成變化的最終目標。因
此它是抽象的、超感官的、眞實的、永恆的、普遍的、原初根源的、最終目
的的，並且是既超越又內在的。

二、超本體

　　「道」雖然具有本體的意涵，但它並不僅僅是一個純然不動的具體之
「有」，而同時也可以是處於混沌狀態，所以什麼都還不是的「無」，也就是
處於充滿無限潛能而尚未全然實現的無窮可能狀態。簡而言之，「道」並非是
一個永不變化的本體，而是一個生生不息的創化性本體。因此它是無限的，
也同時是具有無窮可能性的。

三、一切活動的規律

　　「道」之所以同時具有「本體」的意涵與「超本體」的意涵，即是因爲
它是宇宙之中一切活動的規律，也就是以「雙迴向」的運作方式，一方面是
萬物一切運動變化的最初動力，而從「無」至「有」；另一方面則又是萬物一
切運動變化的最終目的，而從「有」至「無」。而且此規律的兩個面向總是不
斷而同時地作用。因此「道」除了有「本體」與「超本體」的意涵之外，它
同時也是一切活動的最初動力與和諧規律，而且又是自然無爲的，以及必然
循環的。

四、終極價值

　　「道」內在於萬物之中，又是萬物生成變化的最終目的，而指向無限而
無窮的可能性，且同時是萬物一切活動的終極規律。那麼「人」也是萬物之

一,因而「道」亦內在於人之中,所以人的行為活動也會受到「道」的引導,然而人是具有自由意志的有限個體,但是內在於人之中的「道」卻是無限而普遍的,所以無限的「道」對於有限的「人」來說,便能開展出終極的價值思想,〔註12〕而得以做為人之行為活動的最高引導。因此「道」便具有終極價值的意涵,而其內涵就如同上述對於「道」之價值意涵所提到的一樣,是平等的、無限的、自由的、自然而無為的、美善而和諧的,以及是終極而絕對的,同時也是無窮而創化的。

五、統合一切

「道」之所以能夠擁有上述的四種意涵,進而既是本體又是作用,同時又能跨越本體界與現象界之間的種種隔閡,而不至於引發出思想概念中的任何衝突,此即是基於《莊子》「道通為一」的終極思想。而這也就是《莊子》之「道」對於老子之「道」的一個重要的開展,而使得「道」得以統一萬有,進而具有所謂「統合一切」的重要意涵。再者,此也就是方東美之所以為何能夠以「機體主義」來詮釋《莊子》之「道」的重要依據。

第三節　方東美所理解《莊子》之「道」的兩重意涵分析

透過前兩節的分析與研究,筆者已試圖依循方東美對於《莊子》之「道」的詮釋進路,以釐清方東美對於《莊子》之「道」的理解,並進而從中歸結出《莊子》之「道」的五種意義,而這些意義包含有存在方面的意涵,也同時包含有價值方面的意涵,以下將進一步區別其中所具有的兩重性意涵。

首先,關於存在意涵。存在意涵是與實然相關的,是對於存在物做事實面向上的描述,而《莊子》之「道」的存在意涵則試圖對於所有存在物的實然面做一普遍性的描述。以上述的五種意涵來說,「本體」的意涵、「超本體」的意涵,以及「一切活動的規律」之意涵即是如此,所以《莊子》之「道」的存在意涵則具有以下特徵,它是抽象的、超感官的、真實的、永恆的、普遍的、無限的、和諧的、規律的、自然無為的、必然循環的、既超越又內在

〔註12〕關於無限的「道」如何對於有限的「人」開展出終極的價值思想,將是在下一章論述《莊子》之「道」如何結合存在與價值之兩重意涵的討論重點,所以在此將不再深入說明。

的，且是所有存在物的原初根源與最初動力，同時也是所有存在物的最終目
的而具有無窮的可能性。

　　然而從上述對於《莊子》「道」之存在意涵的分析性描述中，不難發現其
中具有許多看似對立的概念，如既超越卻又內在、既永恆必然卻又無窮可能，
甚至既是明確的本體卻又是什麼都還不是的超本體，因而帶有不少弔詭的意
味。然而事實上，《莊子》之「道」所要揭示的存在意涵，也就是要毫不避諱
地呈現這樣的弔詭面貌，因為「道」之所以為萬物之真實即是因為它普遍，
而它之所以為普遍即是因為它無限，而它之所以為無限即是因為它什麼都還
不是因而具有無窮可能，所以「道」是最真實的本體，也同時什麼都還不是，
但這卻是「道」之存在意涵中，所要呈現的最真實之狀態。

　　再者，關於價值意涵。價值意涵是與應然相關的，是對於「人」之行為
活動所做的價值引導性規範，而《莊子》之「道」的價值意涵則試圖對於人
之所有行為活動做一價值性的終極引導，因此規範著人世間一切事物而成為
一終極至高的價值內涵。以上述的五種意涵來說，「終極價值」的意涵即是如
此，所以《莊子》之「道」的價值意涵則如同上述所論，而具有以下特徵，
即它是平等的、無限的、自由的、自然而無為的、美善而和諧的，以及是終
極而絕對的，同時也是無窮而創化的。

　　然而從上述《莊子》「道」之價值意涵的論述中，不難發現其中也如同存
在意涵一樣，具有看似相互對立的概念內涵，例如其是終極絕對的卻又是創
化無窮的。而這是因為《莊子》「道」之價值意涵的終極展現，其實並非是一
個固定不變的價值目標，而是一個通過轉折運作的價值展現之歷程活動，就
如同葉海煙（1990：58～59）所認為的「不斷交互運用價值的肯定與否定，
終於達成最高價值的最大肯定，至此，所有次於最高價值的其他價值皆遭否
定，此一大否定正足以成其最大之肯定——肯定「道」及道所創生的一切，
故此最大之肯定肯定了一切之價值，並重新肯定所有曾遭否定的價值，這是
生命的大肯定，是須以生命的行動全力以赴的。」因此在這樣的辯證歷程之
中，「道」之普遍的終極價值以及其他一切的個別性價值，也就都得以被全然
地保全下來。

　　換句話說，《莊子》之「道」的價值意涵是透過「否定一切價值為最高價
值」的轉折作用，進而「肯定一切價值皆應該被認可與接受」，那麼這樣的價
值意涵也就能夠成為至高無上的終極價值。因此《莊子》之「道」所要開展

出的價值意涵，雖然是終極絕對的，卻也同時是創化無窮的，並且是必須透過不斷地自我體現而方能成就其終極價值的永恆歷程。

至於《莊子》「道」之價值意涵的「轉折作用」之所以能夠完成，則是基於「道」所賦予〔註13〕「人」的精神超越性，也就是葉海煙（1990：59）所提到的「『超越』是價值之為價值的基本要件……當一切價值為道之『一體之美善』所統合，一切相對的差異性便不再具有任何意義，這使得價值能在超越的進路中，不斷地進行辯證。」因而一切的個別性價值便得以透過「人」的精神超越性，〔註14〕而與最高的普遍價值共同存在。

而關於上述《莊子》「道」之價值意涵的種種說明，也可以對應到張福政（1990：120～125）從《莊子》文本中，所歸納整理出的「莊子價值系統的特徵」：

（一）以目的價值為唯一的價值標準

（二）以個人價值為唯一的價值標準

（三）真、善、美統一的價值標準

亦即是指《莊子》之「道」的價值意涵中，同時蘊含有對於一切人之價值的「個人價值」之認同，而此就得以呼應到方東美「個體化與價值原則」的思想內涵。以及對於終極而普遍之「目的價值」的體現，而此也就與方東美「超脫原則」和「自發的自由原則」的思想內涵相呼應，因為在《莊子》的價值思想中，即是以「自我超脫」進而「自發自由」為其「目的」的價值思想。再者更能在「道」之存在與價值的互動中，體現存在與價值得以相互結合的完善境界，所以也就能夠達到上述所謂「真、善、美統一」的和諧境界。總而言之，《莊子》之「道」的價值意涵，是以唯一的普遍價值支持了一切的個別性價值，亦即是以沒有固定價值標準的「目的價值」來成全一切個別性價值的存在，因而成全了一切個別價值與唯一普遍價值的共同存在。

那麼至此，通過方東美的詮釋進路，《莊子》之「道」中的兩重意涵都已經完整地呈現。但是其《莊子》之「道」中的第五種意義，亦即「統合一切」之意涵卻顯然無法被歸入「存在意涵」或「價值意涵」之中，進而可以被看

〔註13〕在此「道」賦予「人」精神超越性，是指「道」創生「人」的「先天性賦予」，也就是指「人」在由「道」創生之後，天生便具有所謂的精神超越能力，而並非是指後天才能擁有的。

〔註14〕在此所說的「人」之精神超越性，亦即能夠對應到《莊子》「超脫解放」三大原則當中所要呈現的意旨。

作是一種超越存在與價值之二分的思想意涵，因此即是《莊子》之「道」得
以結合兩重意涵的關鍵所在。〔註15〕

〔註15〕關於「道」的「統合一切」之意涵，為何能成為《莊子》之「道」得以結合
　　　　兩重意涵的關鍵所在，將會在下一章中深入探討。

第四章 《莊子》之「道」結合兩重意涵的合理性——以方東美的機體主義爲其依據

　　方東美之「機體主義」的提出，是其透過對於中國哲學各家各派之研究，而從後設角度所提出的一種屬於整體中國哲學之通性的理論學說，就如同方東美（1993：33）在論及「中國哲學精神」所提到的：

> 中國哲學與西方哲學不同，中國哲學採取超越形上學的立場，再與內在形上學貫通；他以宇宙眞相、人生現實的總體爲出發點，將人生提升到價值理想的境界，再回來施展到現實生活裏，從出發到歸宿是一完整的體系，其中的過程是「機體的程序」。

其中所提及的「機體的程序」便是在「機體主義」中所強調的思想內涵，而這樣的理論系統即是將「宇宙」與「人生」視爲一個相互連結的整體，因而此中關於宇宙的存在之眞相，以至於人生的價值之理想皆得以被蘊含在其中，而此就如同李安澤（2007：290）所理解的「方氏從機體形上學的觀點，認爲中國哲學在價值、本體的終極層面上將宇宙視爲統一的整體。」

　　基於上述的論點，因此方東美所提出的「機體主義」，則確實足以做爲《莊子》之「道」得以結合兩重意涵的合理性基礎，而關於此點也就是本章將要探討的主要對象。

　　至於在本章的論述結構上，首先將釐清方東美所提出的「機體主義」思想，接著則將呈現方東美如何以「機體主義」來詮釋《莊子》之「道」，以進一步透過「機體主義」來說明《莊子》之「道」得以結合存在與價值的合理

性所在，最後則將借用《太一生水》提出一種「機體主義」得以結合兩重意涵的經驗性具體例證。

第一節　方東美的機體主義

　　方東美所提出的「機體主義」，其核心思想圍繞著「旁通統貫」的整體性觀點，其（方東美，2005c：135）認為「此思想型態，就其發揮為種種旁通統貫之整體、或表現為種種完整立體式之結構統一而言，恆深蘊乎中國各派第一流哲人之胸中，可謂千聖一脈，久遠傳承。」

　　而對於「機體主義」的理論內涵，方東美（2005c：135）則有更進一步的論述：

> 其說摒棄截然二分法為方法，更否認硬性二元論為真理，同時，更進而否認：一、可將人物將互對峙，視為絕對孤立之系統；二、可將剛健活躍之人性與宇宙全體化作停滯不前而又意蘊貧乏之封閉系統。機體主義，積極言之，旨在融貫萬有，囊括一切，使舉凡有關實有、存在、生命、與價值等之豐富性與充實性皆相與浹而俱化，悉統攝於一在本質上彼是相因、交融互攝，價值交流之廣大和諧系統，而一以貫之。

另外，其（方東美，2005b：104～105）在同一部著作《中國哲學精神及其發展》上冊中，也提出了類似而更詳細的說明：

> 機體主義可自兩方面著眼而狀摹之，其特色如次：就其消極面而言之，機體主義，一、否認可將人物互相對峙，視為絕對之孤立系統；二、否認可將宇宙大千世界之形形色色，化為意蘊貧乏之機械秩序，視為純由諸種基本元素所輻湊拼裂而成者；三、否認可將變動不居之宇宙本身，壓縮成為一套密不透風之封閉系統，視為羌無再可發展之餘地，亦無創進不息生生不已之可能。就其積極面而言之，機體主義，旨在統攝萬有，包舉眾類，而一以貫之；當其觀照萬物也，無不自其豐富性與充實性之全貌著眼，故能「統之有宗，會之有元」，而不落於抽象與空疏。宇宙萬象，賾然紛呈，然剋就吾人體驗所得，發現處處皆有機體統一之跡象可尋，諸如本體之統一、存在之統一、生命之統一，乃至價值之統一等。進而言之，此類紛披雜陳之統一

　　體系，抑又感應交織，重重無盡，如光之相網，如水之浸潤，相與
　　浹而俱化，形成一在本質上彼是相因、交融互攝、旁通統貫、而廣
　　大和諧之系統。

即是說方東美「機體主義」的思想內涵，在消極面上，反對各種孤立性、機
械性，以及封閉性，因而也就反對任何的二分法或是二元論。因此在「機體
主義」的思想架構下，人生理想與宇宙世界並非各自孤立而截然二分，再者
宇宙世界也如人之生命一般，具有生長變化的有機性，而非僅是不斷重複著
某種機械性的運作，進而宇宙世界便具生生不息的無窮創化性，而非只是某
種封閉性的系統。

　　至於在積極面上，「機體主義」則是主張所有人事物都處在相互涵攝的關
係性之中，因而在萬事萬物之間，都具有內在於彼此的直接關連性，亦即企
圖彰顯出牽一髮而動全身的整體實存狀態。再者，基於這樣的「彼是相因」
抑或是「交融互攝」的存在狀態，進而其中便蘊含有強調不斷生長變化的生
機觀，因而便能夠主張人物之間，以至於萬事萬物之間，都得以展現出不斷
成長進化的生命有機性。那麼對於如此變動不居的世界，「機體主義」則更進
一步認爲一切的萬事萬物是處在一個無窮創化的變化歷程中，因而宇宙世界
以至於人生理想總是得以生生不息而永恆創新。最後，則是進而從上述的永
恆歷程中，開展出某種得以統合一切的終極思想，而使得彼此相互依存的萬
事萬物，能夠永恆地處於自然和諧的歷程狀態中。然而這樣的歷程狀態之所
以得以永恆，其並非是孤立而封閉不變的，相反地則是如同上述所論的一般，
是處在不斷生長變化的開放性之中，因而宇宙世界中的萬事萬物，以至於人
之生命中的價值理想，皆得以生生不息而永恆創化。

　　更明確地，筆者在此則試圖對於其所提出的「機體主義」思想，予以更
加系統性的呈現，以更明確地顯示「機體主義」中所要表達的思想內函。然
而從上述對於「機體主義」的消極面以及積極面的說明中，不難發現其理論
學說正是因爲「旨在融貫萬有，囊括一切」，因而便涵蓋了相當多元且複雜的
思想概念，所以在此則必須重新釐清方東美對於「機體主義」的說明中所蘊
含的各種特徵，以利於進一步對其採取系統化的說明。

　　那麼綜合上述兩段方東美對於「機體主義」的闡釋中，則可以發現到其
中所蘊含的特徵包含有關係性、共同性、共在性、內在性、連結性、互動性、
整體性、一體性、成長性、變化性、生命性、普遍性、持續性、創生性、歷

程性、運動性、永恆性、統合性、終極性、涵攝性、依存性、和諧性、潛在性、實現性、超越性、開放性、多元性、理想性、目的性、無窮性……等，而旨在於反對各種孤立性、機械性，以及封閉性。因而更進一步地，在此則可以透過五個相互關聯的原則，來呈現在方東美的「機體主義」理論中，所要表達的思想內涵，以下將分別論述之。

首先第一點是「超越的本體原則」。關於此點也就要彰顯方東美在其「機體主義」思想中所不斷強調的「生命有機性」，因而主張一切的萬事萬物，都具有其得以不斷自我超越與成長變化的生命力，而此也就如同李安澤（2007：83～84）所認為的「宇宙萬有都內在地分享了這種『普遍生命』或『生生之德』，而它本身也通過滲透、流貫於宇宙的各層面從而使之成為一個有機體的統一系統。」

總而言之，此原則旨在反對任何型態的機械性，而強調一種生生不息的生命意涵，以彰顯出不斷自我超越與成長變化的生命狀態，所以此原則中便蘊涵有其生命性、內在性、成長性、變化性、運動性、超越性……等特質。

第二點則是「普遍的關係原則」。關於此點也就要呈顯方東美在其「機體主義」思想中最重視的「旁通統貫」之狀態，因而主張一切的萬事萬物都處在相互關聯與相互影響的存在狀態中，而此也就如同李安澤（2007：83）所認為的「方東美從其機體形上學的立場，將宇宙了解為一個普遍聯繫的有機整體，它既是一個旁通統貫的機體結構，又是一個生生不息，創化不已的歷程。」

更清楚地說，此原則試圖否定任何的孤立性、唯一性與封閉性，而主張所有事物都處在所謂「一切入一切」的相互涵攝狀態之中，以呈顯出絕對普遍的相互依存與連結關係，進而得以通透所有潛能與實現，以及轉化一切的對立關係，所以此原則中便蘊涵有其普遍性、涵攝性、關係性、互動性、連結性、依存性、潛在性、實現性……等特質。

第三點則是「理想的目的原則」。關於此點也就要顯示方東美在其「機體主義」思想中所蘊含的某種「統一性」內涵，即是主張一切的萬事萬物雖然都處在不斷變化的存在狀態中，然而卻在各種不同的變化之中仍具有其共通的統一性，因而便得以將這樣的統一性視為某種理想的目的，而此也就如同李安澤（2007：87）所提到的「中國典型形態的形而上學儘管各具特色，但它們都有明顯的共同看法，那就是它們都認定世界是一個變化發展的過程，和諧是發展變化的根本趨向與目的所在。」

　　總的來說，從上述的兩個原則中，前者強調不斷變化而後者強調普遍關係，因而其中便隱藏了某種變動狀態中所蘊涵的理想狀態，亦即是趨向一個相互連結的統合性目的，所以在此原則中便蘊涵有其整體性、一體性、統一性、統合性、理想性、目的性……等特質。

　　第四點則是「和諧的歷程原則」。關於此點也就要闡釋方東美在其「機體主義」思想中所提出的「廣大和諧之系統」，亦即是指雖然萬事萬物皆處於不斷變化的歷程狀態中，但其中卻蘊含有統一性的理想之目的，而正基於其理想目的的統一性，因而所有的萬事萬物便得以安於一個和諧狀態的變化歷程之中，而此點也就如同李安澤（2007：87）所認爲的「和諧就是世界的本然狀態。世界上所有事物的差別性與矛盾性均無本體上的眞實性，它們的存在就是爲了完成生命界的和諧，創造繼起的生命。」

　　換句話說，那麼從上述的三個原則中已經明確地展現出，所有的事物皆處在於不斷變化的歷程狀態之中，並且其中蘊含有某種得以轉化對立進而統合萬有的理想之目的，所以在此便能夠開展出一個和諧的歷程狀態，而能使得一切的對立衝突皆歸於平靜，所以此原則中便蘊涵有其共同性、共在性、持續性、歷程性、和諧性……等特質。

　　最後第五點則是「創化的終極原則」。關於此點也就要呈現方東美在其「機體主義」思想中最核心的一種生生不息的「創造力」，亦即是指雖然萬事萬物皆共處於一個和諧的歷程狀態中，但其最終的狀態卻並非是趨向一個靜止的和諧統一，相反地，而是正彰顯出一種創化不已的生命創造力，也就如同方東美（1982：351～352）所認爲的「在這相聯互攝的結構之頂點，正是神明生生不息的創造力，這創造力分途流貫於世界與人性，使人類成爲參贊化育者，使世界成爲順成創造之德的領域。」因而鄔昆如（1989：45）也提到「中國哲學的『創生』則不是一度的程序，而是不斷地『創造』。這『創生』的觀念的連續性，方東美先生用了英文的 creatively creative creativity 來形容。」

　　那麼總結來說，承上述的四個原則，因而得以開展出一種和諧的歷程狀態，而此卻又是運作在於不斷自我超越與成長的本體之上，因此便彰顯出一種無窮創化的終極狀態，亦即可以呼應到最初的生命精神，而強調生生不息的永恆創化性，所以在此原則中便蘊涵有其終極性、無窮性、永恆性、創生性、開放性、多元性……等特質。

　　在此筆者則將再試圖對於上述的五點原則進行統整，我想大致可以這麼

說，方東美的「機體主義」思想之精神，旨在將連同「人」在內的宇宙世界視爲一個具有生命性的有機整體，亦即是一個「宇宙的大生命」，進而主張一切事物都得以和諧共在於一個生生不息的創化歷程之中。所以方東美（1982：283）也就明確地這麼說「從此派形上學之眼光看來，宇宙、與生活於其間之個人，雍容洽化，可視爲一大完整立體式之統一結構。」進而李安澤（2007：90）也認爲「方氏的機體哲學從一個超越的觀點來觀照，透視宇宙全體，它一面肯定宇宙萬象背後存在著統一的普遍生命或宇宙本體，一方面又認爲這種生命本體不是實體的存在，能夠脫離宇宙萬有而獨立自存。」亦即是說這個「宇宙大生命」的本體性存在，是一種既內在於宇宙萬物之中而又得以超越於宇宙萬物的終極性存在。

最後，所須要略爲反省的是，關於方東美「機體主義」之基礎的問題。也就是說，我們必須要問「這種以『機體主義』式的觀點來看待宇宙世界的基礎何在？」抑或是必須問「『機體主義』所呈現的宇宙世界之樣貌是眞實的嗎？還是只是一種信念？」而關於這樣的問題，方東美（2005a：55～56）在談論「中國先哲的宇宙觀」時，是這麼認爲的：

> 中國人的宇宙不僅是機械物質活動的場合，而是普遍生命流行的境界。這種說法可叫作「萬物有生論」。世界上沒有一件東西眞正是死的，一切現象裡邊都藏著生命……哲學雖然不能像文學這般具體描寫世界的生態，但也不妨假定有一種盎然生氣，貫徹宇宙全境。

也就是說，我們似乎必須把「機體主義」的理論基礎，推向於一種對於宇宙世界的「信念」。但是如此一來，「機體主義」的理論基礎似乎便僅僅只建立於一種毫不可靠的「信念」之上！然而我們卻可以從傅佩榮（2007：97）對於方東美「生生之德」的理解中，反省出另一層道理：

> 「生生之德」的英文正是前面談過的「creative creativity」，這表示宇宙是充滿生機的，而其生機之由來則是「神明」……方先生肯定「神明」之存在，但不限定祂是任何特定宗教中可知的神。我們無法得知「神」在其自身是怎麼回事，我們只能根據顯現出來的世界，看出神明的具體作爲，並且「設想」萬物將會「達致造物者所賦予之成全」。若不如此「設想」，則將無法回答「萬物爲何存在？」的問題，而只能接受「一切都是盲目演化及偶然出現」這種無神論，然後也不必侈談人的道德價值與文化理想了。」

總而言之，傅佩榮所要提醒的是，當我們在面對宇宙世界中的一切人事物時，仍然必須「設想」宇宙世界是一個充滿生機的和諧之創化歷程，也就如同上述所提及的，宇宙世界即是一個「宇宙大生命」的存在，因為唯有採取這樣的「信念」，我們才能夠在自我的生命歷程中開展出真正的意義與價值，否則當我們採取某些不具有「目的性」的宇宙觀來看待世界時，如採取機械論式或機遇論式的宇宙觀來看待世界，那麼人的生命之中便會失去其得以依循的理想之目的，而所謂生命的終極價值也將失去其意義所在，因此我們需要這種預設「和諧目的」在內的「機體主義」宇宙觀，否則生命終極的理想價值將無法落實，進而也將失去其根本的意義。〔註 1〕並且從方東美的立場來說，此也同時是中國哲學思想在中華文化的不斷遞衍中，所必須傳承下來的精神所在。

第二節　機體主義是《莊子》之「道」結合兩重意涵的合理性所在

在呈現了方東美「機體主義」的思想內涵以後，在本節中則將說明方東美如何以「機體主義」的思想來詮釋《莊子》之「道」，進而透過「機體主義」的理論架構，以證成《莊子》之「道」得以結合兩重意涵，即存在與價值意涵的合理性。

那麼首先要進行的是第一個部分，方東美如何以「機體主義」來詮釋《莊子》之「道」。關於此點，可以直接引述方東美（1993：241）在一開始詮釋《莊子》思想時的解說：

> 莊子將空靈超化之活動歷程推至「重玄」（玄之又玄），故於整個逆推
> 序列之中，不以「無」為究極之始點……將整個宇宙大全之無限性，
> 化成一「彼是相因」、交攝互融之有機系統。最後，莊子點出老子思
> 想之精義：「建之以常無有；主之以大一，……以空虛不毀萬物為實。」
> 同理，「變常對反」也於焉消弭。「萬物無成與毀，道通為一。」

〔註 1〕　在這裡可以補充的是，這種說法與證明上帝存在的「目的論論證」有些相似之
　　　　處。正如「目的論論證」所主張的，若我們不相信有所謂的上帝能賦予宇宙萬
　　　　物某種和諧統一的秩序性，那麼宇宙萬物得以安然生長變化的眾多現象便無法
　　　　得到一種合理的解釋。至於這個「和諧統一的秩序性」即指向於上述所謂的「和
　　　　諧目的」，而這種「目的性」則具有雙重的意涵，其一是指宇宙萬物皆符合此
　　　　共同的統一秩序；其二則是指宇宙萬物得以追求與實現的共同目標。

在此方東美將《莊子》「道通爲一」的「道」概念理解爲萬事萬物得以相互涵攝的「有機系統」，即是指方東美所謂的「機體主義」，而這樣的理解與詮釋亦是承繼著老子之「道」，並且有其獨特的開展，所以張訓義（2006：33）也認爲「莊子之機體主義，有著老子思想之繼承與發揚，更有超越老子理論困難之智慧。」

　　那麼透過「機體主義」的思想內涵，也得以開展出方東美最爲強調的《莊子》之「道」的「超脫解放」精神，就如同其（方東美，1982：302～303）所主張的：

> 斯乃莊子「齊物論」之主旨也。實質相對性系統（The system of Essential relativity）乃一包舉萬有、涵攝一切之廣大悉備系統，其間萬物，各適其性，各得其所，絕無凌越其他任何存在者……今既透過超脫之精神，頓悟過去圃於種種狹隘有限中之荒謬可笑；且復分享此道之無限性……據此實質相對性之無限系統中所展示出來之諸特色、莊子最後發揮爲一大宗趣（玄旨）：「天地與我並生；萬物與我爲一。」蓋個人既與此無限之本身契合無間，在至人之精神生活境界，遂與天地萬物一體俱化矣。

其中的「實質相對性系統」則正等同於方東美所提出的「機體主義」之思想，因此在這個「道」之「機體主義」的思想中，便蘊含有《莊子》「天地與我並生」而「萬物與我爲一」所強調的生命境界。因而在《莊子》「道」之「機體主義」的思想中，便似乎同時結合了世界之「彼是相因」的存在意涵，以及在此所提到的生命之價值意涵。更進一步來說，《莊子》之「道」的「機體主義」則正可以對應到方東美所理解《莊子》之「道」中的「統合一切」之意涵，因而透過「統合一切」的「機體主義」系統，便得以成爲結合《莊子》「道」之兩重意涵的合理性基礎。

　　至於接下來要問的是，方東美以「機體主義」來詮釋《莊子》之「道」的依據何在？爲了解決這個問題，在此必須從《莊子》的文本中，尋找出得以對應到「機體主義」思想的線索。

　　關於「機體主義」思想中的第一個「超越的本體原則」，可以在《莊子·天地》篇中找到得以對應之處：

> 泰初有無，無有無名；一之所起，有一而未形。物得以生，謂之德；
> 未形者有分，且然無間，謂之命；留動而生物，物成生理，謂之形；

> 形體保神，各有儀則，謂之性。性脩反德，德至同於初。同乃虛，
> 虛乃大。合喙鳴；喙鳴合，與天地為合。其合緡緡，若愚若昏，是
> 謂玄德，同乎大順。

此中即描述出一種由「道」開展出的動態宇宙世界觀，一方面指出世界由「無」
至「一」，而「德」而「命」而「形」以至於「性」；另一方面則又主張存有
者得以從「性」當中「性修反德」，以合於天地玄德之「道」。因此在這裡即
彰顯出一種物我不分的宇宙世界觀，此中的宇宙之本體便得以不斷地自我超
越與轉化，進而呈現出一種生生不息的生命狀態。

　　再者，關於「機體主義」思想中的第二個「普遍的關係原則」，則可以在
《莊子‧田子方》篇中找到得以相應之處：

> 夫天下也者，萬物之所一也。得其所一而同焉，則四肢百體將為塵
> 垢，而死生終始將為晝夜而莫之能滑，而況得喪禍福之所介乎！

此即是在說明，天下的萬事萬物雖然各有其殊異，然而在其中亦有其共同之
處，故其說「萬物之所一」，而此「一」便是指萬事萬物之中的一種「普遍關
係」。更具體來說，其「一」即是指流貫於萬有之中的「氣」，就如同《莊子‧
知北遊》篇中所要提醒我們的：

> 是天地之委形也；生非汝有，是天地之委和也；性命非汝有，是天
> 地之委順也；孫子非汝有，是天地之委蛻也。故行不知所往，處不
> 知所持，食不知所味。天地之強陽氣也，又胡可得而有邪！

所以舉凡一切的存在都只是「氣」的聚散而已，也因此「氣」便得以構成一
切事物的「普遍關係」。

　　接下來關於「機體主義」思想中的第三個「理想的目的原則」，則可以在
《莊子‧秋水》篇中找到相關之處：

> 萬物一齊，孰短孰長？道無終始，物有死生，不恃其成；一虛一滿，
> 不位乎其形。年不可舉，時不可止；消息盈虛，終則有始。是所以
> 語大義之方，論萬物之理也。物之生也，若驟若馳，無動而不變，
> 無時而不移。何為乎，何不為乎？夫固將自化。

也就是說無論萬事萬物是在怎樣的變化歷程中，其皆被共通而內在的「道」
所共同牽引，所以其言「夫固將自化」。因此一切的事物在不斷的變化之中，
仍然蘊含有其統一的目的性，亦即是由「道」所開展出的「理想之目的」。

　　至於「機體主義」思想中的第四個「和諧的歷程原則」，則可以在《莊子‧

田子方》篇中找到得以呼應之處：

> 至陰肅肅，至陽赫赫；肅肅出乎天，赫赫發乎地；兩者交通成和而
> 物生焉，或爲之紀而莫見其形。消息滿虛，一晦一明，日改月化，
> 日有所爲，而莫見其功。生有所乎萌，死有所乎歸，始終相反乎無
> 端而莫知乎其所窮。非是也，且孰爲之宗！

其中得以使萬事物生長變化的，即是作用無窮的「道」。因而在「道」的孕育之下，一切的事物皆得以自然和諧地發展變化，所以說無論是死生亦或是消長，一切的存在者皆能夠「生有所乎萌，死有所乎歸。」而同在「道」的運作之中，開展出一個萬事萬物所共通的「和諧歷程」。

最後，關於「機體主義」思想中的第五個「創化的終極原則」，則可以在《莊子‧至樂》篇中找到得以切合之處：

> 種有幾，得水則爲繼，得水土之際則爲蛙蟆之衣，生於陵屯則爲陵
> 舄，陵舄得鬱棲則爲烏足，烏足之根爲蠐螬，其葉爲胡蝶。胡蝶胥
> 也化而爲蟲，生於灶下，其狀若脫，其名爲鴝掇。鴝掇千日爲鳥，
> 其名爲乾餘骨。乾餘骨之沫爲斯彌，斯彌爲食醯。頤輅生乎食醯，
> 黃軦生乎九猷，瞀芮生乎腐蠸。羊奚比乎不筍久竹生青寧，青寧生
> 程，程生馬，馬生人，人又反入於機。萬物皆出於機，皆入於機。

此中所述或許僅爲《莊子》思想當中的一則寓言，所以姑且不論其內涵是否符合事實，但是卻也能夠明確地呈顯出《莊子》思想中所要強調的創化性內涵，因而無論是任何的存在者，在「道」的共同引導下皆能夠處於一個終極而無窮的創化歷程中，並且在此之中得以生生不息而永恆創化，所以其最後也就這麼主張「萬物皆出於機，皆入於機。」

總結來說，「機體主義」所要呈現的核心精神，亦即是指「宇宙之大生命」的根本內涵，也得以在《莊子‧齊物論》篇中找到其意旨：

> 非彼無我，非我無所取。是亦近矣，而不知其所爲使。若有眞宰，
> 而特不得其朕。可行己信，而不見其形，有情而無形。百骸、九竅、
> 六藏，賅而存焉，吾誰與爲親？汝皆說之乎？其有私焉？如是皆有
> 爲臣妾乎？其臣妾不足以相治乎？其遞相爲君臣乎？其有眞君存
> 焉？如求得其情與不得，無益損乎其眞。

其中的「眞宰」即是指「道」，並且是強調「機體主義」之思想內涵的「道」。而其中所蘊藏的思想即是要說明，當我們之個體性的存在被放置在「機體主

義」所強調的「宇宙大生命」中時，我們的存在便只是「宇宙大生命」當中的一小部分。更進一步說，任何一個個體性的存在，也都只是「宇宙大生命」當中的一個部分；而相反地，「宇宙的大生命」也正指向所有個體性存在的共同組成。因此「宇宙大生命」中的「無限」心靈，也就並非是我們個體性存在的「有限」意志所能輕易與之契合的，所以在此段文字中也就提到「若有真宰」，然而卻又質疑「其有眞君存焉？」而關於「眞君」的意涵，方東美（1993：264～265）則有更進一步的說明：

　　所謂的眞君，拿近代的哲學名詞來說，可以叫做心靈的普遍位格
　　（universal persons of mind）……這一種精神狀態在宇宙裏面，不是
　　僅僅陷於主觀，而是通乎主體之際的（intersubjective）。這種精神狀
　　態是人人可得而體驗的，當人們體驗或論及此種普遍精神時，一切
　　宇宙萬象、宇宙萬物都是在此普遍精神裏面。

所以「眞君」即可以說是「宇宙大生命」中的「普遍心靈」，並且這個「普遍心靈」對於「宇宙大生命」中的每個部分，皆是一視同仁而平等對待，同時更繼承了老子所主張「生而不有，爲而不恃，長而不宰」的精神意涵。

　　那麼既然明白了方東美如何以其「機體主義」來詮釋《莊子》之「道」，而接下來所要說明的是，其「機體主義」的理論架構如何得以結合《莊子》「道」之存在與價值的兩重意涵。關於此點，方東美（2005b：221）則明確地表示：

　　自機體主義之立場觀之，任何一套形上學原理系統，皆不得割裂打
　　碎，強塞納入某具密不透風之封閉區間，而睽隔不通。是故，「旁通
　　之理」，適成爲「化育之理」之前奏或序曲，而「化育之理」，復又
　　爲「即創造生命即價值實現歷程之理」提供其基調焉。

而其中的「旁通之理」是屬於實然性的存在意涵，至於其後的「化育之理」卻同時蘊含有存在意涵以及應然性的價值意涵，也因此「化育之理」便能開展出得以結合關於存在的「創造生命」與關於價值的「價值實現」的一種創化歷程。因此在方東美的「機體主義」架構之下，存在與價值就確實能夠有所結合而無須二分，就如同李安澤（2007：90）所認爲的「機體主義要旨在於將整個宇宙看成一個有機體的統一。或者說，宇宙在生命，存在，價值，本體等終極意義上構成一個統一的整體。」

　　那麼再更深入地探討，在「機體主義」的理論脈絡中，存在與價值之間要

如何進行結合？關於這個問題，則可以引述方東美（2005b：221）所認為的：

> 關於中國形上學之諸體系，有兩大要點首宜注意：第一、討論「世界」或「宇宙」，不可執著其自然層面而立論，僅視之為實然狀態，而應當不斷地予以超化……自哲學之眼光觀照宇宙，至少就其理想層面而言，宇宙應是一大超化之世界。中國形上學之志業，即在於通透種種事實，而蘊發對生命之了悟。超化之世界，是一深具價值意蘊之目的論系統。

也就是說，方東美認為在「機體主義」的中國形上學架構之下，我們得以從對於宇宙整體之存在事實的種種把握中，開顯出某種與之呼應的生命價值之意義。那麼價值性思想便得以成功地從存在性的事實之中被開展出來。

而依循相同的道理，《莊子》之「道」也得以在「機體主義」理論架構下，打破存在與價值的二分，進而使《莊子》之「道」能夠健全地結合存在與價值之兩重意涵。關於此點，就如同葉海煙（2007a：106）所認為的「道家機體主義宇宙觀全面接引人文價值論於其隱含脈絡主義的具體化思維之中。」因此在「機體主義」理論架構下，《莊子》之「道」確實得以結合存在性的「宇宙觀」，以及價值性的「人文價值論」。更具體地說，這樣的「結合」更是道家思想中一種和諧而永恆的歷程，正如葉海煙（2007b：109）所強調的「在莊子天論所引發的形上思考中，自然與人文之和諧乃一永無休止之歷程。如此天道或天理乃能全般體現於吾人之生活世界，而成為道家人文化成的基礎性律則。」

然而再更進一步思考，即使如上所述《莊子》之「道」得以透過「機體主義」而結合存在與價值之兩重意涵，但是其中的原理為「價值性的思想得以從存在性的事實中開展出來」卻又是如何可能的呢？關於這個最關鍵的問題，葉海煙（2007a：108～109）則這麼認為：

> 此一世界之實存意義亦不外乎其由時空交錯以及諸多人文活動依序而行的歷程展開；其中，自主、自律與自由的精神法則所以能夠「即活動即存有」，以至於「即存有即價值」地建構其自行演繹之模式，則幾乎出自吾人綜攝性之思考模式。

所以在這個「機體主義」之「綜攝性」的思考模式下，《莊子》思想中的「人」之概念便已經與「道」之概念共處而共在，因而《莊子》之「道」中的存在意涵與價值意涵便能夠相互結合而得以被一同彰顯。也就是說，這個得以結合存在與

價值的「原理」，必須回應到「機體主義」的根本精神，亦即是指呈現「道」之「宇宙大生命」的根本原理，就如同陳正凡（2008：104）所提出的「這種形上學深植於現實世界底，卻騰衝超拔，趨往崇高理想的勝境而點化現實。現實與理想至此再沒有距離，宇宙與生活於其間的個人，雍容洽化，可視爲一個大完整立體的統一結構。」又如同鄔昆如（1989：52）所認爲的「這樣，不斷創生的歷程，從最原初的現實物，一直到現實物落實到社會人際關係中，亦即從宇宙到人生，都形成一個不斷的延續。」所以在透過「綜攝性」的思考模式下，即是將「世界之現實存在」與「人生之理想價值」視爲一完整而統一的機體結構，進而便能使《莊子》之「道」中的存在意涵與價值意涵，相互結合而密不可分。

因此若再深入地從《莊子》「道」概念中的理論層面來詳細說明則可以發現，《莊子》「道」之「存在」本身即是「道」之「價值」的所在。換句話說，所謂的《莊子》之「道」得以「結合」存在與價值的兩重意涵，即是意指「存在即價值」且「價值即存在」，因而二者得以「相互結合」而不得二分，抑或是說《莊子》「道」之存在與價值二者，即是一個完整而統一的概念系統。

至於在此爲何能夠這麼詮釋《莊子》之「道」？則正是因爲當我們從本體界中「宇宙大生命」的整體性來說，整個「道」之「機體主義」的和諧創化歷程，其實僅是一個實然性的存在狀態；而當我們落入現象經驗界之「人」的個體性來說，因爲我們每一個個體都只是「道」之「宇宙大生命」中的一個組成物，同時我們「人」又擁有自由意志而具有價值選擇的能力，〔註2〕因此「道」之「宇宙大生命」中的「普遍心靈」，即先前已談論過的「眞君」，便能夠賦予「人」一種終極而普遍的應然性價值思想。簡而言之，若從《莊子》之「道」的整體面，亦即從本體界之「宇宙大生命」的角度來說，「道」便僅具有其存在性的意涵；而若從「道」落於現象界之「人」的個體面來說，

〔註2〕當然在現象經驗界中的「人」之個體，是基於擁有自由意志，所以「道」之於「人」才具有所謂的價值意涵，然而人是否眞的擁有自由意志則又是另一個關鍵的問題。而以《莊子》功夫修養論的思想來看，其主張現象界之「人」應該去除自我意志，也就是指應該要超越所謂的價值意涵，而回歸於本體界中「道」之僅具存在意涵的眞實歷程狀態。因此大致可以這樣推斷，「人」之所以擁有其自由意志只是現象界中的一種表象，而非本體界中的眞實狀態，因爲唯有本體界中的實然存在之「道」（或是已經體道的眞人）才是至眞的眞實展現。但是不可否認的，「人」擁有其自由意志又是我們所不斷經驗的現實狀態，也因此「道」對於我們「人」來說具有其價值意涵，也可以被視爲是一種現象界中的眞實樣貌。

則「道」便具有其價值性的意涵。〔註3〕因此《莊子》「道」之價值性的意涵便被其存在性的意涵所涵蓋，〔註4〕而如此也就正顯示在方東美「機體主義」的詮釋下，其得以結合存在與價值之兩重性意涵的合理性所在。

而在這裡還可以再進一步釐清的是，關於先前所論及，在《莊子》「道」之「機體主義」的思維運作下，價值性的思想得以從存在性的事實中開展出來，其中所謂的「開展」是指「存在能開展出價值」，而此點是否與上述所提到的「存在即價值」且「價值即存在」中的「即」，蘊含有某種詮釋上的相互矛盾？筆者認爲其實只要釐清純粹的「功夫實踐」與「概念內涵」的兩條思考進路，那麼二者便沒有相互矛盾的情況。因爲存在之所以能「開展」出價值，是指純粹在「功夫實踐」的思考進路中，功夫實踐的「人」之主體，得以從對於「道」之存在意涵的體悟實踐中「開展」出「道」中的價值意涵，因此即是所謂的「存在能開展出價值」；〔註5〕至於所謂的存在「即」價值而價值又「即」存在，則是從純粹的「概念內涵」進路來思考，因爲《莊子》之「道」在「機體主義」的理論架構下，「道」的概念本身即具有兩個面向，亦即本體界之「整體面」的「存在意涵」以及現象界之「個體面」的「價值意涵」，但其二者仍然是同一「道」概念中的一體之兩面，因此即是所謂的「存在即價值」且「價值即存在」。〔註6〕

那麼還必須再接著問的是，《莊子》「道」之存在性的「宇宙大生命」，是如何賦予「人」某種終極性的價值意涵？抑或是問，在《莊子》「道」之存在意涵的這些概念內涵中，要如何開展出其價值意涵中的那些概念內涵呢？

要解答這個問題前，可以將在前一章中透過方東美的詮釋進路所釐清的《莊子》「道」之兩重意涵予以陳列。關於《莊子》之「道」的存在意涵，即

〔註3〕從「道」之於「人」的個體面來說，「道」則不只具有其價值意涵，也同時具有其存在意涵，就如同上述第二章中，陳康所指出的「道」之「存有原理」，也就是說「人」也如同萬物一樣，必然受到「道」之存在意涵所影響。

〔註4〕這裡的「涵蓋」是指，「道」概念中的每個「個體面」是被其「整體面」所涵蓋，而「個體面」即是「價值意涵」之所在；「整體面」則是「存在意涵」之所在。

〔註5〕這裡的「存在能開展出價值」也可以說是本體界的「道」之存在，得以向現象界之「人」（或是萬物）開展出其價值意涵。

〔註6〕在這裡可以再進一步補充的是，如果經驗現象界中沒有任何具有意志性的個體存在，那麼「道」也許便僅具有其「存在意涵」而沒有所謂的「價值意涵」。然而這是一種不符合事實現況的假設性問題，而非本論文主要探討的內容，故在此不再細究。

是抽象的、超感官的、真實的、永恆的、普遍的、無限的、和諧的、規律的、自然無為的、必然循環的、既超越又內在的，且是所有存在物的原初根源與最初動力，同時也是所有存在物的最終目的而具有無窮的可能性，意即是指「機體主義」中具有和諧目的性的永恆創化歷程；而關於《莊子》之「道」的價值意涵，即是平等的、無限的、自由的、自然而無為的、美善而和諧的，以及是終極而絕對的，同時也是無窮而創化的，意即是指由「道」所賦予「人」的終極價值意涵。

那麼在上述整體性的「道」之存在意涵中，便能賦予具有自由意志的個體性之「人」擁有上述所論及的「道」之價值性意涵。也就是說《莊子》認為「人」應超脫於「小我」中的個體意志性，而應該順從「道」之永恆創化歷程中的「大我」，亦即是指「宇宙大生命」中「普遍心靈」的和諧目的性，如此才能在生生不息的「宇宙大生命」中保持生命的根本，否則將無法彰顯真正的生命意義與價值。所以《莊子》「道」之價值意涵中的平等、無限、自由、自然而無為、美善而和諧、終極而絕對、無窮而創化……等內涵，就可以從其存在意涵中的普遍、無限、自然無為、和諧、必然循環、無窮可能……等內涵中所開展出來。同時，「道」之價值意涵中最重要的「自由精神」，也正是由其「宇宙大生命」之「普遍心靈」的存在意涵所直接彰顯，因為唯有至大的「普遍心靈」才能不受制於其它的心靈與存在所決定，因而也就能夠擁有最大的終極自由。

而關於《莊子》之「道」的價值意涵得以從其存在意涵中來開展，也可以在《莊子》的文本中發現其線索，例如《莊子·至樂》篇所提到的：

> 天下是非果未可定也。雖然，無為可以定是非。至樂活身，唯無為幾存。請嘗試言之。天無為以之清，地無為以之寧，故兩無為相合，萬物皆化。芒乎芴乎，而無從出乎！芴乎芒乎，而無有象乎！萬物職職，皆從無為殖。故曰天地無為也而無不為也，人也孰能得無為哉！

其中的「無為可以定是非」與「唯無為幾存」即是彰顯了「道」之「無為」的一種價值性意涵，而這樣「應該無為」的價值，則正是由「天無為以之清，地無為以之寧，故兩無為相合，萬物皆化。」與「萬物職職，皆從無為殖。」的「道」之存在性意涵所開展，亦即是指從「道」之「無為」的存在性創化歷程所展開的「無為」之應然價值。因此在這段文字中，便能夠說明「道」

之「無爲」的應然性價值,正是由「道」之「無爲」的實然性存在歷程所展開。也就是說,因爲我們「人」之個體性的存在正是「宇宙大生命」之整體性存在的一部分,因此我們「人」之個體則必須順從於「宇宙大生命」中整體性的「無爲」之歷程,那麼如此一來,《莊子》「道」之存在性的「無爲」意涵,也就能合理地推衍出「道」之價值性的「無爲」價值思想。

第三節　試圖提出一種機體主義得以結合兩重意涵的經驗性具體例證

在上一節中已說明了方東美的「機體主義」,在理論上確實得以做爲《莊子》之「道」結合兩重意涵的合理性所在。然而在《莊子》的文本中,卻很難找到這種「以機體主義式的宇宙觀能直接推衍出人事價值」的經驗性具體陳述,所以本節將借用荊門郭店出土竹簡《太一生水》,以提出「機體主義」能夠結合兩重意涵的一種經驗性具體例證,以加強《莊子》之「道」得以結合存在與價值之兩重意涵的合理性論述。

那麼首先要論及的是《太一生水》的宇宙觀及其宇宙生成的思想,而其主要集中於《太一生水》的前半段:

> 太一生水,水反輔太一,是以成天。天反輔太一,是以成地。天地復相輔也,是以成神明。神明復相輔也,是以成陰陽。陰陽復相輔也,是以成四時。四時復相輔也,是以成滄熱。滄熱復相輔也,是以成溼燥。溼燥復相輔也,成歲而止。故歲者,溼燥之所生也。溼燥者,滄熱之所生也。滄熱者,四時之所生也。四時者,陰陽之所生。陰陽者,神明之所生也。神明者,天地之所生也。天地者,太一之所生也。是故太一藏於水,行於時,周而或始,以己爲萬物母。一缺一盈,以紀爲萬物經。此天之所不能殺,地之所不能釐,陰陽之所不能成。君子知此之謂……。〔註7〕

而關於其宇宙生成的圖式,莊萬壽(1999:396)做了如下確實的圖解:

〔註7〕此部分原典引自荊門市博物館編(1998)。《郭店楚墓竹簡》。北京:文物出版社(5月初版)。頁125。並且在文字的釋讀與增補方面,皆依據原整理者的整理。另外,關於最後的「……」意指其後還有闕文,但以其後最接近的墨丁分節符號做爲本引文的終止。在此特做說明。

圖2

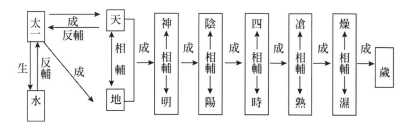

其中「太一」是宇宙生成過程中的最高概念，雖然它未必等同於老莊的
「道」，但卻也與老莊之「道」有著極大的關聯性，甚至更可能影響了道家思
想中的「道」概念，如淺野裕一（2004：32）所認爲「在奉仰《老子》的學
派內部，將曾經向道發出挑戰的太一理解爲道的別稱，並嘗試將其吸收到道
中來，這種努力最終導致了將兩者同等對待。」又如同先前所論，《莊子》的
「道」概念正承繼了老子之「道」進而有所開展，因此在通過思想交互影響
的過程之後，《莊子》「道」概念中的宇宙生成思想，極可能已經與《太一生
水》中的「太一」思想相互結合。

基於相同的立場，李學勤（2005：250）也曾將《太一生水》中的宇宙生
成思想與《老子・第四十二章》的「道生一，一生二，二生三，三生萬物。」
相互結合，進而認爲「太一生水，是道生一；水輔太一而成天，是一生二；
天又輔太一而成地，是二生三。天地相輔，於是成神明、陰陽、四時、寒熱、
濕燥，所以太一是萬物母。」當然其二者的對應是否準確與必然，仍然有許
多可以深入探討之處，只是若我們順著上述關於思想發展的推測，從其二者
思想具有相似性而有可能相互影響以至於相互結合的角度來說，這樣的對應
方式是可以被理解與接受的。況且除了《太一生水》的宇宙生成思想能與老
莊的思想相應之外，其對於「太一」的論述，如「以己爲萬物經」、「君子知
此之謂」、「以道從事者」〔註8〕……等處，也都與《莊子》思想中的「道」概
念極其相似。因此以《太一生水》所蘊含的思想來與《莊子》的「機體主義」
宇宙觀相互顯發便具有其合理的依據。

再者，我們可以發現到《莊子》的宇宙觀或是宇宙生成思想，比起《太

〔註8〕 此處的「以道從事者」位於《太一生水》中的下半段，而此「道」是否即是
指上述的「太一」，仍有待學界深入討論，但其「道」在上下文的脈絡中，則
確實與「天道」的宇宙觀思想極其相關。

一生水》來說確實較為抽象性與概念性，而反觀《太一生水》的宇宙生成圖式則確實較為具體性與經驗性，就如同龐樸（2000：194）所認為的「從太一生水到『成歲而止』，其每一步所生成者，都是一項具體『物』。」至於美國學者艾蘭（Sarah Allan）（2005：198）基於抽象概念發生學的理論也提出她的看法如下：

> 中國哲學沒有西方哲學傳統中超驗世界的原則，所以，中國哲學家不是從宗教神話中尋找其哲學概念的本喻，而是轉向自然世界。這些概念基於它們形成時所依據的具體物象內涵，而具有一系列可能的意義。

也就是說在中國哲學的發展中，抽象的思維概念往往來自於具體的現實事物。因此基於《太一生水》所具有的具體性與經驗性，則可以推測《太一生水》的宇宙觀與其宇宙生成思想比起《莊子》來說，確實是比較素樸與直觀的，因而大致上可以斷言《太一生水》的宇宙觀是一種具體經驗式的宇宙觀論述。而關於此點，也就是筆者為何要以《太一生水》來提出一種能夠結合兩重意涵的經驗性具體例證的動機所在。

接下來關於《太一生水》中的宇宙生成思想，即必須從「太一生水」以至於「成歲而止」的這一個段落中來探討，而其中大略的意思可以先參考郭沂（2001：141）對此的白話釋義：

> 太一首先創生出水，水又反過來輔助太一，於是形成了天。天又反過來輔助太一，於是形成了地。天和地相互輔助，於是形成了神明。神和明又相互輔助，於是形成了陰陽。陰和陽又相互輔助，於是形成了四季。四季之間又相互輔助，於是形成了寒熱。寒和熱又相互輔助，於是形成了濕燥。濕和燥相互輔助，最後形成歲（一年）。

但其中有許多重要的概念，如「太一」、「水」、「生」、「成」、「反輔」、「相輔」、「神明」、「陰陽」、「歲」……等，都還有待更進一步地深入探討，以下將分別探討之。

首先關於「太一」。先前已有大略提及，即是它雖然可能不等同於《莊子》的「道」，但是又與「道」有極相似的內涵。對此，蕭漢明（2002：173）有更進一步的概括性說明，其認為「太一，一名而三義：其一、主氣之神，即鄭玄所說的北辰之神……其二、星名。位於中宮三垣之紫微垣，其一明者，即為北極星……其三，宇宙原初之名……皆指宇宙原初的某種狀態。」而吳

聯益（2003：52）也提出「太一」所具有的兩種特性，即「『太一』既成萬物之經，便有恆常不變第一個特性，『太一』的第二個特性便是即物而存，因爲『太一』總要受到『水』和『天』的『反輔』，才能生成『天』和『地』，『太一』無法讓天地直接化生。」因此可以將「太一」的意涵大略歸結於爲三種，其一是指「北辰之神」，其二是指「北極的星」，其三則是關於「宇宙原初的狀態」而與萬物的創化生成息息相關，且在這個「宇宙原初」的意涵中，又蘊涵有「恆常不變」與「即物而存」的兩種特性。然而在此三種意涵中也並非是全然無所相關的，因爲第二種是指涉一個具體的對象事物，而第一種與民俗宗教有關，至於第三種則是形成了某種抽象的概念。而此第一種與第三種的意涵，則確實都與第二種的具體事物有極大的關連性，更進一步說，極有可能是從第二種的具體事物中所推衍或思辯出來的抽象概念或思想。

其次關於「水」。蕭漢明（2002：177）認爲「水在這裡成了太一的存在環境與條件。」並且其（蕭漢明，2002：177）又補充此「正好滿足了渾天說『天表裡有水』的結構要求。」而李學勤（1998：299）則從太一「行九宮」的星體周行運動來思考，認爲太一「『藏於水』是太一從五行屬水的北方開始。太一常居北極，在一定意義上也可以說是『藏於水』。」因而認爲這裡的「水」即指是北方的北極之天的位置。郭沂（2001：744）則認爲「『水』只是最高形上實體『太一』的承載者。」至於葉海煙（1999a：399）則認爲「『水』爲含藏諸多潛能之場域。」而從上述的四種說法中，也可以發現到其中彼此的關連性，以具體的「北極之天」來說，其與渾天說的「天表裡有水」的說法，也是可以相互關連的，因爲我們可以試著推想，在晴朗夜晚所觀察到的北極星空確實可能呈現出如水般的天體形象，因此這裡的「水」無論是指「北極之天」還是指「渾天說」的天體結構都是可以相互連結的，並且這也同時呼應了「水」是「太一的存在環境與條件」的這種說法，再者從此具體形象的論述中，也可以從中推衍出許多關於「水」的抽象概念，如上述所說的「最高形上實體的承載者」，以及「含藏諸多潛能的場域」……等說法。

再者關於「生」。龐樸（1998：303）認爲「這個所謂的『生』，不是派生，而是化生……是太一化形爲水，絕對物化爲相對，抽象固化爲具象。」而這也就相似於上述李學勤將「太一生水」比擬作「道生一」的見解，而把「生」理解爲從本體界以至於現象界的「化生」之義。至於葉海煙（1999a：339）則認爲「其『生』乃實現之原理——此爲一切存在之動力。」因而此見解也能

與「化生」的意涵可以相通，即是指萬物得以存在之最根於的創生作用，因此為「生」之實現原理。至於丁四新（2002：246）則認為「『太一生水』，是一種先天的邏輯假定；『太一藏於水』，則是一種後天的經驗給定。『太一』作為生生的本原在經驗世界通過具體之『水』體現出來。」也就是說此「生」的意義仍與「化生」一切的實現原理並無二致，只是丁四新提到了它屬於「先天的邏輯假定」，而這樣的抽象思維則極有可能來自於所謂「太一藏於水」的「後天的經驗給定」，因為當「太一」被抽象化為生成萬物的原初根源時，其所存在的環境或場域也必須被抽象化成由「太一」所生，所以此「生」才具有「先天邏輯」上的「化生」之義，但是不容置疑的，這樣的思想仍然很有可能是源自於「後天經驗」的「太一藏於水」之觀察而產生，所以也才會有學者將「太一生水」理解為「太一生於水」的經驗性說法。總之筆者認為，當以抽象性的思維來理解本體界時，則「生」是指抽象的「化生」之義；而當以具體性的觀察來理解現象界時，則「生」即是指「存在於」之義。或者可以借用一個較籠統的概念，即「發生」來統括二者，如龐樸（2000：196）後來所提出來的「雞生蛋以後，雞還是雞，蛋自是蛋，這可以說是『派生』。而蛋生雞以後，蛋便不復存在，化成雞了，故不妨謂之『化生』。如果要追究起雞與蛋到底誰先生，那麼派生、化生便都不足以解釋了，而需由另一種生——『發生』來回答：雞和蛋都是從無雞無蛋的狀態中發生出來的。」然而不可置疑的是，抽象性的思維仍然極有可能是源自於具體性的觀察之中。

另外關於「成」，則有別上述的「生」之義，如葉海煙（1999a：339）所認為的「『成』則為天地萬物不斷分合變化之原理。」也就是指在「化生」作用後的一般「派生」作用，而使得萬物得以生生不息地存在與變化。若以經驗性的角度說明，則是指具體的經驗現象界中「因」得以推動「果」的具體作用。

再者關於「反輔」。丁四新（2002：246）認為「『反輔』屬先天地而生出天地者，聯結的雙方在作用上有主輔之分。」而郭沂（2001：742）認為「在『反輔』中，輔助者沒有創生功能，而被輔助者有創生功能。」也就是說在「水反輔太一是以成天」與「天反輔太一是以成地」的過程中，「太一」是主，而具有創生的功能，至於「水」和「天」則都是輔，而只具有輔助「太一」的功能。至於李零（1998：317）則認為「『反輔』是表示正反合式的三極循環：太一生天，『太一』是正題，「水」是反題，『天』是合題。」因此可以這

麼說，被輔者「太一」是生成「天」和「地」的主要原因，即爲「正題」，而輔助者則是生成作用中的輔助條件，即爲「反題」，而在這樣由「太一」以至於「天」以至於「地」的生成「天地」（即爲「合題」）過程中，是以「三極循環」的方式環環相扣才能夠完成的，因此這樣的宇宙生成方式並非僅是單線性的進行，而是必須藉由相互作用、轉化才能有所進展的。以經驗性的角度說明之，則可能是先人在觀察天體運行的過程中，試圖爲蘊育萬物的「太一」派生「天」與「地」的因果關係所做的一個具體性說明。因此這樣的宇宙生成運動則有別於「太一生水」的「發生」作用，也有別於「相輔」的宇宙生成運動。

接著來探討「相輔」。丁四新（2002：246）說「『相輔』屬後天地生者，聯結的雙方是平等地發生作用的。」而李零（1998：318）也認爲「『相輔』是表示二元概念的對稱性。」至於郭沂（2001：742）則認爲「在『復反輔』中，雙方都既是輔助者，又都是被輔助者，所以雙方都有創生功能。」也就是說「相輔」的宇宙生成過程是生成天地之後的創生作用，而其中二元性的創生者則具有同等而對稱的地位，且必須透過相互輔助的運作方式才能生成其後的各種事物，所以有別於「反輔」的生成作用。而若以經驗性的角度探討之，則如同「反輔」的意涵一般，是先人對於宇宙生成作用中的某種因果關係的一種具體性說明。

而關於「天地」的意涵，一般來說則是非常具體而可以確定的，所以接著就直接來思考「神明」的意涵。此方面在學界有許多深入的探討與爭論，而在此筆者爲了對於《太一生水》的宇宙生成模式有一致的詮釋角度，因此將試圖以最具有具體形象的解釋來說明之，就如同龐樸（2000：195）認爲的「嚴格來說，『神』和『明』是兩種客觀存在……就其『神』而言，可視爲天地的功能、大自然的作用；就其『明』而言，確乎有其自己的『上際於天，下蟠於地』的形體，不過『不可爲象』而已。」而許抗生（1998：312）也有類似的看法，不過他進一步提出「所謂的『神明』也可理解爲無形莫測的精氣（神）和精氣顯現出來的作用及現象（明）。」也就是把「神」之天地的功能與作用，理解爲具體之「精氣」的作用與變化，而「明」則爲「精氣」作用展現之後的具體成果狀態。至於趙衛東（2002：15）則是提出更具體的解釋來說明，即是認爲「把《太一生水》之『神明』讀爲『昏明』，解釋爲晝夜，既能與《太一生水》獨特的宇宙論系統相諧合，又可以在先秦及其後典籍中

找到證據。」也就是認爲透過「天地」相互輔助的作用，進而生成的是「神」之夜與「明」之晝，因此得以開展出其後許多相關於時間的其它對稱性原素。所以在此無論要將「神明」理解爲「精氣」的作用與成果，或是時間性的「晝夜」，則都確實可以將之對應到具體的經驗事物之上。

那麼接下來便是「陰陽」。一般來說「陰陽」也是明確而熟悉的概念，而大部分都學者將之理解爲陰陽二氣，就如同許抗生（1998：312）所說的「『神明復相輔，是以成陰陽』。這即是說，精氣中產生了陰陽二氣。」而許抗生這樣的理解就承接著上述其對於「神明」概念的理解，即認爲「神明」是精氣的作用與成果，因而「陰陽」即是指陰陽二氣。但是這樣一來，無論是「神明」還是「陰陽」，其概念都指向了具體的「氣」，而這似乎有些多此一舉的意味，因此換個方式來思考，若把上述的「神明」理解爲「晝夜」，而將「陰陽」理解爲從「晝夜」互動的交替變化中所產生出關於氣象方面的陰陽二氣，那麼就確實比較能夠符合具體經驗性的因果陳述。

最後，關於「歲」與其他概念。接於「陰陽」的生成元素之後，還有「四時」、「滄熱」與「燥濕」，而此三者則都明確地都與具體的氣候與節氣直接相關，並且最終歸結於「歲」。對此蕭漢明（2002：178～179）認爲「四時的更替表現皆爲冷熱濕燥的氣候變換，一歲一個週期，歲歲大致相同，故云『成歲而止』。」也就是把「歲」理解爲一年之氣候的循環週期，而李零（1998：318）也有相同的看法所以提出「『行於時』，是說天地派生神明、陰陽等物，形成歲時的循環。」因而把「歲」與「年」的意涵畫上等號，然而「歲」的意涵似乎卻不止於此，如沈頌金（2003：205）所認爲的「歲指農業收成。穀物一歲一熟，在以農業爲基礎的先民眼中，宇宙生成過程的終點應是風調雨順的好年景。」至於龐樸（2000：195～196）對此也有相同的看法，因而提到「可見『歲』在那個時代，意義之重大。在靠天吃飯的情況下，『歲』之取得，端賴風調雨順，所以在『四時』以後，會有成寒熱、成濕燥的步驟，就十分自然了。而全部宇宙生成過程，一直歸結到『成歲而止』，給人一個安居樂業的環境，也真算得上是盡善盡美了。」所以「歲」的概念，大致來說有兩個意涵，其一是氣候循環之年，其二是農業收成，而很顯然二者也有著極其密切的關係，因爲在當時人們要有豐碩的農業收成，自然必須良好地配合每年氣候轉換之循環，而這即是指向由「陰陽」所生成的「四時」、「滄熱」與「燥濕」……等許多上述關於氣候的宇宙生成之元素。

　　那麼以上便已經對於《太一生水》的宇宙生成圖式做一逐步的概念探討，而對於其中的解釋姑且不論其是否絕對符合作者的原意，但是確實都可以藉由經驗性的具體事物來說明其中宇宙生成變化的過程，因此可以主張《太一生水》的宇宙生成圖式確實蘊含一套環環相扣的具體經驗式宇宙觀，並且此中得以健全地從實然性的「天道」之存在，推衍出應然性的「人事」〔註9〕之價值，例如人們應該順從「太一」的天道運行以行使農事等等。亦即是指在《太一生水》的思想中，「太一」雖然屬於一種存在性的「天道」之陳述，卻也同時蘊含有其「人事」方面的價值思想，並且這樣的價值性思想正是由其存在性的「太一」所推衍出來，因此《太一生水》中的「太一」也就如同《莊子》的「道」一樣，能夠結合其實然性的存在意涵以及其應然性的價值意涵。

　　至於接下來需要顯示的是，《太一生水》的宇宙觀也如同《莊子》一樣是一種「機體主義」思想的呈現。其實針對此點，龐樸（1998：303）已有所關注，只是尚未提出更細部的說明，其指出「現在我們有幸看到這篇《太一生水》，敢於提出宇宙本元在創生世界時受到所生物的反輔，承認作用的同時有反作用發生，在理論上，無疑是一種最爲徹底的運動觀，是視宇宙爲有機體的可貴思想。」那麼接下來便要思考，《太一生水》的宇宙觀思想是如何與上述方東美「機體主義」中的五個原則相呼應？

　　首先關於「超越的本體原則」，對此則確實可以對應到上述龐樸所理解的《太一生水》中的「反輔」作用，進而就能夠呈顯出其所具有的生命有機體思想。其次關於「普遍的關係原則」，對此則可以連結到《太一生水》能透過具體經驗性的詮釋角度而將相關於天道運行的「太一」環環相扣而向下推衍至如「成歲而止」、「君子知此之謂」……等關於人事面向的思想，因此《太一生水》也確實蘊涵有其較爲素樸的普遍關係性特質。所以至此已可以確認《太一生水》的宇宙觀確實具有較初步的「機體主義」思想。

　　再者關於「理想的目的原則」，而此對於《太一生水》初步的「機體主義」宇宙觀來說，則確實尚未發展出那麼成熟性的抽象思想，但是其卻也已經針對「太一」構作出「以己爲萬物經」的普遍規律性思維，而此與理想目的的說法已有所相近，所以從此推想《太一生水》也蘊含有其初步的「理想的目

〔註9〕　在《太一生水》中，關於「人事」的價值思想，不單單是指應該依循「太一」
而耕作的「農業收成」而已，還包括上述曾經提到的「以己爲萬物經」、「君
子知此之謂」、「以道從事者」……等觀念。

的原則」。至於關於「和諧的歷程原則」與「創化的終極原則」,對於《太一生水》的初步「機體主義」宇宙觀來說,則確實又更談不上了!但是從先前對於「機體主義」的五個原則分析中,其實可以發現只要具備有先前的兩個原則就能夠自然推衍出其後的三個原則。因此從理論基礎的可發展性來說,《太一生水》的宇宙觀確實已具備有其初步的「機體主義」思想,只是還沒有發展到方東美對於《莊子》宇宙觀之理解的那個階段而已,不過卻也已經足以做為《莊子》「機體主義」宇宙觀思想的一種可參照對象。

那麼既然已闡明《太一生水》的宇宙觀具備有其初步的「機體主義」思想,而又比起《莊子》的「機體主義」思想更具其經驗性的具體說明,再加上先前所分析出的《太一生水》之「太一」與《莊子》之「道」間的密切關係,所以在此便可以藉由《太一生水》之深具具體經驗性的宇宙觀論述,來做為已深刻抽象化的《莊子》「機體主義」思想的一種具體經驗性例證,就如同葉海煙(1999a:340)所觀察到的:

> 自太一大生,以迄四時一終的年歲流程(此乃時間現象與時間意識之形式化與具體化一體之完成),其間之運動正是老子所謂「反者道之動」(《老子‧第四十章》)的具體例證。

由此得知,葉海煙認為《太一生水》中的宇宙觀思想,正是老子「道」之循環歷程的一種具體例證。而在方東美的詮釋下,《莊子》之「道」亦是老子之「道」的承繼與開展,因此《太一生水》所富有具體經驗性的「機體主義」宇宙觀,也得以做為《莊子》「機體主義」思想中的一種經驗性具體例證。

那麼筆者在此仍將採取先前艾蘭所提出的抽象概念發生學之立場,而試圖從具體經驗性的角度來對於《太一生水》中的「機體主義」宇宙觀思想,提出一種得以結合其存在意涵與價值意涵的合理性推想。也就是說《太一生水》之所以蘊含此種具體經驗式的「機體主義」宇宙觀,可能是源自於其作者對於天道運行的觀察,發現有一方位固定而恆常不變的「太一」星,就如同現在我們所瞭解的北極星一樣,而又透過各種經驗性的觀察與思考,進而認定「太一」是創生一切事物與推動一切事物發生變化的根本原因,所以試圖從此中推想出一種天地生成的創生過程,而以「太一」做為創生天地的根本原因,並且更在其創生過程中加入了一個經驗觀察中的重要元素——水,因此便從天體如水般的具體形象中提出了所謂的「反輔」作用,〔註10〕再者

〔註10〕依筆者的推測,正因為天體的形象如水,所以《太一生水》中才會認為「水

又以「太一」所生成的天地來做爲晝夜產生的原因，〔註11〕接著則是基於晝夜的交替流轉而能產生出陰氣與陽氣的兩種不同氣候，因而便認爲晝與夜的交互變化即是陰陽二氣所產生的原因，再者又基於陰陽二氣的循環互動而能引發出各種氣候循環的具體變化，因此便認爲陰陽二氣即是產生「四時」，以至於「滄熱」，以至於「燥濕」……等的根本原因。至於在其宇宙生成圖示的最後則又回到了觀察天道的主體——人，且基於當時的人民是過著以農業爲主的農耕生活，所以人們便必須配合著上述各種循環的節氣變化來耕作，那麼才能獲得所謂農作豐收的「歲」。

所以至此便可以說明《太一生水》的宇宙觀確實是從對存在性的「太一」之具體觀察中，進而引發出許多關於人事方面的應然價值思想，如人們需要配合節氣耕作的「歲」，以及其後「君子知此之謂」中所要指出的思想，即是要身爲君子的人們應該以「太一」的某些特質做爲一種應然性的價值觀。而這也就如同吳聯益（2003：53）所認爲的：

> 自「太一」以下，本身形成後，都有一種「孕育」的能力潛藏著，只要再經過「反輔」或「復相輔」的交互作用，萬物便持續地展開，道德的意義呼之欲出……所以，從「太一」開始，每一階段或層級便隱含著無窮化生的可能。「君子知此」中的「此」，便是前述無窮化生的道理與可能。

因此這裡的「太一」也就類似《莊子》「道」之「機體主義」中的無窮創化思想，而在這個無窮而又和諧的存在性創化歷程中，做爲其中一個組成個體的「人」便應該順從這樣的和諧狀態，亦即是指應該順從這個由「太一」所展開的和諧創化歷程，如此人們才能獲得所謂豐收的「歲」，甚至是達成「君子知此之謂」中所意指的「太一」之某種理想價值觀。因此這裡的「太一」便如同上述吳聯益所認爲的，在「太一」之「無窮化生的道理與可能」當中，便得以使其「道德的意義呼之欲出」，也就是說《太一生水》中的「太一」，確實蘊含有其價值性的道德意涵。

所以可以明確地說，《太一生水》的「機體主義」宇宙觀確實得以從具體

反輔太一是以成天」。而另一方面，在一般的經驗觀察中，所謂的「天」又與「地」是可以連成一片的，所以才說「天反輔太一是以成地」。

〔註11〕依筆者的推測，此與眾星或是太陽與月亮，每日從地下升起而又從天上落下的現象有關。

經驗性的角度，並且以「太一」做爲中介，而成功地提出了一種可以從實然性的存在意涵推衍出應然性的價值意涵的經驗性具體事例。又基於《太一生水》具體經驗式的初步「機體主義」宇宙觀，可以做爲已深刻抽象化的《莊子》「機體主義」思想的一種具體經驗性的可能陳述，所以《太一生水》便確實可以做爲《莊子》「道」之「機體主義」思想得以跨越存在與價值的一種經驗性具體例證，也因此就能夠爲《莊子》之「道」得以結合其存在意涵與價值的合理性，提供了一個強而有力的經驗性例證。

此外，可以再進一步補充的是，在《莊子·大宗師》篇中有提到關於「道」概念起源的線索：

> 南伯子葵曰：「子獨惡乎聞之？」曰：「聞諸副墨之子，副墨之子聞
> 諸洛誦之孫，洛誦之孫聞之瞻明，瞻明聞之聶許，聶許聞之需役，
> 需役聞之於謳，於謳聞之玄冥，玄冥聞之參寥，參寥聞之疑始。」

這段文字是南伯子葵向女偊問「道」的一段對話，其中南伯子葵向女偊請教「您是從哪裡聽聞道的呢？」而在南伯子葵的回答中，涉及到「道爲何產生」的相關回應，並且此回應的最後則歸於「疑始」，亦即是指《莊子》「道」概念的產生是從對於「如何創生出宇宙世界」的思考中所發展來的，因此也就如同《太一生水》的宇宙生成圖式也是以「宇宙世界的創生」爲其思考的起點，所以我們也就可以借用上述《太一生水》的這種具體經驗性的宇宙觀模式，也嘗試著對於《莊子》「道」之「機體主義」思想得以結合其存在意涵與價值意涵，同時提出一種具體經驗式的合理性推想。

因此筆者在此推想，《莊子》「道」之存在意涵的出現，似乎也是起源於對於宇宙世界的觀察，尤其可能同樣是以實然的「天道」之運行爲其觀察對象，進而發現「天道」之變化歷程確實會影響「人事」之變動的現實性，例如「天道」中的「北極」位置是宇宙中的無爲不動者，但是在經驗觀察中卻能引導一切萬事萬物如實地自然運行，就像是《太一生水》所提到的農耕之「人事」必須配合於「天道」之四時節氣的循環變化……等，所以能夠因此體悟宇宙世界中萬事萬物所具有的內在關聯性、相互依存性，以及生生不息的永恆創化性，也因此引發出謙卑與崇敬的態度來面對「天道」，也就是認爲不斷變動的實然「天道」是「人」之有限的能力所無法全然把握的，因此對於「天道」產生出無限的概念、超感官的概念、抽象的概念，以及視其爲萬物根源與目的的概念，而如此即是試圖以無限性的概念來指涉無窮偉大的「天

道」。那麼至此爲止的推想也就可以說明《莊子》「道」之存在意涵，例如抽象的、超感官的、眞實的、永恆的、普遍的、無限的、必然的、循環的、變化無窮的、既超越又內在的，且是萬物的根源與目的……等，這些存在意涵之所以產生的根本原因。

至於《莊子》「道」之價值意涵的出現，則是透過「道」之「統合一切」的「機體主義」思想，因而在其存在性的「天道」之和諧創化歷程中，能夠基於其中「和諧」的理想目的性以推衍出「人事」方面的應然性價值思想，就如同上一節所提到的，從「人」之個體性的角度來說，「人」也是整體實然之「道」中的一部分，因此「人」基於個體生命的根本需求，所以應該要順應整體之「道」中的「和諧目的」，否則便無法彰顯自我生命中的眞正意義與價值。因此《莊子》之「道」也就能夠開展出這些與其存在性意涵相對應的價值性意涵，亦即是平等的、無限的、自由的、自然而無爲的、美善而和諧的，以及是終極而絕對的，同時也是無窮而創化的……等。

總而言之，上述從經驗性的角度以針對《莊子》之「道」得以結合兩重意涵的推想是一種合理的可能情況，但是無論這樣的推想是否爲眞，在方東美「機體主義」觀點的詮釋下，《莊子》之「道」仍然具有其得以結合存在與價值之兩重性意涵的合理性依據，這點仍然是不可置疑的。

第五章　結　論

　　在以上本論文的正文，亦即是第二章以至於第四章的內容中，已說明了
方東美所提出的「機體主義」如何成為《莊子》之「道」得以結合「存在」
與「價值」意涵的合理性基礎，至於在本章中所要說明的，僅是將此三章的
內容做進一步的統整與摘要。而另一方面，則是試圖大略論及在《莊子》「道」
之「機體主義」的思想架構下，如何與《莊子》思想中的功夫修養論相結合？
此外，最後一方面則試圖透過第一章「研究方法與步驟」中所提到的「文學
輔助論述法」來綜合以上所論，以企圖更直接地呈顯《莊子》「道」之「機體
主義」思想中所要表達的思想內涵。〔註1〕

　　那麼關於第一方面，亦即對於以上正文進行統整與摘要。首先在第二章
中談到，一般的道德哲學家都主張「從實然範疇中推論不出屬於應然範疇的
思想」，基於相同的原理，因此在《莊子》之「道」中也將面臨，從宇宙論面
向的實然性存在之「道」無法推衍出其應然性價值思想的類似問題，所以在
《莊子》之「道」中也就似乎蘊含其存在意涵與價值意涵割裂的詮釋難題。
至於先前學者在面對這個問題時，無論是針對於老子的「道」或是《莊子》
的「道」，都無法直接而有效地提出「道」概念得以結合其兩重意涵的合理性
詮釋。有些學者僅是試圖釐清其二重意涵在結合上所必須面臨的問題，而有
些學者則是因此主張「道」概念僅具有其中一種意涵，另外還有些學者則是
嘗試做理論系統或概念層次上的劃分，以試圖保留「道」概念中的兩重意涵，

〔註 1〕關於本章的最後，即試圖透過「文學輔助論述法」來綜合性地說明《莊子》「道」
　　　　之「機體主義」思想中所要表達的思想內涵，此部份將在本論文的最後並且
　　　　以「附錄」的方式呈現。在此特做說明。

最後還有一些學者則是企圖在功夫實踐或是概念分析的面向中，主張「道」的概念仍然可以同時具有其兩重意涵，但是卻尚未有更深入的討論以說明其理論依據。

接下來第三章則是先通過方東美對於《莊子》之「道」的詮釋進路，亦即「道體」、「道用」、「道相」、「道徵」，以及「個體化與價值原則」、「超脫原則」、「自發的自由原則」等七個進路，以試圖釐清方東美對於《莊子》之「道」的理解，進而更從此七點中歸結出五種「道」的意涵，即是「本體」、「超本體」、「一切活動的規律」、「終極價值」、「統合一切」等五個方東美所理解《莊子》之「道」的意涵，最後則試圖從這樣的理解中分析出其所具有兩重性意涵，進而可發現前三者「本體」、「超本體」、「一切活動的規律」是與其存在性的意涵有關，而「終極價值」則明確屬於其價值性的意涵，至於「統合一切」意涵則似乎同時跨越了存在意涵與價值意涵，因此也就能夠成為《莊子》之「道」得以結合兩重意涵的關鍵所在。

最後的第四章則是先重新釐清方東美「機體主義」的思想內涵，其中包括有以下的五的原則，即是「超越的本體原則」、「普遍的關係原則」、「理想的目的原則」、「和諧的歷程原則」、「創化的終極原則」，並且由前兩個原則的內涵中便可以推衍出其後的三個原則。再者，方東美正是認為《莊子》之「道」即是一種「機體主義」的思想呈現，因而透過「機體主義」能夠「旁通統貫」進而「統合一切」的理論思想，所以《莊子》之「道」便能夠成功地找到其得以結合兩重意涵的合理性所在。而其關鍵的理由則是在於，若從「道」之整體的「宇宙大生命」來說，其一切意涵其實都僅是存在性的，但若從「道」之於個體的「人」來說，則其意涵中便具有其價值性的意涵，因而可以發現《莊子》之「道」的存在意涵與價值意涵，其實正是一體的兩面因而能夠相互結合。此外另一方面，除了能夠在理論上證成《莊子》之「道」得以結合兩重意涵之外，從《太一生水》富有具體經驗性的「機體主義」宇宙觀來說，其也得以從「太一」的存在性意涵中推衍出其價值性的思想，因而正好能夠提供《莊子》「道」之「機體主義」得以結合兩重意涵的一種經驗性具體例證。

至於有關第二方面，即是將大略論及《莊子》「道」之「機體主義」與其功夫修養論之間的對應關係。而關於《莊子》功夫修養論的思想，在此將透過實踐功夫修養的主體來說明，更明確地說，此主體即是指「人」之中的意志發動者——「心」。那麼從人之「心」的角度來說明《莊子》思想中的功夫修養論，

則其旨在強調以不帶個別價值判斷的「心」來面對各種世俗的價值觀，進而通過先前所論及的《莊子》「超脫解放」的三大原則，以從對各種價值觀的尊重與超脫之中，體現追求「道」之終極價值的無窮歷程，而在此中人之個體性的「心」，便能夠與「統合一切」進而「主客合一」的「道」相互結合，亦即是體現了《莊子》「道」之「機體主義」得以結合其存在意涵與價值意涵的功夫實踐活動。而關於此點，也正如同葉海煙（1999b：109～110）所認為的：

> 莊子心學的最高峰便在力能結合存在與價值的靈臺與靈府……靈府
> 亦是心，它能超乎經驗世界，而常保天真，因此能順應一切變化，
> 而使吾人之實有與應有共成「有諸己」的本善本真。

更簡要地說，《莊子》的功夫修養思想是主張人應從個體之「心」的意志作用出發，進而又以消除「心」的意志性做為其價值理想，以呈現「主客合一」之「道」的「宇宙大生命」精神。如此一來，「心」之意志作用中的價值選擇能力，便能回歸於「道」之「宇宙大生命」的實然存在狀態，也就是說「心」得以從其功夫實踐的歷程中，體現了「道」之存在意涵與價值意涵相互結合的「主客合一」狀態。

那麼從以上的論述中，又可以將這樣的功夫實踐思想總結為一種「主客合一」的認知體悟作用。其中的「認知主體」是指人之「心」，而「認知客體」即是指「道」，也就是說唯有從「心」之意志展開「主客合一」的認知體悟作用，才能真正體現毫無任何個體意志性的「道」之本真。〔註2〕而這樣的詮釋也得以在《莊子·繕性》篇中找到相應之處：

> 古之人，在混芒之中，與一世而得澹漠焉。當是時也，陰陽和靜，
> 鬼神不擾，四時得節，萬物不傷，群生不夭，人雖有知，無所用之，
> 此之謂至一。當是時也，莫之為而常自然。

此中所強調的「人雖有知，無所用之，此之謂至一。」亦即是指所謂「主客合一」的認知體悟狀態，唯有如此才能夠完全體現「莫之為而常自然」之實然存在性的「宇宙大生命」境界。而這樣的說法也正如同在《莊子·大宗師》篇中所要呈現的：

〔註2〕這裡需要補充的是，《莊子》的「心」是否具有「知」的能力？關於這個問題，在《莊子·田子方》篇中提到「老聃曰：『吾遊心於物之初。』孔子曰：『何謂邪？』曰：『心困焉而不能知，口辟焉而不能言，嘗為汝議乎其將。』」因此從其中的「心困焉而不能知」則可以確認《莊子》的「心」確實具有「知」的能力。

> 且有眞人而後有眞知。何謂眞人？古之眞人，不逆寡，不雄成，不
> 謨士。若然者，過而弗悔，當而不自得也。若然者，登高不慄，入
> 水不濡，入火不熱。是知之能登假於道者也若此。古之眞人，其寢
> 不夢，其覺無憂，其食不甘，其息深深。眞人之息以踵，眾人之息
> 以喉。屈服者，其嗌言若哇。其耆欲深者，其天機淺。古之眞人，
> 不知說生，不知惡死；其出不訢，其入不距；翛然而往，翛然而來
> 而已矣。不忘其所始，不求其所終；受而喜之，忘而復之，是之謂
> 不以心損道，不以人助天。是之謂眞人。

其中的「眞人」正是所謂得以體現「大道」的一種「道徵」，而在其功夫修養思想中的「知之能登假於道」則正說明了唯有在「心」的功夫實踐中，通過「主客合一」的認知體悟作用，人之「心」方能與「道」相互結合。同時其中「不以心損道」也正說明了唯有消除「心」的個體意志性，人之「心」才能眞正體現「主客合一」之「道」的「宇宙大生命」精神。

至於這裡所謂「主客合一」的認知體悟作用，則正是立基於「道」之「遍在一切」的本性，而關於這樣的詮解，李賢中（曾春海編，2005：133） 則有更進一步的說明：

> 在主客合一的認知模式中，認知者與所認知的對象有一主體性的聯
> 繫，因此其感通式的了悟，並不同於可分析性的認知過程，爲求通
> 達於「道」，認知者必調整其內在的精神狀態，使自己與「道」相合。

而此「精神狀態」所必須調整的具體內涵，則大致包含有其「虛」、「靜」、「止」、「明」的四個特殊概念，對於前三個概念，徐復觀（2003：383）理解爲「虛是沒有以自我爲中心的成見；靜是不爲物欲感情所擾動；止是心不受引誘而向外奔馳。」至於「明」的概念，涂光社（2003：122～123）則認爲『『明』在主體是思維的清晰通透，在客體是本眞的無所隱匿。」更直接地說，即是認知主體人之「心」與認知客體「道」得以相互結合而共存共在的具體展現。那麼簡而言之，《莊子》的功夫修養論是要人們將「心」安放在「虛」、「靜」而「止」的心靈狀態中，進而才能達到「明」的精神境界以體悟「道」的「眞知」。至於《莊子》的功夫修養論之所以要求「心」應該達到「虛」、「靜」、「止」、「明」……等心靈狀態的根本原因便在於唯有如此，人之「心」的個體意志性方能和諧而共在於「道」之「宇宙大生命」中的「普遍心靈」，而此也就是「人」之於「道」的全然展現。

　　換句話說，當人之「心」有其個體的意志性時，那麼「心」之中便擁有其價值選擇的能力，而至此「道」之於「人」就具有其價值性的意涵。然而當人之「心」已能夠全然和諧於「道」之「宇宙大生命」中的「普遍心靈」時，則人之「心」的個體意志性已全然消失，因而便沒有所謂的「道」之於「人」的價值性意涵，而此「宇宙大生命」也不過只是一個無窮創化的實然生命歷程，所以這樣的「道」便僅具有其存在性的意涵，而其價值性的意涵則已化歸於其本身的存在之中。這樣的生命狀態，可以說是達到一種「道」之「主客合一」的生命境界，而對於此生命境界的具體描述則可以在《莊子・庚桑楚》篇中找到其線索：

> 介者拸畫，外非譽也；胥靡登高而不懼，遺死生也。夫復謵不餽而忘人，忘人，因以爲天人矣。故敬之而不喜，侮之而不怒者，唯同乎天和者爲然。出怒不怒，則怒出於不怒矣；出爲無爲，則爲出於無爲矣。欲靜則平氣，欲神則順心，有爲也。欲當則緣於不得已，不得已之類，聖人之道。

其中的「忘人」即是指人之「心」得以超脫於個體的意志，進而「因以爲天人矣」是指個體之「心」已能夠全然和諧於「道」之「宇宙大生命」中的「普遍心靈」，也就是達到所謂「道」之「主客合一」的生命境界。至於這種生命境界的真實展現，即在於其中所提到「出爲無爲」，亦即是指生命中的一切作爲皆不再出於自我原來的個體性意志，而是得以全然和諧於「道」之「宇宙大生命」中的「普遍心靈」，所以能夠達到其所謂的「則爲出於無爲矣」。再進一步說，這樣的「出爲無爲」其實正是「道」之「宇宙大生命」的具體作爲，因而便是所謂「無爲而有爲」的具體展現，也因此其後才接著說「欲靜則平氣，欲神則順心，有爲也。」總之，在「道」之「主客合一」的生命境界中，個體之「人」所展現的作爲方式即是依循最後所主張的「不得已」，因爲從個體之「人」來說的「不得已」，其實正是依循而和諧於「道」之「宇宙大生命」的真實展現，故其以「不得已之類，聖人之道。」做爲最終的結論。

附　錄

　　那麼在本論文的最後，筆者將試圖透過「文學輔助論述法」，而以更綜合且直接的表達方式來歸結《莊子》「道」之兩重意涵，亦即是在方東美「機體主義」詮釋下所要呈現給人們的重要思想：

　　去聽聽吧！　如果宇宙不是一個大生命
　　　　　　　　為何詩人　總是因花開而雀躍　總是因花落而嘆息？
　　去看看吧！　如果宇宙不是一個大生命
　　　　　　　　為何農人　總是年復一年依循四節　春生　夏長　秋收
　　　　　　　　冬藏？
　　去想想吧！　如果宇宙不是一個大生命
　　　　　　　　為何君子　要因「天行健」　而必須「自強不息」呢？

　　好吧！　也許宇宙真的是一個大生命　但　那又如何呢？
　　或許莊子便會這麼說：
　　緊握著拳頭　我是我　其實只是願意聽自己想聽的
　　　　　　　　　　　　　　　　　看自己想看的
　　　　　　　　　　　　　　　　　想自己想想的

　　莫非可以把手張開　我不是我　那便是願意去聽自己不曾聽的
　　　　　　　　　　　　　　　　　　看自己不曾看的
　　　　　　　　　　　　　　　　　　想自己不曾想的

直到眞的攤開了手　卻發現　我還是我
　　　　　　　　　　只是　我也是你　你也是我

那麼人們也許還想再繼續追著問：
　　那這樣又是你又是我的　我　眞的是我嗎？
　　　　　　　　或是　我　其實根本不是我吧？
　　　　　　　　還是　我　本來就仍然是我呢？
　　問不完了！　怎麼辦啊？　再也問不完了！

這時也許莊子便會笑笑的說：
　　對！　就這樣吧！　就保持這樣吧！
　　此時此刻　你是你　你不是你　你仍是你
　　　　　　　你是我　你不是我　你仍是我
　　　　　　　你是他　你不是他　你仍是他

因爲　你正在道中
　　　你本是宇宙的大生命
　　　你就是最自由的自由
　　　而生命之中最偉大的意義　正在此中　無窮無盡

引用資料及參考資料

一、引用資料

（一）原典文本

1. 方東美（1982）。《生生之德》。台北：黎明文化事業股份有限公司（12 月四版）。

2. 方東美（1993）。《原始儒家道家哲學》。台北：黎明文化事業股份有限公司（6 月四版）。

3. 方東美（2005a）。《中國人生哲學》。台北：黎明文化事業股份有限公司（8 月修訂版）。

4. 方東美（2005b）。《中國哲學精神及其發展（上冊)》。台北：黎明文化事業股份有限公司（11 月初版）。

5. 方東美（2005c）。《中國哲學精神及其發展（下冊)》。台北：黎明文化事業股份有限公司（11 月初版）。

6. 王叔岷（2007）。《莊子校詮》。北京：中華書局（6 月初版）。

7. 荊門市博物館編（1998）。《郭店楚墓竹簡》。北京：文物出版社（5 月初版）。

8. 郭慶藩輯〔清〕，王孝魚整理（2004）。《莊子集釋》台北：華正書局有限公司（7 月初版）。

9. 陳鼓應註譯（1995）。《老子今註今譯及評介》。台北：台灣商務印書館（4 月修訂版十六刷）。

10. 陳鼓應註譯（2007）。《莊子今註今譯》。台北：台灣商務印書館（10 月修訂版六刷）。

（二）專書論文

1. 李安澤（2007）。《生命理境與形而上學：方東美哲學的闡釋與批評》。北京：中國社會科學出版社（9 月初版）。

2. 李賢中（2003）。《墨學——理論與方法》。台北：揚智文化事業股份有限公司（10 月初版）。

3. 沈頌金（2003）。《二十世紀簡帛學研究》。北京：學苑出版社（8月初版）。

4. 徐復觀（2003）。《中國人性論史 先秦篇》。台北：台灣商務印書館（10月初版十三刷）。

5. 袁保新（1997）。《老子哲學之詮釋與重建》。台北：文津出版社（2月初版二刷）。

6. 涂光社（2003）。《莊子範疇心解》。北京：中國社會科學院出版社（12月初版）。

7. 淺野裕一著，佐藤將之監譯（2004）。《戰國楚簡研究》。台北：萬卷樓圖書股份有限公司（12月初版）。

8. 郭沂（2001）。《郭店竹簡與先秦學術思想》。上海：上海教育出版社（2月初版）。

9. 傅偉勳（1994）。《學問的生命與生命的學問》。台北：正中書局（5月初版二刷）。

10. 曾春海編（2005）。《中國哲學概論》。台北：五南圖書出版股份有限公司（9月初版）。

11. 黃慶明（1993）。《實然應然問題探微》。台北：鵝湖出版社（10月二版）。

12. 葉海煙（1990）。《莊子的生命哲學》。台北：東大圖書股份有限公司（4月初版）。

13. 葉海煙（1999b）。《老莊哲學新論》。台北：文津出版社（10月初版二刷）。

（三）期刊論文

1. 丁四新（2002）。〈楚簡《太一生水》研究——兼對當前《太一生水》研究的總體批評〉，丁四新主編，《楚地出土簡帛文獻思想研究（一）》，頁183～249。武漢：湖北教育出版社（12月初版）。

2. 于桂鳳（2008）。〈從莊子之「道」看哲學本體觀念的二重性〉，《理論探索》，1（總第169期）：27～34。

3. 朱曉燕（2005）。〈老子之道與莊子之道探析〉，《美與時代》，2：15～17。

4. 艾蘭（2005）。〈太一‧水‧郭店《老子》〉，刑文編譯，《郭店老子與太一生水》，頁198～212。北京：學苑出版社（7月初版）。

5. 吳聯益（2003）。〈《太一生水》的宇宙生成觀〉，《國文天地》，19：4（9月）：50～54。

6. 李零（1998）。〈讀郭店楚簡《太一生水》〉，陳鼓應主編，《道家文化研究 第17輯：郭店楚簡專號》，頁316～331。北京：生活‧讀書‧新知三聯書店（8月）。

7. 李學勤（1998）。〈太一生水的數術解釋〉，陳鼓應主編，《道家文化研究 第17輯：郭店楚簡專號》，頁297～300。北京：生活‧讀書‧新知三聯書

店（8月）。

8. 李學勤（2005）。〈太一生水的數術解釋〉，刑文編譯，《郭店老子與太一生水》，頁 249～252。北京：學苑出版社（7月初版）。

9. 杜方立（2007）。〈由「存有原理」及「應然原理」之關係論老子「道」的內涵〉，《鵝湖月刊》，32,11（5月）：17～24。

10. 杜保瑞（2006）。〈當代老學道論研究的基本哲學問題解析〉，《華中師範大學學報（人文社會科學版）》，45,6（11月）：64～71。

11. 金小方、李春娟（2006）。〈言有宗，事有君——方東美論老子哲學精神〉，《船山學刊》，3（總第 61 期）：64～66。

12. 俞懿嫻（2005）。〈簡論方程二先生與中國形上學——從西方古典形上學談起〉，《東海大學文學院學報》，46（7月）：307～339。

13. 張鴻愷（2006）。〈道家哲學思想之開展——試探《莊子》對《老子》思想之繼承與開展〉，《中國文化月刊》，303（3月）：1～27。

14. 莊萬壽（1999）。〈太一與水之思想探究——《太一生水》楚簡之初探〉，《哲學與文化》，26,5（5月）：394～401。

15. 許抗生（1998）。〈初讀《太一生水》〉，陳鼓應主編，《道家文化研究 第17 輯：郭店楚簡專號》，頁 306～315。北京：生活・讀書・新知三聯書店（8月）。

16. 陳正凡（2008）。〈廣大和諧的中華文化：方東美先生論王學的機體主義〉，《華梵人文學報》，10（7月）：87～136。

17. 陳康（1964）。〈老子哲學中"道"之意義〉，《清華學報》，新四卷，第二期（2月）：150～161。

18. 陶君（2004）。〈《莊子》道論發微〉，《道教論壇》，1：18～21。

19. 傅佩榮（2007）。〈方東美先生論「生生之德」〉，《哲學與文化》，34,6（6月）：89～101。

20. 楊國強（1998）。〈試論《莊子》道的意象〉，《韶關大學學報（社會科學版）》，19,4（8月）：11～17。

21. 楊國榮（2006）。〈道與存在之序——《莊子》哲學的一個視域〉，《中國哲學》，9：48～55。

22. 葉海煙（1999a）。〈《太一生水》與莊子的宇宙觀〉，《哲學與文化》，26,4（4月）：336～343。

23. 葉海煙（2002）。〈方東美新道家哲學〉，陳鼓應主編，《道家文化研究 第20 輯：道家思想在當代專號》，頁 126～144。北京：生活・讀書・新知三聯書店（6月）。

24. 葉海煙（2007a）。〈中國哲學的歷程觀——以方東美的觀點為例〉，《哲學與文化》，34,6（6月）：103～115。

25. 葉海煙（2007b）。〈莊子形上學的思維向度與理論型態——以莊子天論爲核心的展開〉，《哲學與文化》，34,10（10月）：85～95。

26. 鄔昆如（1989）。〈道家與懷德海——「生」概念與「創生」概念之比較〉，東海大學哲研所主編，《中國哲學與懷德海》，頁37～53。台北：東大圖書股份有限公司（9月出版）。

27. 趙衛東（2002）。〈《太一生水》『神明』新釋〉，《周易研究》，5（總第55期）：10～15。

28. 蕭漢明（2002）。〈論楚簡《太一生水》的宇宙論與學派屬性〉，丁四新主編，《楚地出土簡帛文獻思想研究（一）》，頁172～182。武漢：湖北教育出版社（12月初版）。

29. 賴錫三（2004）。〈神話、《老子》、《莊子》之『同』『異』研究——朝向『當代新道家』的可能性〉，《臺大文史學報》，61（11月）：139～178。

30. 龐樸（1998）。〈一種有機的宇宙生成圖式——介紹楚簡《太一生水》〉，陳鼓應主編，《道家文化研究 第17輯：郭店楚簡專號》，頁301～305。北京：生活·讀書·新知三聯書店（8月）。

31. 龐樸（2000）。〈《太一生水》說〉，中國哲學編委會編，《郭店簡與儒學研究——中國哲學·第21輯》，頁189～197。瀋陽：遼寧教育出版社（1月初版）。

（四）碩博士論文

1. 張訓義（2006）。《方東美藍圖機體思想研究》。台北：中國文化大學哲學研究所博士論文（6月）。

2. 張福政（1990）。《莊子的價值系統——從批判到重建》。台北：國立政治大學中國文學研究所碩士論文（5月）。

3. 韓京憙（2008）。《論郭象《莊子注》中修養論的可能性——「天道」與「心性」爲核心——》。台北：國立臺灣大學文學院哲學系博士論文（6月）。

二、參考資料

（一）工具書

1. 方克立編（1994）。《中國哲學大辭典》。北京：中國社科院。

2. 項退結編譯（1976）。《西洋哲學辭典》。台北：先知出版社（10月初版）。

（二）網路資料

1. 簡帛研究網站（http://www.bamboosilk.org/）。

2. 簡帛網——武漢大學簡帛研究中心（http://www.bsm.org.cn/）。